차트 철학

밀턴 D. 허넥스 著
전 용 호 譯

기독교문서선교회

Chronological and Thematic Charts
of Philosophies and Philosophers

Written by
Milton D. Hunnex

Translated by
Yong-Ho Jeon

Korean Edition
Copyright © 1993, 2017 by Christian Literature Center
Seoul, Korea

●목 차●

제 1 장 이 책의 내용과 주제
   Ⅰ. 이 책의 구성 ··· 7
   Ⅱ. 이 책의 사용법 ··· 7
   Ⅲ. 철학 일반에 대하여 ··· 8

제 2 장 인식과 지식에 관한 문제들
   Ⅰ. 관련된 질문 사항 ··· 11
   Ⅱ. 인식과 지식에 관한 이론 ··· 11
   Ⅲ. 지식의 종류 ··· 12
   Ⅳ. 합리론과 경험론 ··· 12
       1. 진정한 지식 2. 안다는 것의 본질 3. 증거의 문제 4. 확실성의 문제 5. 선험적 지식에 대한 이론들과 지식의 비경험적 요소 6. 논리와 사유의 법칙
   Ⅴ. 인식론의 논점들 ··· 14
       1. 과학적 법칙, 전제, 이론 2. 인과관계 3. 과학적인 설명 4. 언어의미의 본질 5. 의미의 검증가능성 이론 6. 진리, 참 7. 지식에 이르는 방법 8. 귀납법의 문제점 9. 인식상황 10. 관념
   Ⅵ. 인식론들 ··· 22
       1. 회의론 2. 주관적 관념론으로서의 주관론 3. 객관론 4. 비판적 실재론 혹은 표상적 실재론 5. 인격주의 6. 신 토마스주의 7. 직관론 8. 실용주의 9. 현상론 10. 현상학과 실존주의적 현상학 11. 최근의 분석이론들
   ■ 인식론에 관련된 용어 해설 ··· 31

제 3 장 우주와 세계에 관한 문제들
   Ⅰ. 관련된 질문사항 ··· 33
   Ⅱ. 물리적 실재의 본질에 관한 이론들 ··· 33
       1. 동역학 이전의 희랍 이론들 2. 중세의 이론들 3. 고전적 근대 이론들 4. 현대 상대성 이론들 5. 그외 발전된 현대의 이론들
   ■ 물리적 실재에 관한 용어 해설 ··· 36
   Ⅲ. 생명체의 기원과 본질에 관한 이론들 ··· 36

1. 생명의 정의 2. 생명의 기원에 관한 이론들(단일 기원설) 3. 생물학적 진화론

Ⅳ. 정신에 관한 이론들 ··· 38

■ 정신이론에 관련된 용어 해설 ·· 38

Ⅴ. 궁극적인 실재의 본질에 관한 이론들 ·· 39
  1. 일원론, 다원론, 이원론 2. 관념론, 실재론, 실용주의 3. 신비주의, 유물론, 초자연주의 4. 실증주의와 언어분석 5. 실존주의와 현상학 6. 마르크스주의와 혁명 철학 7. 이론들간의 차이점과 관련성

■ 궁극적인 실재의 본질에 관한 이론에 관련된 용어 해설 ·································· 42

제 4 장 가치에 관한 문제들

Ⅰ. 가치론의 기본적인 질문들 ·· 44

Ⅱ. 가치에 관한 이론들 ·· 44
  1. 가치 객관론(가치 실재론) 2. 가치 주관론 3. 가치 관계론 4. 가치 유명론 내지는 가치 회의론(정서론)

Ⅲ. 윤리 이론 ··· 46
  1. 규범윤리학과 메타윤리학의 구분 2. 목적론적 윤리설과 의무론적 윤리설의 구분 3. 목적론적 윤리설 4. 의무론적 윤리설 5. 목적론적이면서 의무론적인 윤리설들 6. 사랑의 윤리, 유대-기독교의 아가페 윤리

Ⅳ. 도덕의 정당화 ··· 51
  1. 윤리학적 이기주의 2. 심리학적 이기주의 3. 왜 도덕적이어야 하는가?

Ⅴ. 메타윤리학, 윤리학에 대한 분석이론 ··· 52
  1. 윤리인식 긍정론과 부정론 2. 자연주의적 오류 논증

Ⅵ. 윤리학적 상대주의 ·· 55
  1. 사회학적 상대주의 2. 윤리학적 상대주의 3. 메타윤리학적 상대주의 4. 방법론적 상대주의

Ⅶ. 자유와 책임 ·· 55
  1. 메타윤리학의 과제와 형이상학의 과제 2. 결정론 3. 운명론 4. 엄격한 결정론 5. 유연한 결정론 6. 자유의지론 7. 행동이론 8. 실존주의 9. 면제상황 10. 시도

Ⅷ. 예술 이론 ·· 59
  1. 예술은 모방이다 2. 예술은 쾌락이다 3. 예술은 놀이이다 4. 예술은 도피이다 5. 예술은 통찰이다 6. 예술은 감정이입이다 7. 예술은 체험의 질이다 8. 예술은 정서의 나눔이다 9. 예술은 표현이다

Ⅸ. 종교철학 ·· 60
  1. 종교와 신에 관한 대표적인 이론들 2. 근래의 종교철학 3. 종교언어 4. 종교신화의 문제 5. 신의 존재에 관한 논증들과 그 비판 6. 악에 대한 설명과 그 반론들

Ⅹ. 교육철학 ··· 68
　　　　　1. 관념론 2. 실재론 3. 실용주의 4. 실존주의 5. 마르크스주의 6. 분석이론 7. 자연주의 이론들 8. 비자연주의 이론
　　■ 가치론에 관련된 용어 해설 ·· 72

제 5 장 철학자들 ··· 74

　　차트에 붉은 글씨로 나오는 철학자들의 사상 요약 및 보충설명

　　1. 알렉산더　　　2. 아리스토텔레스　3. 어거스틴　　　4. 오스틴　　　　5. 에이어
　　6. 베르그송　　　7. 버클리　　　　　8. 카르납　　　　9. 크리시푸스　　10. 데모크리토스
　　11. 데카르트　　 12. 듀이　　　　　 13. 프로이드　　 14. 헤겔　　　　 15. 하이데거
　　16. 홉스　　　　 17. 흄　　　　　　 18. 훗설　　　　 19. 제임스　　　　20. 칸트
　　21. 키에르케골　 22. 쾰러　　　　　 23. 라이프니쯔　 24. 로크　　　　　25. 마르크스
　　26. 메를로 퐁티　27. J.S. 밀　　　　 28. G.E. 무어　　29. 니체　　　　　30. 퍼스
　　31. 페리　　　　 32. 플라톤　　　　 33. 플로티누스　 34. 프로타고라스　35. 럿셀
　　36. 라일　　　　 37. 산타야나　　　 38. 싸르트르　　 39. 쉴릭　　　　　40. 쇼펜하우어
　　41. 소크라테스　 42. 스펜서　　　　 43. 스피노자　　 44. 토마스 아퀴나스　45. 틸리히
　　46. 파이힝거　　 47. 화이트헤드　　 48. 위즈덤　　　 49. 비트겐쉬타인

제 6 장 연대표 ··· 94

　　중요 철학자들의 연대표와 아울러 그들이 나오는 페이지, 차트 번호가 실려 있음

제 7 장 차 트 ··· 97

　　차트 1. 주관론적인 인식이론들　　　　　차트 13. 다원론: 현상론과 회의론
　　차트 2. 객관론적인 인식이론들　　　　　차트 14. 다원론: 현대 실재론
　　차트 3. 정신에 관한 자연주의적 이론들　차트 15. 정신에 관한 기능주의 이론
　　차트 4. 플라톤적 이원론　　　　　　　　차트 16. 정신에 관한 영적 이론
　　차트 5. 종교적 이원론(어거스틴주의)　　차트 17. 쾌락주의
　　차트 6. 데카르트적 이원론　　　　　　　차트 18. 자연주의: 힘의 윤리학
　　차트 7. 칸트주의(이원론)　　　　　　　 차트 19. 자연주의: 윤리적 회의주의, 주관주의, 상대주의
　　차트 8. 일원론: 스토아철학　　　　　　 차트 20. 윤리적 합리주의
　　차트 9. 일원론: 신비주의　　　　　　　 차트 21. 윤리적 직관주의: 객관론
　　차트 10. 일원론: 관념론　　　　　　　　차트 22. 종교적 윤리설
　　차트 11. 일원론: 아리스토텔레스주의　　차트 23. 분석철학
　　차트 12. 다원론: 유물론적 원자론　　　　차트 24. 실존주의와 현상학

　　● 인명색인
　　● 주제별 색인

제 1 장

이 책의 내용과 주제

I. 이 책의 구성

이 책은 짧은 시간 안에 철학의 핵심적인 내용을 이해하고자 하는 이들을 돕기 위해 쓰여진 간편한 참고서이다. 이 책은 단순한 개요의 수준을 넘지만 그렇다고 해서 철학서를 축약시킨 것도 아니다. 오히려 그 양자를 절충한 것이다. 개념의 정의(定義)와 핵심적인 내용을 명확히 설명하는 데 강조를 두었을 뿐 아니라 역사적인 맥락에서 그 사상의 위상(位相)을 파악하는 데에도 역점을 두었다.

철학사상의 역사적 위상을 설명하기 위해서 도표를 사용하였다. 철학이론들은 역사 속에서 되풀이해서 대두되는 경향이 있으며 어떤 이론이든지 세계를 설명하는 데 가능한 몇 가지 방법들 가운데 하나로 분류될 수 있기 때문에 이러한 도표 작성이 가능하다. 도표를 통해서 보면 특정 철학사상이 이전 세대로부터 어떤 영향을 받았고, 이후 세대에는 어떤 영향을 주었으며 동시대의 다른 철학사상들과는 어떤 관계를 맺고 있는지를 알 수 있을 것이다. 도표에는 이해를 더욱 돕기 위해서 설명이 첨가되어 있다.

그러나 이 책을 읽는 것으로 철학원전이나 본문을 공부하는 것을 대신하려고 해서는 안될 것이다. 철학 고전들을 직접 보지 않고 또 철학입문서, 철학사를 읽지 않고는 철학을 충분히 습득하기를 기대할 수 없다.

이 책은 앞 뒤로 서로 참조할 수 있게 되어 있다. '찾아보기'를 보거나 참조가 딸려있는 '연대표'를 살펴보면 어떤 이름과 용어들이 어디에서 사용되었는지를 대부분 찾을 수 있다. 대개 명칭과 용어들은 어떤 특정 문맥 속에서 사용되었는지 확인할 필요가 있다. 그것들은 문맥 속의 다른 명칭과 용어들과의 관계 속에서만 정확한 뜻이 드러나기 때문이다. 그러므로 어떤 철학사상이나 철학자에 대하여 보다 확실하게 알고자 한다면 개요나 간단한 설명을 볼 뿐 아니라 도표 속에서 그것들을 찾아보아야 한다.

이 책은 철학에서 다루는 문제들을 다음과 같이 일반적인 세 개의 범주로 나누어 설명하였다. 즉 인식론(2장), 우주론(3장), 가치론(4장)이다. 그리고 덧붙여서 대표적인 철학자들의 이론을 요약하였다(5장). 5장에서 다루는 철학자들은 도표에서 그 이름을 붉은 글씨로 표시하였다. 그리고 그들의 이론이라 할지라도 이 책의 전체적인 의도와 방향 안에서 한정시켜 다루었다. 따라서 그 숫자가 제한되었고 소개된 철학사상도 도표의 의도와 관련된 측면과 당장 문제시되고 있는 내용에 한하여서 다루었다. 예를 들면, 플라톤에 대해서 그의 모든 철학사상이 요약되어 있는 것이 아니다. 다만 인식, 실재(實在) 가치의 문제와 관련된 것들만 설명하였으며, 그것도 상당히 대략적으로 다룬 것에 불과하다. 그러므로 플라톤을 충분히 알려고 한다면 플라톤 자신의 저작들을 읽어 보아야 한다.

II. 이 책의 사용법

1. '찾아보기'와 '연대표'를 활용할 것
2. 관심이 있는 주제와 관련된 부분을 그때그때 들

추어 볼 것

철학일반에 대해서는 1~2 page
- **인식의 문제**(인식론, 과학적 방법론, 진리의 문제 등)에 대해서는 2장
- **우주의 문제**(물리적 실재, 생명, 마음, 형이상학 등)에 대해서는 3장
- **가치의 문제**(가치론, 윤리학, 미학, 교육, 종교)에 대해서는 4장
- **철학자들**(이들의 이름은 도표에서 붉은 글씨로 쓰여져 있다; 알렉산더〈Alexander〉, 아리스토텔레스〈Aristotle〉, 어거스틴〈St. Augustine〉, 오스틴〈Austin〉, 에이어〈Ayer〉, 베르그송〈Bergson〉, 버클리〈Berkeley〉, 카르납〈Carnap〉, 크리시푸스〈Chrysippus〉, 데모크리토스〈Democritus〉, 데카르트〈Descartes〉, 듀이〈Dewey〉, 프로이드〈Freud〉, 헤겔〈Hegel〉, 하이데거〈Heidegger〉, 홉스〈Hobbes〉, 흄〈Hume〉, 훗설〈Husserl〉, 제임스〈James〉, 칸트〈Kant〉, 키에르케골〈Kierkegaard〉, 쾰러〈Köhler〉, 라이프니쯔〈Leibniz〉, 로크〈Locke〉, 마르크스〈Marx〉, 메를로 퐁티〈Merleau-Ponty〉, 밀〈J. S. Mill〉, 무어〈G. E. Moore〉, 니체〈Nietzsche〉, 퍼스〈Peirce〉, 페리〈Perry〉, 플라톤〈Plato〉, 플로티누스〈Plotinus〉, 프로타고라스〈Protagoras〉, 럿셀〈Russell〉, 라일〈Ryle〉, 산타야나〈Santayana〉, 스피노자〈Spinoza〉, 토마스 아퀴나스〈St. Thomas Aquinas〉, 틸리히〈Tillich〉, 파이힝거〈Vaihinger〉, 화이트헤드〈Whitehead〉, 위즈덤〈Wisdom〉, 비트겐쉬타인〈Wittgenstein〉)에 대해서는 5장

Ⅲ. 철학 일반에 대하여

철학(Philosophy)이라는 말은 사랑한다는 뜻의 희랍어인 '필레인'(Philein)과 지혜라는 뜻의 희랍어인 '소피아'(Sophia)가 결합한 것이다.

소크라테스는 "반성되지 않은 삶은 살 가치가 없다"는 신념에 따라 살았다. 대부분의 희랍 철학자들과 마찬가지로 그도 인간의 주된 존엄성은 진리를 추구하기 위해 이성(理性)을 사용하는 데 있다고 보았다. 희랍인들에게 있어서 이성을 사용한다는 것은 가장 넓은 뜻에서 곧 철학함을 의미하였다.

또한 사람은 호기심의 동물이다. 아리스토텔레스는 "사람이 철학을 시작하게 되는 것은 경이감에 의해서이다"라고 했다. 이제 철학은 제(諸)과학의 어머니이자 그 기초를 이루고 있다. 실로 철학은 제과학의 총론이며 과학 중의 과학이다.

어떤 개별적 학문분야도 철학이 하는 것만큼 교양교육의 정수를 충분히 포괄하지는 못한다. 제임스는 다음과 같이 언급하였다. "삶을 대하는 서로 대조되는 입장들에는 어떤 것들이 있으며 그것들은 각기 어떤 근거에서 그렇게 주장되고 있는지를 배우는 것이 교양교육의 필수적인 부분으로 고려되어야 한다."

철학은 인생과 세계를 전체적으로 이해하려고 시도한다. 여기에는 비판적이고도 종합적인 방법이 사용된다. 철학의 비판적인 기능에 있어서, 철학은 명확한 인식을 얻기 위해 제(諸)전제들과 개념들을 검토한다. 이러한 기능은 인식론과 가치론과 같은 주제들이 다루고 있는 문제들과 관계된다. 그것은 본질적으로 분석적인 작업이다. 철학의 종합하는 기능에 있어서, 철학은 전체로서의 세계관을 얻기 위해 모든 것을 함께 고려하고 체계화한다. 이러한 작업은 본질적으로 전체적인 조망을 추구하며 사색적이다. 이러한 기능은 형이상학이나 존재론과 관계가 있다. 어떤 철학자들은 철학이 비판적인 기능에 국한되어야 한다고 주장한다. 그러나 전통적으로 철학은 사색하고자 하는 인간의 욕구를 표현하는 수단이었다. 인간은 총체적인 세계와의 관계 속에서 자기 자신을 이해하려고 노력해온 것이다.

철학은 일반적인 의미에서의 학문들처럼 지식의 특정분야가 아니다. 철학은 오히려 모든 종류의 학문내용을 평가, 해명하거나 비판하고 혹은 더 나은 인식을 위한 방법을 제시하는 일을 한다. 철학이 고도로 전문화되고 특수한 분야가 되어버린 것은 사실이지만, 제임스(William James)가 한때 말한 것처럼 "철학은 명백하고 일관성있게 사고하려는 보통이 넘는 집요한 노력"이라는 말을 여전히 할 수 있다. 철학에서의 그런 집요한 노력은 도덕 언어의 사용을 분석하는 일에서건, 혹은 선(善) 자체의 본질에 대한 이론을 만들어

내는 일에서든지 차별없이 일관되게 나타난다.

과학자들이 하는 일과 철학자들이 하는 일이 어떻게 다른지를 이해하는 것이 필요하다. 갈릴레오(Galileo) 이전 근대적 과학혁명이 시작되던 당시에는 과학이 무엇을 대상으로 하는 학문인지에 대해서 조차도 의견의 일치가 거의 이루어지지 않았다. 예를 들자면 물리적인 현상이나 그것의 원인에 대한 논쟁이 있을 때 그것을 해결할 수 있는 공인된 방법이 없었다. 과학은 뉴턴(Newton) 당시까지 '자연철학'이라고 불리웠다.

오늘날 여러 분야의 과학들은 이전에는 사색거리에 불과했던 물음들에 대하여 답을 줄 수 있는 상당히 공인된 방법들을 세워놓았다. 일반적으로 어떤 물음이 있을 때 원칙적으로 그것에 대한 분명한 대답이 있거나 혹은 대답을 얻어낼 수 있는 공인된 방법이 있을 때 그 물음은 과학적 물음으로 간주된다. 이와는 대조적으로 다른 물음들, 예를 들면 실재의 본질 혹은 타의식(他意識)의 존재여부, 사람이 무엇을 해야하는가? 등에 관한 질문은 철학의 영역 안에 남아 있다. 이러한 물음들은 그 대답에 도달하게 하는 일반적으로 공인된 어떤 방법도, 공인된 그 어떤 대답도 존재하지 않는다.

이들은 회의론자들이 말하는 것처럼 전혀 적절한 질문들이 아니거나 혹은 플라톤이 설명하듯이 그 대답이 "신의 선물"임이 확실한 질문들이거나 혹은 **어에 대한 다른 질문들을 포함하고 있는 질문들**이기 때문에 정답이 있을 수 없는 열린 질문들이다. 어쨌든 이런 유의 골치아픈 문제들을 연구하며, 자신이 제시하는 대답을 두고 논쟁할 자세가 되어있는 자들이 바로 철학자들이다.

혹시 달이 녹색치즈나 공기 같은 물질로 형성되어 있지는 않는가 하고 의문을 품는다면 그것은 매우 어리석은 일이 될 것이다. 왜냐하면 우리는 이미 그것이 무엇으로 형성되어 있는지를 알고 있거나 혹은 언젠가는 확인할 수 있는 방법을 가지고 있기 때문이다. 그러나 만약 녹색치즈나 그 밖의 어떤 사물에 대해서 그것을 '물리적'인 대상이 되게 하는 그 어떤 것이 존재하는가 하고 의문을 가지거나 혹은 무엇을 '안다'라고 말할 때 그 말이 과연 무엇을 의미하는 것인지를 알려고 한다면 그것은 어리석은 일이 아닐 것이다. 어떤 것이 존재한다는 사실 자체가 경이로운 일이며 우리가 무엇인가를 안다고 말할 수 있다는 것도 놀라운 일이다.

오늘날의 철학적 경향은 주로 분석적이거나 아니면 실존주의적이다(차트 23, 24 참조할 것). 영어권 철학자들은 전자의 접근방법을 선호하고, 유럽의 철학자들은 후자의 접근방법을 좋아한다. 주목할 만한 예외가 있는데 그것은 마르크스주의자들과 신토마스주의자(Neo-Thomist)들이다. 이외에도 되풀이되어 나타나고 있는바, 많은 종류의 전통적인 철학적 접근방법들이 있다.

현대의 분석철학자들은 추리와 언어의 모든 사용에 대하여 명확히 밝히는 것에 일차적인 관심을 두고 있다. 그것은 인식론에 관해서나 가치판단에 관해서나 마찬가지이다. 일반적으로 분석철학자들은 과학자들의 주장과 상충하는 사물의 본질에 대한 이론을 주장하지 않는다. 왜냐하면 자신들이 그런 문제에 대하여 특별한 통찰력을 가졌다고 믿지 않고 있기 때문이다. 럿셀이나 카르납과 같은 분석철학자들은 이상언어(ideal language)를 개발하여 사용하려는 시도를 하였다. 이상언어는 명확한 의사전달과 추리를 돕기 위해 시도된 것이다. 오스틴이나 라일과 같은 철학자들은 언어의 복잡성을 인정하고 언어가 잘못 사용되고 있는 경향을 밝혀냄으로써 '개념적 치료'(conceptual theraphy)를 하고자 노력하였다.

현상학과 관련된 철학을 포함한 현대 실존주의 철학자들은 순수한 논리나 언어분석이 아니라 경험의 분석에 관심을 두었다. 그들의 일차적인 관심은 인간 상황을 형성하는 요소들에 있었다. 이런 점에서 실존주의 철학자들의 관심은 전통적인 사변철학자들에 더 가깝다. 단 실존주의 철학자들은 어떤 철학체계를 형성하려고 하지 않는다는 점에서 그들과 다르다. 실존주의 철학자들은 전통적인 사변철학자들의 주지주의(主知主義)적인 접근이 잘못된 것이라고 믿는다. 실존주의 철학자들은 그들의 생각을 문학이나 신학적인 표현을 통해 드러내기를 잘한다. 그들의 논리는 전통적인 수학적 방법이 아니라 변증법적인 방법이다.

분석철학자나 실존철학자가 아닌 철학자들도 일반적으로 분석철학이나 실존철학과 관계를 맺으려고 시도한다. 예컨대 유럽에서는 마르크스주의와 실존주의 그리고 현상학이 서로 깊이있게 교류하고 있다. 지도적인 실존주의 철학자들이 실존주의적인 현상학을 발전시키고 있으며 각기 다양한 정도로 마르크스주의를 수용하거나 그것에 대해 반응하고 있다. 영국에서는 어떤 철학자도 분석철학과 무관하지 않다. 한편 미국에서는 다양한 전통철학들간에 아마도 세계에서 가장 활발한 교류가 이루어지고 있고, 또 다른 한편으로는 다양한 종류의 실용주의와 과정철학, 실존주의, 분석철학간에 활발한 교류가 있다. 그리고 아마도 이 중에서 분석철학이 가장 많은 추종자들을 가지고 있다.

이 책은 1970년 이후의 중요한 변화에 대해서는 다루고 있지 않다. 예컨대 창조론은 오늘날 물리적인 실체와 생명체의 기원과 본질에 대한 이론으로서 강하게 옹호받고 있다. 또한 인권(human rights)의 기원과 본질에 대한 상충하는 이론들이 등장하고 있는 데 주의를 기울일 필요가 있다. 특별히 법, 도덕, 그리고 철학적인 물음에 관련된 인권문제가 그러하다. 동양철학이나 종교에 대해서는 그것이 서구사상에 직접적인 영향을 준 경우가 아니면 별로 관심을 두지 않았다.

'세속적 휴머니즘'과 같이 근본적으로 경멸적인 의미를 담고 있는 개념에 대해서는 특별하게 다루지 않았다. '세속적 휴머니즘'이라는 용어는 전통적이고 권위적인 견해들, 특히 절대적인 윤리 즉 신의 뜻에 호소하는 전통적인 견해들을 거부하는 도덕철학들을 의미한다. 그것의 특징을 가장 잘 드러내는 것은 다양한 형태의 휴머니즘, 자연주의, 상대주의 등이다. 또한 이러한 것들로부터 따라나오는 실존주의, 상황주의(situationism), 그리고 주관주의 등도 '세속적 휴머니즘'의 특징을 드러내고 있다.

제 2 장

인식과 지식에 관한 문제들

I. 관련된 질문 사항

정신이란 무엇인가?(인식하는 능력에 대하여)
무엇이 알려지는가?(인식의 대상에 대하여)
안다는 것은 무엇인가?(인식의 본질에 대하여)
무엇이 참인가?(인식과 실재와의 관계에 대하여)
무엇이 타당한가?(올바른 추리의 방법에 대하여)
과학적이라는 것은 어떤 것을 말하는가?(과학의 방법에 대하여)
참된 지식은 가능한가?(이 질문에서부터 회의주의가 나온다.)
안다는 것은 생득적인 것인가? 경험에 의한 것인가? 혹은 이 모두에 의한 것인가?(이 질문을 두고 합리론과 경험론의 논쟁이 생긴다.)

II. 인식과 지식에 관한 이론

인식과 지식에 관한 이론을 연구하는 것을 인식론(epistemology)이라고 한다(지식을 의미하는 희랍어 에피스테메⟨epistēmē⟩ + 이론을 의미하는 희랍어 로고스⟨logos⟩). 이 용어는 페리어(J. F. Ferrier)가 1854년에 처음으로 사용하였다. 그는 철학을 두 개의 큰 영역으로 구분하였다. 즉 존재론(ontology=존재를 의미하는 희랍어 on + 이론을 뜻하는 logos)과 인식론으로 구분하였다. 존재론은 대개 형이상학과 동의어로 쓰인다. 그러나 형이상학은 일반적으로 존재에 대한 이론으로서의 존재론과 지식에 대한 이론으로서의 인식론 모두를 포함한다.

인식론은 지식의 본질과 재료 그리고 타당성에 대한 체계적인 연구이다. 그것은 논리학이나 심리학과는 구별된다.

논리학은 올바른 추리를 가능케 하는 형식에 관한 문제를 다루고 있는 반면 인식론은 추리의 본질, 진리, 그리고 인식 자체의 과정 등을 다룬다.

심리학은 주로 행동과 현상 등에 대한 기술(記述)적인 연구인데 반해 인식론은 지식에 대한 주장들과 '안다'라는 말이 무엇을 의미하는지 등에 대하여 다룬다.

예를 들면 인식론은 "우리가 인식하는 것은 우리의 인식과는 독립적으로 존재하는 세계인가 아니면 단순히 우리 자신의 경험으로서의 세계인가?"라고 물음을 제기한다. 이에 대한 대답에 따라 지식에 대한 두 종류의 이론들이 나오게 된다. 그 이론들은 지식의 주관성이나 객관성 중 어느 것을 강조하느냐에 따라 구분된다(차트 1과 2를 볼 것).

지식의 주관성을 주장하는 이론들은 다음과 같이 답변한다. "우리는 우리의 관념으로부터 독립적으로 존재하는 세계를 알지 못한다. 우리는 우리 자신의 경험이나 관념을 넘어설 수 없다. 그리고 우리는 그것들을 경험하고 있는 인식자에 대해서도 말할 수 없다."

한편 지식의 객관성을 주장하는 이론들은 이렇게 대답한다. "우리는 물질적인 대상들로 되어있는 독립적인 세계(일종의 유물론과 실재론) 혹은 초월적인 관념들의 독립적인 세계(플라톤의 이데아론)를 인식한다."

Ⅲ. 지식의 종류

럿셀은 지식을 다음과 같이 구분하였다.
 (1) 직각(直覺)에 의해 직접적으로 파악되는 지식의 종류들

① 감각재료
② 기억의 내용들
③ 내적 상태
④ 나 자신의 존재

 (2) 사유를 통해 간접적으로 알려지는 지식

① 다른 자아들의 존재
② 물리적인 대상들(감각재료들이 아니라 그것들로 구성되어 형성된 것으로서)

Ⅳ. 합리론과 경험론

지식에 대한 이론은 자연스럽게 이론상 그리고 역사적인 계기에 의해 합리론과 경험론으로 나누어진다.
합리론은 어떤 관념들이나 개념들이 경험과는 관계없이 존재하며, 어떤 진리들은 이성만으로 파악된다고 믿는다.
경험론은 모든 관념과 개념들은 경험으로부터 생겨나며 진리는 경험에만 의존해서 입증해야 한다고 믿는다.
합리론이나 경험론이나 모두 상대방 학파의 기본적인 도구를 전적으로 무시하지는 않는다. 두 학파간의 논쟁은 필연적 지식과 경험적 지식에 대한 문제를 두고 생겨난다.

 (1) 필연적 지식 혹은 선험적 지식은 의식 밖으로부터 주어진 지식이 아니고 경험에 의존하는 지식도 아니다. 예를 들면 "검은 고양이는 검다"라는 명제는 '검은 고양이'의 정의(定義)에 의해서 필연적으로 참이다. 이것이 분석명제이다(혹은 넓은 의미에서 동의반복이다). 그러한 명제를 부정하는 것은 자기모순이 된다.
 (2) 경험적 지식 혹은 후천적 지식이란 경험을 따라서 온 지식 혹은 경험에 의존하는 지식을 말한다. 예를 들면 "책상은 갈색이다"라는 종합명제는 경험에 의해 나온 지식이다. "검은 고양이는 검다"라는 분석명제와는 달리 "책상은 갈색이다"라는 종합명제는 만약 모든 책상이 정의에 의해서 갈색이 아니라면 필연적으로 참이 되지는 않는다. 그리고 그 명제를 부정하는 것이 자기모순이 되지 않는다. 이러한 명제는 경험에 의지하여 판단해야 할 것이다.

지식은 주로 종합명제 ─ 참일 수도 있고, 거짓일 수도 있는 명제 ─ 에 의존한다. 그러므로 종합명제의 성격과 지위에 대한 이해는 지식에 대한 이론에 있어서 결정적인 역할을 한다. 논쟁점이 되는 것은 종합적이면서 필연적인 지식이 과연 가능한가라는 문제다. 즉, 경험에 의존할 필요없이 세계에 대하여 참된 지식을 가질 수 있는가라는 문제이다. 다음과 같은 명제들을 주의깊게 검토해 보자.

① 삼각형의 내각의 합은 180도이다.
② 평행선은 절대로 서로 만나지 않는다.
③ 전체는 그 부분들의 총합이다.

합리론자들은 이 명제들이 종합적 필연명제로서 보편적으로 참인 진정한 지식이라고 생각할 것이다. 즉 이것들은 분석명제나 동의반복적인 명제("검은 고양이는 검다")처럼 내용없는 명제들이 아니면서도 경험에 의존함이 없이 참인 가치를 지니고 있다.

경험론자들은 이 명제들이 종합적이면서 필연적인 명제라는 것을 부인한다.

엄격한 경험론자들은 이러한 명제들은 다만 필연적, 선험적인 것으로 보일 뿐이라고 주장한다. 실제로는 그 명제들이 경험으로부터 도출된다고 본다.

논리적 경험론자(Logical Empiricism)들은 이 명제들이 필연적인 참임을 인정한다. 그러나 이들이 그렇게 인정하는 이유는 이 명제들이 실제로는 종합명제가 아니라 분석명제라고 보기 때문이다. 분석명제는 정의에 의해서 이미 참이며 세계에 대한 내용있는 지식을 제공하지는 않는다고 본다.

1. 진정한 지식

합리론자들은 종합적 필연명제들을 진정한 지식의 범위 안에 포함시킨다(만약 종합적 필연명제라는 용어

를 적당하지 않다고 생각한다면 '일반적으로 필연적인 진리'라는 의미에서의 '실재'를 드러내는 분석적 필연명제라고 부를 수도 있다. 예를 들면 "실재는 존재하는 것이지 그밖의 어떤 것이 아니다는 것이다.")

경험론자들은 진정한 지식의 범위를 경험적 명제에 제한시킨다. 필연적인 명제들은 공허하여 내용없는 것이라고 본다(즉 그런 명제들은 세계에 대하여 아무것도 알려주는 것이 없다).

논리적 경험론자들은 분석적 필연명제("검은 고양이는 검다")와 종합적 경험명제들("책상은 갈색이다")만이 진정한 지식이라고 인정한다. 그러나 분석적 필연명제나 논리학과 수학에서의 법칙들은 사용상 편리를 위해 혹은 정의에 의해서 임의로 만든 법칙이기 때문에 실제에 대하여 아무것도 알려주지 않는다고 본다(이것은 반〈反〉형이상학적인 입장이다).

2. 안다는 것의 본질

어떤 명제(가 참임)를 안다는 것은 다음과 같은 사항들을 포함하고 있다.

(1) 어떤 의미에서 혹은 어떤 기준에 의해서 그 명제가 실제적으로 참이라는 사실 자체
(2) 그 명제가 참이라는 믿음
(3) 그 믿음을 지지하는 증거들

3. 증거(Evidence)의 문제

증거가 완벽하다면 그 인식은 확실하다.
증거가 부분적이라면 그 인식은 개연성이 있다.
합리론자들은 종합적이면서 필연적인 증거들을 인정한다.
경험론자들은 종합적이면서 경험적인 증거들만 인정한다.

4. 확실성의 문제

경험적인 지식은 확실한 것이 될 수 있는가?
어느 정도의 확실성을 확보하기 위해서는 어떤 증거와 어느 정도의 증거가 요구되는가? 오류론은 어떤 경험적 판단도 확실한 것이 될 수 없다고 주장하는 이론이다. 즉 모든 경험적 판단명제들은 오류일 수 있으며 개연성을 가질 뿐이라고 본다.

반〈反〉오류론은 어떤 경험적 판단은 확증적으로 확실하다고 보는 이론이다. 예를 들면 한 방안에 있는 사람들의 숫자가 얼마라는 따위의 명제이다.

5. 선험적 지식에 대한 이론들과 지식의 비(非)경험적 요소

선험적 지식은 근본적으로 합리론에서 주장되고 있지만 경험론에서도 채용하고 있다. 선험적 지식과 관련된 세 가지 이론들이 있다.

(1) 본래적인 선험적 지식에 대한 이론: 이 이론에 따르면 어떤 원리나 관념들은 자명한 것이다. 즉 그것들은 명백하고 확실해서 직관적으로 알려진다는 것이다. 데카르트의 명제 "나는 생각한다 그러므로 나는 존재한다"(Cogito ergo sum)가 그 예가 될 수 있을 것이다(5장, 데카르트를 볼 것).

(2) 선험적 지식을 전제로 하는 이론: 이 이론에 따르면 선험적 지식은 지성적인 경험, 즉 안다는 것을 가능케 하는 필수적인 조건이 된다. 예를 들면, 칸트는 감성의 선험적인 주관적 형식들(Anschauungen, 직관)을 전제하였다. 그에 의하면 이 선험적으로 주어져 있는 주관적 형식은 시간과 공간이다(5장, 칸트를 볼 것).

(3) 선험적 지식에 대한 분석적 이론: 이러한 이론에 의하면 선험적 지식은 추리를 위한 기초로써 임의로 정하거나 미리 합의한 규칙이나 원리들을 구성한다. 추리를 위한 기초가 되는 것은 우리가 어떤 용어나 기호에 부여한 의미이다(이 페이지의 논리적 경험주의자들을 볼 것).

6. 논리와 사유의 법칙

필연적 지식에 기초가 되는 것은 아리스토텔레스가 말한 세 가지 사유의 법칙들이다. 이 법칙들은 누가 무엇에 대하여 사유하던 간에 언제나 전제가 되고 있다.

(1) 동일률(同一律, Law of Identity): 어떤 실체이든간에 그것은 그것이 아닌 어떤 것이 아니다. 이것을 명제에 적용시키면 이렇게 된다. 만약 한 명제가 참이면 그 명제는 참이다. 만약 p이면, p이다(예를 들면 "장미는 장미이다").

(2) 모순율(矛盾律, Law of noncontradiction) : 어떤 실체도 어떤 것이면서 동시에 어떤 것이 아닌 것이 될 수 없다. 이것을 명제에 적용시키면 이렇게 된다. 한 명제가 참이면서 동시에 거짓이라는 것은 참이 될 수 없다. p이면서 not p일 수 없다(예를 들면 "장미는 장미가 아닌 것일 수 없다").

(3) 배중률(排中律, Law of Excluded middle) : 어떤 실체이든지간에 A(어떤 특정한 종류의 것)이거나 A가 아니거나 이다. 모든 것은 A이거나 not A 이거나 이다. p이든지 not p이든지이다(예를 들면 "한 사물은 장미이거나 장미가 아니거나 이다").

이 사유의 법칙들은 논리와 추리의 많은 법칙들 가운데 세 가지이다. 이것들은 증명되지도 반증되지도 않는다. 이것들을 설명하려면 이미 이것들을 전제로 하고 있어야 한다. 이것들을 부인하는 것은 자기 모순이 된다. 이것들은 모든 합리적─다른 말로 정합적인─사유와 논술에 있어서 전제되어 있다.

이 사유의 법칙들은 모든 실재에 대하여 적용시킬 수 있는가? 이것들은 실재에 대한 법칙인가 아니면 사유에만 해당하는 법칙인가?

합리론은 사유의 법칙들이 모든 것들에 대하여 적용된다고 주장한다. 왜냐하면 사유의 법칙들은 실재에 대한 가장 일반적인 진리들이라고 보기 때문이다. 사유의 법칙들은 우리의 사유에만 적용되는 것이 아니라 우리가 사유하고 이야기하는 그 대상들에 대해서도 적용된다고 보는 것이다.

경험론의 사유의 법칙들은 언어적인 유용한 규칙들로서, 사유하고 진술하는 방법에 있어서만 적용되는 것이라고 주장한다. 경험론에 의하면 사유의 법칙은 사유하고 진술하는 것의 대상이 되고 있는 것과는 필연적인 관계가 없다. 또 우리가 그러한 방법으로 사유하고 진술해야 할 필연적인 의무조차도 없다고 본다(22페이지 회의론을 참고).

V. 인식론의 논점들

1. 과학적 법칙, 전제, 이론

과학적 법칙이란 예언적인 가치를 지니고 있는 기술적(記述的)인 일반화라고 정의될 수 있다. 뉴튼의 만유인력의 법칙을 예로 들 수 있다. 우주에 있는 모든 입자들은 다른 모든 입자들에 대해 두 입자의 질량의 합에 비례하고 두 입자간 거리의 제곱에 반비례하는 힘으로 서로 당긴다는 것이 그 내용이다.

이론과는 달리 법칙이란 고안해 낸다기보다는 발견해 내는 것이다. 법칙이 곧 진리일 가능성이 높다. 즉 법칙에 따라 사건이 발생하는 것은 수학처럼 정확성이 높다.

헴펠(Hempel)이나 기타 논리실증주의자들과 같은 철학자들에 의하면 과학적 법칙들은 보편적인 가정으로서 그것은 "적절한 경험적인 발견에 의해 확증되거나 반증될 수 있는 것들"이다(16, 18, 32페이지를 볼 것).

전제는 "죠지가 비소를 먹었다"와 같은 특정한 것을 설명하는 진술이다. 이 전제는 법칙이나 이론 즉 "비소는 독약이다"와 같은 일반적인 진술과 합하여 어떤 주장이나 사건을 설명한다. 이 경우에는 "죠지가 죽었다"는 사건을 설명한다.

이론은 일반적인 것을 설명하는 진술인데 특별히 눈으로 볼 수 없는 실체들과 관련된 진술들이다. 예를 들면 "양자와 전자가 존재한다"는 원자이론이 있다.

다음과 같은 것이 이론을 가지고 추리하는 한 예이다.

모든 것들은 원자 입자들로 이루어져 있다(원자이론). 그러므로 물이 담긴 컵에 떨어뜨린 물감 한 방울이 컵 속의 물 전체를 물들인다(이론에 의해 설명된 사실).

이론은 실용주의나 도구주의에서처럼 사물을 특정 방식으로 파악하기 위한 하나의 제안 즉 '유용한 가설'이거나 '설명모델'에 불과할 수도 있고 혹은 실재론에서와 같이 실제로 존재하는 것에 대한 일반적인 진술일 수도 있다.

전제와 이론들은 (1) 잠정적인 것이지만, 사실에 근거하고 있기 때문에 개연적이며 (2) 사실을 설명할 수 있기 때문에 예언적이다.

특별한 전제나 일반적인 이론을 설정함에 있어서, 귀납법은 일반화로 나아간다. 이 일반화된 것이 이론

이 된다. 또한 귀납법은 관련된 것으로 여겨지는 전제들을 추측해 낸다.

한편, 연역법은 일반화 즉 이론이 그것을 증명할 사실을 수반하고 있는지 여부를 판단한다. 사실을 확인함으로써 전제나 이론은 개연성을 확보하게 된다.

2. 인과관계

아리스토텔레스는 네 가지 원인들을 꼽았다(5장 아리스토텔레스를 볼 것). 이것들에 대하여, 기계론적인 설명은 유효한 원인, 즉 변화를 일으키는 실제적인 힘만을 원인으로 인정한다. 결과에 선행하는 현상들에 대해서만 원인이라고 인정할 것이다. 예를 들면, 의도나 목표처럼 일을 행하는 사람의 마음속에 있는 것들은 기계론자에 의하면 원인으로 인정되지 않는다.

인과율의 원리에 대해서는 최소한 일반적인 세 가지 설명이 있다.

(1) 경험론적(혹은 후천적) 설명: 인과율은 사실(사건)들로부터 일반화된 것이며 사실에 의존하고 있는 것으로 간주된다. 인과율은 특정한 사건들이 동시에 발생하는 것이 지속적으로 관찰될 때 인식된다(흄, Hume). 즉 a가 일어나면 그것에 따라서 항상 b가 일어나는 경우이다.

(2) 합리론적(혹은 선험적) 설명: 인과율은 두 사건 사이의 필연적인 연관(스피노자, Spinoza)이라고 이해된다. 충족 이유율의 원리(라이프니쯔, Leibniz)에 따르면 원인에 상응하는 결과가 뒤따를 수밖에 없다. 우리는 인과의 법칙이 실재 세계의 필연적인 법칙임을 선험적으로 안다. 그리고 원인이 없는 사건은 있을 수 없다는 것(결정론) 즉 인과율은 지식에 있어서 필수적인 원리라는 것(칸트, Kant)도 선험적으로 알고 있다.

(3) 실용주의적 설명: 인과율은 비록 과학의 상당한 영역이 그것을 필요로 하지 않을 수 있음에도 불구하고 과학적인 설명에 있어서 유용하고 지침이 되는 원리로 생각한다. '처방이론'이라는 설명에서 보면, 원인이란 어떤 것을 발생시키거나 억제시키기 위한 처방에 비유되고 있다. 우리는 A를 발생시킴으로써 B를 발생시키고서 말하기를 A가 B의 원인이라고 말한

다. 예를 들면, 우리는 쇠를 가열하여 달구는데 이에 대해서 말하기를 쇠를 가열시키는 것이 쇠가 달게 되는 원인이라고 한다. 또 다른 설명은 인과율이 세계 안에 있는 균일성(질서)을 드러내려는 하나의 제안이라고 본다. 즉 인과율은 참도 거짓도 아닌 절차의 법칙이라고 본다. 왜냐하면 인과율은 어떤 사슬에 관한 것이 아니라 어떤 것을 다루거나 이해하는 효과적인 한 방법에 불과하다고 보기 때문이다.

인과율에 대하여 고려할 사항들은 다음과 같다.

(1) 인과율은 "검은 고양이는 검다"와 같은 논리적 필연과 같은 것이 아니다.

(2) 과학에 있어서 인과율은 "법칙은 순종을 명한다"라는 식으로 규정성을 가진 것이 아니다.

(3) 필요조건으로서의 인과관계(이 결과가 있다면 그 원인이 있다)는 두 사건간의 필연적인 연관을 의미하지는 않는다. 필요조건이 의미하는 것은 어떤 특정한 조건이 갖추어지지 않았을 때 특정한 결과가 결코 발생하지 않는 것이다. 예를 들면 "산소가 없으면 불이 타지 않는다."

(4) 충분조건으로서의 인과관계(이 원인이 있다면, 그 결과가 있다) 역시 두 사건간의 필연적인 연관을 의미하지는 않는다. 충분조건이 의미하는 것은 특정 조건이 있을 때는 언제나 일정한 결과가 뒤따르는 것이다. 예를 들면 "비가 오면 운동장이 젖는다" 필요 혹은 충분조건으로서의 인과율은 경험론(밀, J. S. Mill)에 속하고 필연적인 연관으로서의 인과율은 합리론에 속한다(스피노자, Spinoza).

(5) 원인이란 일반적으로 특정 사건을 발생시키기에 충분한 일련의 조건들을 의미하는 것으로 이해된다. 만일 그 원인이 한 가지 뿐이면 이 충분조건들은 동시에 필요조건들이 되고 만일 원인이 여러 가지 있으면 이 충분조건들은 모든 필요조건들이 아니다.

3. 과학적인 설명

"왜?"라는 것은 애매한 질문이다. 그 질문은 이유(reason)를 묻는 것일 수도 있고 설명(explanation)을 요구하는 것일 수도 있다.

이유는 예컨대, 세계가 둥글다고 믿는 데 대한 이

유를 제시하는 경우같이 어떤 믿음을 가지는 데 대해 주어지는 것이다.

설명은 예컨대 왜 지진이 일어나며, 왜 일산화탄소가 유독한 것인지를 설명하는 경우에서처럼 발생한 사태에 대하여 주어지는 것이다. 비록 '설명한다'는 말이 예를 들면 어떤 개념을 명료하게 풀이하는 경우에서처럼 다른 뜻으로도 사용되지만 앞에서의 것들은 과학적인 설명들이다.

사람은 어떤 것을 믿는 이유를 가질 수 있다. 그리고 이 이유가 그것을 믿는 것에 대한 설명이 될 수 있다. 예컨대 누군가가 참인 것을 믿고 싶어할 때이다. 다른 한편 어떤 사람은 예컨대 신이 존재한다든지, 어떤 행동은 잘못이라고 자신이 믿는 것에 대해 이유를 제시할 수 있다. 사람은 자신의 믿음을 정당화할 수 있다. 이것은 논리적인 문제이다. 반면 신이나 도덕성에 대한 자신의 신념을 설명하는 것과 같은 심리적인 문제는 또 다른 것이다. 예컨대 그로 하여금 그 믿음을 갖게 한 어떤 체험이나 필요가 있었을 수 있다. 이것들이 그 믿음을 설명할 것이다. 설명은 원인과 관계가 있다.

과학적인 설명은 과학적인 법칙, 전제들, 혹은 이론들이다(앞을 볼 것). 법칙들이나 전제들 혹은 이론들이 설명이다. 어떤 사건은 그것이 법칙이나 전제 혹은 이론의 틀에 들어올 때 설명된다.

과학적 설명에 있어서 '법칙포괄 모델'은 다음과 같다(헴펠, Hempel).

모든 구리는 전기를 전도한다. ──── 설명
이 물질은 구리이다.
이 물질은 전기를 전도한다. ──── 설명된 것

설명되는 것에 대한 명제는 설명 즉, 모든 전제들로부터 연역되었다. 이 전제들 가운데 최소한 하나는 일반화된 과학적 법칙이거나 가설 혹은 이론이다. 만약 설명이 개연적으로 참일 뿐이라면 그 도출된 설명도 개연성을 가진다. 일반화는 경험적인 것일 필요가 없다. 예컨대 "한 사람이 동시에 두 곳에 있을 수 없다"라는 명제처럼 논리적인 것일 수도 있다. 이러한 경우 설명은 경험적이거나 과학적이라기보다는 논리적인 것이 된다.

과학적인 설명은 예언적인 가치를 가져야 한다. 즉 그 과학적 설명을 낳도록 자극한 그 사건 뿐 아니라 다른 사건들도 설명할 수 있어야 한다. 다른 사건들도 설명할 수 있다는 것은 이런 유의 사건들이 발생하는 것을 예언할 수 있다는 것을 의미한다.

4. 언어의미의 본질

언어의미는 낱말, 구(句), 문장의 의미를 일컫는 말이다. '의미'(영어의 mean)라는 말은 매우 다양하게 사용되는데 다음과 같은 예를 들 수 있다.

(이하는 영어 mean이 가지는 특수한 의미들과 관련된 것으로서 번역으로 그 의미를 옮길 수 없으므로 그대로 옮김: 역주)

(1) That is no _mean_ accomplishment(insignificant, 하찮은)
(2) He was so _mean_ to me(cruel, 잔인한)
(3) I _mean_ to help him if I can(intend, 의도하다)
(4) The passage of this bill will _mean_ the end of …… (result in, 결과를 낳다)
(5) Once again life has _meaning_ for me(significance, 의미, 중요성)
(6) What is the _meaning_ of this?(explanation, 설명)
(7) He just lost his job:that _means_ he will have to …… (implies, 함축하다)
(알스톤⟨Alston⟩의 언어철학⟨Philosophy of Language⟩, 10페이지)

언어이론에 대하여 다음과 같은 이론들이 있다.

(1) 지시이론(Referential theory)
① 언어는 사물들에 대하여 말하기 위해 사용된다.
② 어떤 언어표현의 의미는 그 언어가 지시하고 있는 대상이거나 언어표현과 그것이 지시하고 있는 대상간의 관계이다.
③ 지시는 명칭에 의해(낱말은 어떤 사물을 표현한다) 혹은 기술(記述)에 의해 이루어진다(13페이지 럿셀의 기술이론⟨theory of descriptions⟩을 볼 것).

(럿셀, 밀, 프레게⟨Frege⟩, 처치⟨Church⟩, 루이스⟨C. I. Lewis⟩, 카르납⟨Carnap⟩과 트락타투스⟨Tractatus⟩에 나타난 초기 비트겐쉬타인 등이 여기에 속한다).

(2) 관념화 이론(Ideational theory)

말이나 언어 표현들은 어떤 관념들을 지시하기 위해 사용될 때 의미를 지닌다. 그 관념이 그 언어표현들을 발생시켰거나 혹은 그 언어표현들이 그 관념을 발생시켰다. 후자의 예로 청자(聽者)들에게 주는 심리적인 효과와 같은 것을 들 수 있다.

(로크, 스티븐슨⟨Stevenson⟩, 그리스⟨Grice⟩, 레오나드⟨Leonard⟩ 등)

(3) 행동(자극-반응) 이론(Behavioral⟨혹은 stimulus-response⟩ theory)

① 말이나 언어표현들은 그것들이 언급되고 있는 상황(자극)과 그 말들이 가져오는 반응들을 지시하기 위해 사용될 때 의미를 지닌다.
② 의미는 자극과 반응의 기능이다(브룸필드, Bloomfield).
③ 의미는 행위결정의 기능이다(모리스, Morris).
④ 의미는 그것이 언급되고 있는 상황조건들의 기능이다(콰인, Quine).
⑤ 세 가지 요소가 관련되어 있다(오그덴, Ogden)과 리차드, Richards). 이 세가지 요소는 상징(즉 말과 언어표현), 사유(혹은 해석), 그리고 지시체(지시되는 대상)이다(우리는 말이나 언어표현을 대할 때 사유를 통하여 간접적으로 사물들을 인식한다).

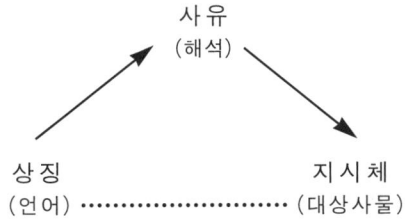

(오그덴⟨Ogden⟩, 리차드⟨Richard⟩, 브룸필드⟨Bloomfield⟩, 모리스⟨Morris⟩, 프리스⟨Fries⟩, 콰인⟨Quine⟩, 스키너⟨Skinner⟩)

(4) 사용이론(Use theory)

① 의미는 언어사용의 기능이다(철학적 탐구⟨Investigations⟩에서의 비트겐쉬타인).
② 말이나 언어표현은 그것들이 사용될 때, 예를 들면 연설행위를 할 때 의미를 지닌다(오스틴). 그리고 어떤 것을 지시할 때 즉 이름을 부르거나 기술할 때만 의미를 가지는 것이 아니다.
③ 발언행위(오스틴)는 다음과 같은 것들로 이루어져 있다.
  (a) 발음작용(locutionary acts)
  (b) 발의 작용(illocutionary acts)
  (c) 발동작용(perlocutionary acts)
④ 만약 두 문장이 같은 일을 하는 데 사용된다면 즉 그 문장들이 잠재적으로 동일한 발의작용을 가지고 있다면 그 두 문장은 같은 의미를 가진다.
⑤ 한 문장이 의미하는 것을 안다는 것은 그 문장을 정확하게 사용할 줄 안다는 것이다.
⑥ 의미는 문장 자체가 가지고 있는 것이 아니고 사람들이 그 문장을 가지고 행하는 그것이다.
(철학적 탐구에서의 비트겐쉬타인, 오스틴, 라일, 알스톤⟨Alston⟩, 바르녹⟨Warnock⟩)

의미는 인지(認知)적인(cognitive) 것과 비인지적인(noncognitive) 것(정서적인 것)으로 구분될 수 있다(13, 14, 23, 27, 33, 34 페이지를 볼 것).

(1) 인지적인 의미는 경험론적으로 검증 혹은 입증될 수 있고 진리값(참 혹은 거짓)을 가진다. 그리고 진정한 의미에서 정보를 제공한다.

(2) 비인지적(정서적)인 의미는 화자의 느낌이나 감정을 표현한 것이다. 예컨대, 가치판단의 경우가 그러하다(23, 27, 28, 33, 34페이지를 볼 것).

5. 의미의 검증가능성 이론

이 이론에 따르면, 의미와 진리는 검증가능성(verifiability)이나 확정가능성(confirmability)에 의해 결정된다.

(1) 검증가능성 이론은 주장하기를 검증이나 반증이 실제적으로 가능할 때만 혹은 조작주의에서와 같이 의미나 진리를 드러낼 수 있는 모든 필요한 조치들이 구체적으로 열거될 수 있을 때에라야만 인지적인(내용있는) 의미 혹은 인지적인 진리가 있다고 한다(32페이지를 볼 것). 검증가능성이란 검증이나 반증의 가능성이다. 오직 검증이나 반증이 가능한 명제만이 진리이거나 거짓일 수 있다. 왜냐하면 정확하게 말해서 그러한 명제만이 진정한 의미에서 명제이기 때문이다.

(2) 유의미성(有意味性)에 대한 검증가능성 기준은 유의미성에 대한 확정가능성 기준으로 수정될 수도 있다. 확정가능성 이론에서 주장되는 언명은 검증이나 반증이 가능해야 한다고 주장한다. 즉 원칙적으로 그 언명이 참이거나 혹은 거짓이라는 것을 지지하거나 반박할 수 있는 구체적인 경험적 증거들에 의해 검증이나 반증이 가능해야 한다.

합리론 대(對) 경험론의 대립은 검증가능성 이론에 관련해서 형이상학 대 검증주의(반형이상학)의 대립으로 나타난다. 즉 지식은 원칙적으로 검증가능한 것과 검증가능하지 않은 것 두 종류라고 보는 이들(합리론자)과 지식은 검증가능한 것이어야만 한다고 생각하는 이들(경험론자)로 맞서게 된다.

(1) 합리론자들은 검증가능성이라는 기준 그 자체가 검증된 것이 아니라는 것과 그러므로 그 자체의 정의에 의해서, 의미를 가지거나 진리가 될 수 없다고 주장한다. 검증가능성 이론은 의미에 대한 하나의 이론이긴 하지만 유의미성의 실제적인 성격에 대한 이론이 되지는 못한다고 본다. 명제들이 이해될 수 있기만 하면 유의미한 것이라고 본다(마스칼, Mascall).

(2) 경험론자들이 주장하기를 검증가능성 이론은 그러한 진리값에 의해 검증되는 것이 아니라 유용성에 의해 정당화되는 절차적인 법칙이라고 한다(에이어〈Ayer〉, 헴펠〈Hempel〉, 파이글〈Feigl〉, 카르납〈Carnap〉 등).

(3) 사용이론은 검증가능성(혹은 반증가능성)이 유의미성의 절대적인 기준이 아니라고 주장한다. 유의미성의 기준이나 규칙을 결정하는 것은 언어의 쓰임새이다. 검증가능성 기준이 적용되는 한 "한 문장은 그것이 어떤 주장을 하기 위해 사용될 때에만 의미를 가진다. 그리고 그 문장이 주장을 하기 위해 사용되는 것은 그 주장을 검증하거나 반증할 수 있는 방법을 구체적으로 제시하는 것이 가능할 때에만이다"(알스톤).

검증가능성만이 타당한 유일한 방법은 아니다. 검증가능성 이론은 유의미성을 인지적으로 내용있게 사용된 언어에만 제한시켜 부여하려는 하나의 제안이다.

6. 진리, 참

1) 진리, 참(Truth)의 성격

(1) 진리는 명제나 신념에 있어서는 기술적인 것일 수도 있다. 이때의 명제나 신념은 i) 필연적으로, 즉 예를 들면 "만일 p가 q를 함축하는데 p이면 q이다"라는 경우처럼 분석적으로 참인 경우나 ii) 우연적으로, 즉 "지구는 둥글다"와 같이 경험적으로 참인 경우의 명제나 신념이다. 이때 '진리, 참'이라는 말은 형용사와 같이 기능한다. 예를 들면 '참 믿음'에서의 '참'이 가지는 의미와 같다.

(2) 진리, 참은 사유나 행동을 성공적으로 인도하는 신념(믿음)에 있어서 도구적인 것이 될 수 있다. 예를 들면 우리가 불은 물체를 태운다는 믿음에 따라 행동할 때 화상을 입지 않는 경우이다. 이때 '진리, 참'은 부사처럼 기능한다. 예컨대 "그는 참으로 믿었다"할 때의 '참으로'가 가지는 의미와 같다.

(3) 진리, 참은 실재하는 것을 지칭하는 실명사나 존재론적인 용어가 될 수 있다. 예를 들면 "하나님은 참이다"라는 명제에서와 같다. 이 명제에서 '참'이라는 말은 명사로 기능한다.

(4) 진리는 한 사람의 일생이나 궁극적인 헌신을 지칭할 때 실존적인 의미로 사용될 수 있다. 어떤 이는 진리를 알기보다는 진리로 생활한다. 이때 '진리'는 동사와 같이 기능한다.

2) 진리의 기준

(1) 대응설(Correspondence theory) : 관념이나 명제는 그것이 표방하고 드러내려고 하는 실재를 정확하고 합당하게 표방하거나, 닮았을 때 참, 진리라고 보는 이론이다. 예를 들어 "지금 비가 내리고 있다"라

는 명제는 실제로 지금 비가 오고 있을 때에만 참이다. 이 이론은 아리스토텔레스, 로크, 럿셀의 경우와 같이 주로 인식론적 실재론에 부합한다. 이 이론의 난점은 대응한다는 것 자체를 입증하기가 불가능하다는 점이다. "내가 가지고 있는 관념이 그것의 대상과 실제로 대응하고 있는지를 어떻게 알 수 있는가?" 관념은 대상과 근본적으로 다른 것이다. 오스틴은 이 이론을 수정하여 대응은 일치, 닮음이라기보다는 대상과 관념 사이의 고유한 상호관계성에 있다고 주장하였다. "명제의 진리 여부는 명제에서 사용되고 있는 용어들에 관련된 문제이다. 그 용어들은 그 용어에 의해 지시되고 있는 것이 속하는 특정한 유형의 상황에 대해 관습적으로 주어지는 것이다"(오스틴).

(2) 정합설(Coherence theory): 내적으로 잘 들어맞고, 일관성이 있으면 그것이 속하고 있는 전체 진리에 의해 필연적으로 도출되는 관념이나 명제가 참, 진리라고 보는 이론이다. 이 이론은 반드시 그런 것은 아니지만 주로 헤겔, 브래들리(Bradley), 블랜샤드(Blanshard)와 같은 관념론자들에 의해 주장된다. 또한 관념론자가 아닌 카르납과 노이라트(Neurath) 등에 의해서도 지지되었다. 이 이론의 난점은 실제로는 존재하지 않을지도 모르는 형이상학적 통일성을 전제로 하고 있다는 점이다. 또한 럿셀(Russell)이 지적한 것처럼 정합성은 진리의 필요조건이거나 시금석은 될 수 있겠지만 정합성이 있다고 해서 곧 진리가 되는 것은 아니다.

(3) 실용주의 이론: 결과를 낳거나 기대를 충족시키거나 실행하기가 가능한 관념이나 명제를 참, 진리라고 보는 이론이다(12페이지 실용주의 지식론을 볼 것). 더 구체적으로 살펴보자면,

① 제임스(James)는 '진리'를 개인적인 차원에서 해석하였다. "어떤 가설로부터 생활에 유용한 결과가 나온다면 우리는 그 가설을 거짓이라고 할 수 없다. 만약 하나님이 계시다는 가설이 실제적인 결과를 낳는다면(개인에게 있어서), 그 가설은 참이다." 제임스는 진리란 결과를 낳는 어떤 것이라고 최초로 정의한 사람이다. 후에 그는 참인 명제를 다음과 같이 정의하였다.

(a) '현실적인 의미'를 가지고 있는 것 즉 원칙적으로 검증 가능한 것
(b) 정합성을 가지고 있는 것, 즉 현재적인 사태들이나 예상되는 사태들에 조화를 이루는 것
(c) 더 높은 가치들을 지지하는 것 즉 진보를 촉진시키는 것

② 퍼스와 듀이는 예언적인 능력이라는 관점에서, 사회적인 차원에서 '진리'를 해석하였다. 이들에 의하면 진리란 실험적으로 검증이 가능한 것이어야 할 뿐 아니라 사회적으로도 검증이 가능한 것이어야 한다. 단지 개인적으로 유용하다고 해서는 진리가 되지 않는다. 진리는 사(私)적인 것이 아니라 공(公)적인 것이다. "탐구하는 자들 모두로부터 궁극적인 동의를 얻게 될 그 주장이 바로 진리라는 말이 의미하는 바이다"(퍼스).

진리와 지식에 대한 이론들

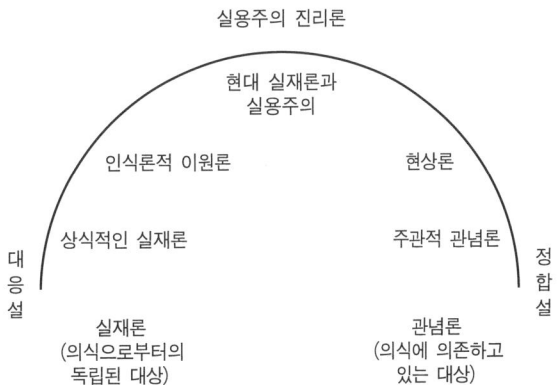

진리는 "실제로 되어지는 어떤 것"이다(실용주의). 즉 진리란 대응설에서와 같이 발견되어지는 어떤 것이라기보다는 일어나도록 만들어지는 즉 발생되는 것, 실재적인 가치의 작용이다. 이 이론의 난점은 진리라고 하는 말이 의미하는 것은 만들어지는 것, 만들어질 수 있는 것 혹은 결과를 낳는 것, 결과를 낳도록 만들어질 수 있는 것 등과는 다른 어떤 것이라는 반론이 제기된다는 것이다. 그리고 어떤 사건에서든지 진리는 장차 있을 것이나 있을 수 있는 것을 말할 뿐 아니라 지금 있는 것이나 있었던 것을 말해야 한다는 점이다.

7. 지식에 이르는 방법

과학적 방법이라고 알려진 지식획득의 방법은 아리스토텔레스의 분석적 방법으로까지 거슬러 올라가는 긴 역사를 가지고 있다(5장 아리스토텔레스를 볼 것).
아리스토텔레스는 다음과 같은 방법들을 발전시켰다.

(1) 귀납법 — 개발적인 사실들로부터 일반적인 것을 추리해 내는 것: 예를 들면 단순한 나열, 사실1 + 사실2 + 사실3 … ⟶ 일반화
(2) 연역법 — 일반적인 원리로부터 개별적인 사실들을 추리해내는 것: 예를 들면 만약 모든 p가 q를 함축한다면, 특정한 p는 q를 함축한다.
(3) 관찰 — 경험적인 증거를 사용하는 것
(4) 분류 — 정의(定義)를 사용하는 것

피타고라스는 수학적 나열의 방법을 발전시켰고 데모크리토스는 기계론의 개념에 공헌하였다. 근대에 있어서는,

(1) 갈릴레오(Galileo: 1564~1642)는 데모크리토스의 기계론을 부활시켰다.
(2) 코페르니쿠스(Copernicus: 1473~1543)와 데카르트(Descartes: 1596~1650)는 피타고라스의 수학적 나열의 방법을 부활시켰다.
(3) 아리스토텔레스의 목적론에서 데모크리토스의 기계론으로 대체되면서 아리스토텔레스의 연역법과 귀납법이 다시 정식화되었다(5장 데모크리토스와 아리스토텔레스의 실재에 대한 이론들을 볼 것).
(4) 갈릴레오는 베이컨(Francis Bacon: 1561~1626)의 실험적 경험론과 데카르트의 합리론을 결합시킴으로써 현대적인 과학적 방법에 접근하였다(이러한 종합은 실재에 대하여 물질적이고 수학적인 이론을 낳게 하였다. 데카르트는 경험과 실험을 간과하였고 베이컨은 수학적 사고를 간과하였다. 이들의 연역적 접근과 귀납적 접근을 결합하면 과학적 방법에 가까와진다. 5장 데카르트를 볼 것).
(5) 베이컨이 아리스토텔레스의 귀납적 방법을 과학적 방법으로 재정식화함으로써 영국 경험론의 전통이 시작되었다. 이 방법은 "감각들과 개별적인 사건들로부터 원리들을 도출해내고 마침내 가장 일반적인 원리를 얻는 것이다"(베이컨). 귀납법은 "인간의 마음에 진리가 알려지는 것을 방해하는" 마음의 우상에 대한 치료책이 된다(베이컨). 이 우상들은 다음과 같은 것들이다.

(a) 종족의 우상 — 인류 온 종족이 가지고 있는 한계들
(b) 동굴의 우상 — 개인이 가지고 있는 한계들
(c) 극장의 우상 — 치우치는 경향
(d) 시장의 우상 — 언어와 의사소통의 문제점들

비록 이후에 베이컨의 방법은 수정되었지만 과학적 방법에 있어서 귀납법의 강조는 여전히 남아있다. 경험적 지식을 획득하는 밀의 귀납적 방법들은 베이컨의 방법에서 유래한 것으로 고전(古典)이 되었다. 그 방법들은

(1) 일치의 방법
(2) 차별의 방법
(3) 일치와 차별을 결합한 방법
(4) 부수적인 차이의 방법
(5) 잉여의 방법

(밀의 책 『논리학 체계』(System of Logic) 제 3권 8장이나 일반적인 개론서 혹은 철학사전을 볼 것).

과학적 방법은 현재 다루고 있는 특별한 분야나 구체적인 문제에 따라 다양하게 변하는 일련의 방법들이다. 듀이는 그의 책 『우리는 어떻게 생각하는가』(How we think)에서 그것을 반성적인 사고(reflective thinking)라고 표현하면서 탐구의 양식 즉 과학적 방법으로써 문제를 해결하는 다섯 가지 단계를 열거하였다.

(1) 문제 — 불확실한 상황을 인식한다.
(2) 정의, 관찰, 사실 분류 등을 통해 불확실한 상황을 문제로 명료화시킨다.
(3) 가능한 해결책 — 가설을 정형화한다(14페이지를 볼 것).
(4) 검증이나 시험가능한 결과들을 연역한다.
(5) 검증한다. 그리고 필요한 경우에 그 가설을 수용하거나 거부할 수 있도록 재정형화한다. 혹은 문제가 해결된다(기본적인 개론서를 볼 것).

8. 귀납법의 문제점

우리가 "A에 속한 모든 것들은 B에 속한다"라고 말할 때 이것은 과거에 A에 속한 모든 것들이 B에 속했다는 의미일 뿐만 아니라 미래에도 A에 속하는 모든 것들이 B에 속할 것을 의미하기도 한다. 우리는 과거로부터 얻은 증거를 가지고 미래에 대한 주장의 근거로 사용한다. 그러나 미래가 과거와 같을 것인가? 우리는 이것을 어떻게 알 수 있는가? 이것이 바로 귀납법이 지니고 있는 문제점이다.

귀납적인 추리는 균일성의 원리, 즉 만유인력의 법칙과 같은 과학법칙이 과거에서와 같이 미래에서도 유효한 것이라는 믿음을 전제로 하고 있다. 그러나 균일성의 원리 자체는 그 자체를 참이라고 전제하지 않고는 증명되지 않는 것이다.

어떤 미래의 사건이 과거의 사건과 마찬가지일 것이라는 것을 주장하기 위해서는 균일성을 전제해야만 한다. 즉 "A는 B를 야기한다"라는 식으로 미래 사건은 과거 사건과 마찬가지일 것임을 전제해야 한다. 귀납법은 증명될 수 없다. 즉 흄, 럿셀 혹은 일반적인 회의론(skepticism)에 따르면 우리는 미래가 과거와 마찬가지일 것이라는 것을 알 수 없다.

윌(Will)이나 스트로슨(Strawson)과 같은 이들도 귀납법을 반대하여 주장하기를 회의론에 의하면 아무것도 귀납법을 옹호할 수 없기 때문에 증거는 무효가 된다고 한다. 즉 증거란 적용된 당시가 지나면 즉시 효력을 잃기 때문이라는 것이다. 미래의 미래들은 현재의 미래 혹은 과거의 미래가 된다. 그러면 그것들은 다른 미래의 미래에 대하여 추론할 수 있는 증거로서의 가치를 상실하게 된다.

균일성의 원리와 귀납법을 사용하는 것은 논리의 사용에서(13페이지를 볼 것) 그런 것처럼 실용주의적인 입장에서 정당화된다. 이 원리들이 없이는 지식이란 불가능하다. 이 원리들이 있어야 지식이 가능하거나 혹은 가능할 수 있다.

9. 인식상황

인식상황은 인식자(자기), 감각재료(경험), 인식되어지는 것들(세계)의 관계에 대한 문제이다. 인식이론들은 인식상황을 설명하는 방식과 관련해서 분명하게 기술될 수 있다. 인식론에는 회의론, 주관론, 객관론, 비판적 실재론 즉 표상 실재론, 직관론, 실용주의, 현상론, 현상학적 실존주의 그리고 최근의 분석이론 등이 있다. 이것들은 대체로 현상론과 실재론의 변형들이다.

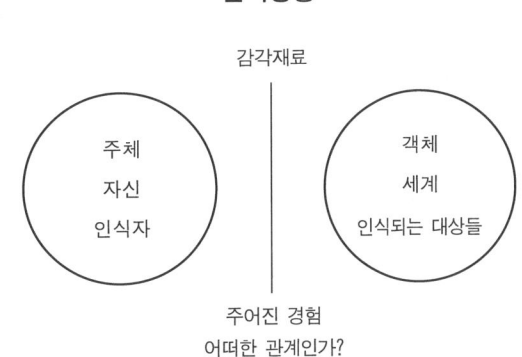

인식상황

10. 관념

관념들은 다음과 같이 주어진다고 주장되고 있다.

(1) 관념들은 언제나 신(神)에 의해 직접적으로 주어진다. 그리고 관념이 곧 사물이다 —인식론적 관념론(epistemological idealism), 버클리(Berkeley).

(2) 관념들은 언제나 신에 의해서 직접적으로 주어지는데 신은 사물들을 드러내기 위해 예정조화에 따라 관념들을 산출한다. 즉 사물들을 경험하거나 사건들이 발생할 때 우리는 그것들과 완전한 조화와 일치를 이루는 정확한 관념들을 얻게 되는 것이다 —우인론(偶因論, occasionalism), 말브랑슈(Malebranche).

(3) 관념들은 언제나 사물에 의해 발생한다 —지각의 원인이론(causal theory of perception) —관념들은 그 관념들을 산출시키고 있는 사물을 표방하고 있다 —감각론(sensationalism), 표방 실재론(representative realism), 갈릴레오(Galileo), 로크(Locke).

(4) 관념들은 때때로 관념들이 표방하고 있는 사물들로부터 주어진다. 데카르트의 외래관념(adventitious ideas), 그러나 또한 생득적인 관념들도 있다.

(5) 관념들은 결코 주어지는 것이 아니다. 즉 관념

들은 인식 혹은 인식자의 내적인 필연성 즉 사물들을 특정한 방식으로 이해하려는 소질로부터 발생하는 것이며 언제나 생득적인 것이다. 예는 라이프니쯔의 창 없는 단자들(windowless monads).

(6) 관념들은 사물 자체 내에 있다. 즉 사물 안에 그 사물의 형상으로 존재하고 있다. 정신(지성)은 사물들을 인식할 때 그것들로부터 관념들을 추출해 낸다. 전통적인 실재론(classical realism) 예를 들면, 아리스토텔레스(Aristotle), 토마스 아퀴나스(St. Thomas Aquinas).

(7) 관념들은 사물 안에 있지 않고 사유의 보편적인 가능성이다. 즉 그것에 의해 어떤 사물이 그 자신이 되는 보편적인 개념이다. 관념은 정신이나 영혼에 의해 현재 지각되는 그 사물로 인식된다. 예를 들면 플라톤.

(8) 관념들은 사물 안에 있지 않고, 파악되기 위해서는 신적인 조명(divine illumination)을 필요로 한다. 왜냐하면 시공(時空)에 제한받고 있는 의식이 그 자신으로서는 무한하고 영원한 것(앞의 (7)에 나온 보편적인 개념)을 파악할 수 없기 때문이다. 예를 들면 어거스틴, 보나벤투라(Bonaventure) 등.

Ⅵ. 인식론들

1. 회의론

회의론은 객관적인 세계 즉 인식자나 인식자의 경험으로부터 독립하여 있는 세계에 대하여 완전하고 진정한 지식을 가질 수 있다는 가능성을 부인한다. 회의론은 자기 자신에 대한 지식의 가능성마저 의심할 수도 있다. 그리고 우리가 인식할 수 있는 것은 감각 재료와 그것들이 결합한 것들 뿐이라고 본다. 예를 들어 흄은 지식과 실재를 제한시켜 인상들(impressions)과 관념들(ideas)로서의 '지각들의 흐름'이라고 규정하였다.

1) 회의론의 종류들

(1) 유아론(Solipsism) : 나 혼자만이 존재한다. 왜냐하면 나는 나 자신과 나의 관념들 너머에 있는 세계를 알 수 없기 때문이다. 이러한 관점은 자아중심적 곤경(egocentric predicament)에 빠지게 된다 (31페이지를 볼 것).

(2) 감각 회의론(Sensory skepticism) : 감각들은 상대적인 것이며 신뢰할 수 없는 것이다. 왜냐하면 그것들은 인식자에 의해서 변형된 것들이기 때문이다. 핀과 핀으로 찌른 통증이 다른 것 만큼이나 세계와 감각은 별개의 것들이다.

(3) 이성 회의론(Rational skepticism) : 추론을 통한 결론들이 모순적이나 역설적인 것이 되는 경우, 예를 들면 칸트의 이율배반(Kant's antinomies)이나 제논의 역설(Zeno's paradoxes) (32페이지를 볼 것).

(4) 방법적 회의론(Methodological skepticism) : 의도적이고 시험적인 회의를 통해 진정한 지식으로 들어간다. 예를 들면 데카르트의 방법(5장 데카르트를 볼 것).

2. 주관적 관념론으로서의 주관론

주관론(Subjectivism)은 주장하기를 지식은 인식자의 의식 속에 있는 관념들에 제한되기 때문에 이 관념들을 넘어서서 인식자와는 별도로 독립하여 있는 객관적이고 물질적인 실재를 안다는 것은 불가능하다고 한다. 지각 내용과 알려지는 것은 하나이다(인식론적 일원론, epistemological monism). 그리고 그것은 인식자의 의식 속에 있는 관념으로서 알려질 수 있을 뿐이다(인식론적 관념론, epistemological idealism). 그러므로 세계는 인식자 안에 있다. 즉 인식자에게 속하여 있는 것이다. 비록 실재론의 주장처럼 관념들이 관념으로부터 독립된 실체들을 표상하고 있다고 하더라도 아무도 그것을 실제로 확인할 수는 없다. "비록 물리적인 대상들이 아무도 그것들을 보고 있지 않을 때에 실재로 존재한다고 하더라도 우리는 그것들이 실제로 존재한다고 주장할 아무런 근거가 없다. 왜냐하면 보고 있지 않을 때 그것들이 존재하고 있는 것을 본 사람은 없기 때문이다"(스타케, Stace). "존재한다는 것은 지각하거나 지각되고 있음을 말한다"(5장 버클리를 볼 것). 세계는 지각하는 자들과 지각 내용들, 즉 의식(자)과 관념들로 구성되어 있다.

주관적 관념론에 대한 버클리의 논증은 다음과 같다.

① 지각 내용들은 지각되지 않을 때 존재하지 않는다.
② 물리적인 대상들은 지각 내용들의 복합체이다.
③ 그러므로 물리적인 대상들은 지각되지 않을 때 존재하지 않는다.

3. 객관론

객관론은 객체들이 의식(자)과는 독립하여 존재하며, 그것들의 속성들은 감각 재료를 통해 인식자에게 직접적으로 표상하고 있다고 믿는다. 알려지는 것들과 감각재료는 하나이다(인식론적 일원론으로서의 인식론적 실재론).

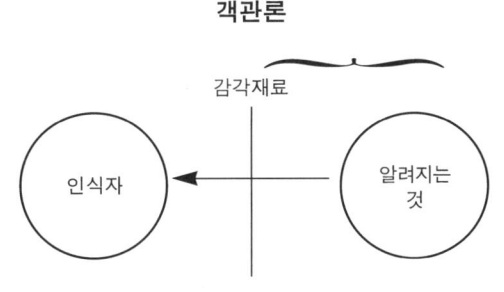

객관론

- 인식론적 실재론(Epistemological Realism)의 내용

① 인식과정에 있어서 의식(마음)이 다양한 역할을 감당한다.
② 의식(마음)은 관념들만 인식하는 것이 아니라 의식과 독립하여 존재하는 사물들을 인식한다.
③ 인식자와 알려지는 것(things known)은 별개의 것이다.
④ 인식자는 세계 속에 있다.
⑤ 알려지는 것들은 그것들이 인식되지 않을 때에도 변함없이 계속 존재한다(몬타규: Montague).
⑥ "비록 물리적인 대상들이 관찰되지 않을 때도 계속 존재한다는 것을 확인한 사람은 없지만 그것들이 관찰되지 않을 때에는 존재하지 않는다고 믿을 정당한 근거도 없다"(럿셀)

1) 인식론적 실재론으로서의 객관론들

(1) 소박한 실재론 즉 상식적 실재론: 사물들은 있는 그대로 직접적으로 지각된다.

(2) 신 실재론(New realism): 알려지는 객관적인 세계는 중립적이다. 즉 그것은 심리적인 실체들과 물질적인 실체들과 또한 객관적인 관계들로 구성되어 있다(무어〈Moore〉, 럿셀, 알렉산더〈Alexander〉, 브로드〈Broad〉 등) (5장과 뒤에 나오는 '최근의 분석이론들'에서 무어와 럿셀에 대하여 볼 것).

(3) 신 유물론(New materialism): 알려지는 객관적인 세계는 물질적인 것이다(몬타규, 우드브리지〈Woodbridge〉 등).

(4) 신토마스주의(New Thomism): 독립적으로 실재하는 세계가 독립적으로 실재하는 의식(마음)들에게 알려진다(마스칼〈Mascall〉, 코플스톤〈Copleston〉 등).

2) 인식론적 관념론으로서의 객관론들

객관적 관념론: 객관적인 세계는 정신적인 것(mental)이지만 객관적인 것이다. 즉 인식하는 인간으로부터는 독립하여 있고 절대적인 인식자, 세계 정신에 속하여 있다(헤겔, 그린, 브래들리, 보쌍쾨〈Bosanquet〉, 로이스〈Royce〉, 블랑샤드〈Blanshard〉 등).

주의: 객관적 관념론(헤겔주의)은 절대정신(일원론)을 주장한다는 점에서 주관적 관념론(버클리주의)과는 다르다. 객관적 관념론에서 한정된 의식들(인식자들)은 절대정신의 현현들이다. 주관적 관념론(다원론)은 많은 개별적인 의식들(인식자들)을 주장한다.

4. 비판적 실재론 혹은 표상적 실재론

비판적 실재론 혹은 표상적 실재론(인식론적 이원론)은 인식을 형성하는 데 있어서 의식(마음)이 결정적인 역할을 하고 있다고 본다. 순수한 객관론과는 달리 비판적 실재론은 감각재료와 감각재료가 표상하고 있는 대상물을 구분한다(인식론적 이원론). 그러나 사유의 대상이 단순히 감각재료 즉 인식자의 관념들이 아니라, 대상물이라는 의미에서, 대상물 즉 알려지는 바 되는 사물은 의식 즉 인식자로부터 독립되어 있다. 관념들은 대상물들을 표상한다.

비판적 실재론 혹은 표상적 실재론

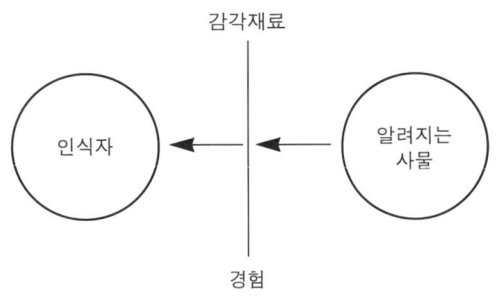

인식론적 이원론: 감각재료와 알려지는 사물은 구별된다. 대상들은 감각재료들을 통해 간접적으로 알려진다.

1) 비판적 실재론 혹은 표상적 실재론의 종류들 (인식론적 이원론)

(1) 표상적 실재론: 관념들은 인식자로부터 독립하여 있는 세계의 대상들을 표상한다. 대상들의 객관적, 일차적인 성질들로부터 주관적, 이차적인 성질들이 파생한다. 일차적인 성질들과 이차적인 성질들로부터 지식이 형성된다(데모크리토스, 갈릴레오, 케플러, 데카르트, 로크, 매킨토쉬〈Macintosh〉 등).

표상적 실재론에 대한 데카르트의 논증

① 신은 존재한다: 삼각형에 대한 관념이 세 변을 가진 도형(삼각형)의 존재를 함축하고 있듯이 우리가 신에 대하여 가지고 있는 분명하고 확실한 관념 자체가 신의 존재를 함축하고 있다(66페이지 존재론적 논증을 볼 것).
② 정의(定義)에 의해 신은 완전하다. 따라서 자비롭다.
③ 자비로운 신은 우리로 하여금 세계를 바로 알 수 있는 방도를 주지 않은 채로 버려두시지 않는다.
④ 이 방도가 이성이다. 즉 직관과 연역이다.
⑤ 만일 어떤 관념이 분명하고 확실하다면 그것은 참이다.
⑥ 만일 그 관념이 참이라면 그것은 존재하는 사물에 관한 관념이다.
⑦ 일차적인 성질만을 가지고 있는 외부세계는 수학적인 분석이 적용될 수 있고 따라서 분명하고 확실하게 이해될 수 있다.
⑧ 그러므로 외부세계는 일차적인 성질만을 가지고 있다.

(2) 비판적 실재론: 물질적인 대상들은 감각 재료를 통해 알려진다. 예를 들어 산타야나(Santayana)의 주장에 따르면, 독립하여 실제로 존재하고 있는 물질적인 사물들은 본질적으로 인식자와 알려지는 사물간의 상호 결합에 의하여 알려지게 된다. 물질적인 사물은 동물적 신앙(animal faith)의 작용에 의해 간접적으로 알려진다(산타야나, 러브조이〈Lovejoy〉, 셀라즈〈Sellars〉 등).

5. 인격주의(Personalism)

인격주의(인격적 관념론)는 객관론과 주관론 즉 실재론과 관념론의 요소들을 결합한 일종의 인식론적 이원론이다. 브라이트맨(Brightman)에 의하면, "경험되는 상황과 믿어지고 있는 상황"의 이원론이 존재한다.

6. 신 토마스주의(Neo Thomism)

마스칼(Mascall), 마리탱(Maritain), 질송(Gilson), 코플스톤(Copleston) 등에 의하면 감각 재료들은 "지성이 직접적이면서도 간접적인 작용에 의해, 인식할 수 있는 심리외적 실체들 즉 실재 사물들을 파악하는" 수단이다(마스칼).

7. 직관론(Intuitionism)

직관론은 지식의 직접성 즉 어떤 관념들의 자명성(自明性)을 강조한다. 사물 전체에 대한 인식자의 전체적인 반응이 일어날 때 이를 직관이라고 한다. 신비주의의 인식론으로서 직관론은 인식자와 알려지는 것과의 비분리성을 주장한다. "실재론은 대상들과 인식자를 구분한다. 관념론은 모든 대상들이 어떤 인식자에게 속한 것이라고 주장한다. 그러나 신비주의(직관론)는 대상들과 인식자들이 서로가 서로에게 속하여 있다고 주장한다. … 그것들은 하나이다"(호킹,

Hocking). 직관론은 서양적이라기보다는 동양적인 인식론으로서, 규정되거나 분석될 수 없는 지식을 추구한다. 지금도 상징이나 시를 통해서 그것을 표현하려는 시도가 있을 수 있다. 지식의 소통에 대하여 노자(老子)는 이렇게 말한 바 있다. 아는 자는 말하지 않는다. 말하는 자는 알고 있는 자가 아니다.

1) 직관론의 종류들

(1) 플라톤적 직관론: 직관 혹은 통찰(noesis, 노에시스)이 철학자의 목표이다. 인식자는 관념에 의해 총체적으로 실재를 파악한다. 특별히 가장 고상하고 가장 포괄적인 관념인 선의 이데아(관념)에 의해서 파악하게 된다(5장, 플라톤을 볼 것).

(2) 베르그송(Bergson)적 직관론: 직관론의 현대적인 형태로서의 이 직관론은 직관을 지식에 있어서 좀더 우월한 수단이라고 생각한다. 왜냐하면 직관으로 인해 인식자는 알려지는 사물과 일체가 되며 지적인 일치를 이루게 된다고 생각하기 때문이다(5장, 베르그송을 볼 것).

(3) 데카르트적 직관론: 합리주의의 한 형태로서 마음은 생득 관념들을 직관적으로 인식하는 능력을 가지고 있다고 본다. 예를 들면 데카르트는 모든 지식이 직관에 의해 알려진 분명하고 자명한 관념들로부터 연역되어 나올 수 있다고 믿었다(5장, 데카르트를 볼 것).

스피노자는 직관을 지식의 목표로 삼았다. 그는 직관이란, 실재를 영원의 관점에서 보는 것이라고 생각하였다. 칸트는 엄격히 말해서 데카르트적인 직관론은 아니지만 지식은 마음(의식)이 현상들을 시간과 공간 안에 정리할 수 있기 때문에 가능한 것이라고 믿었다. 그는 시간과 공간을 직관의 선험적 형식 혹은 감성의 형식이라고 불렀다(5장, 칸트를 볼 것).

8. 실용주의(Pragmatism)

실용주의는 기본적으로 의미와 원리에 관한 이론이다. 실용주의는 지식이 발생하는 것이라는 점과 또 도구적인 성격을 가지고 있음을 강조한다. 실용주의는 하나의 유기체적인 입장에서 지식에 접근한다. 이 유기체(인식자)는,

① 환경에 순응하고, 환경과 상호작용 관계에 있다.
② 관념을 행위의 계획이나 수단으로 사용한다.
③ 결과를 낳는 관념들은 참이라고 하여 보존하고 결과를 낳지 않는 것들은 거짓이라고 하여 버린다.

실용주의자들은 실험적 방법을 강조한다. 퍼스(Peirce)는 그것에 대하여 말하기를 "다른 사람들의 비판이라는 시험에 대하여 개방되어 있는" 지식의 방법이라고 했다. 듀이는 주장하기를 "안다는 것(Knowing)은 문자 그대로 우리가 행하는 어떤 것이다"라고 했다. 즉 그것은 우리가 소유하게 되는 어떤 것이 아니라는 말이다. 실용주의는(그것이 도구주의든 실험주의든 상관없이) "사고하는 것(thinking)과 안다는 것(knowing)에 대한 행동주의자의 이론"이다(듀이).

실용주의

경험과 상호작용 관계에 있는 유기체로서의 인식자 ← → 경험

지식이란 듀이가 '처리'(transaction)라고 부른 과정을 통하여, 경험이 성공적으로 재구성되어 확립된 것을 의미한다. 실용주의는 경험과의 성공적인 접촉으로부터 지식을 발전시켜나가는 활동적인 유기체(인식자)의 모습을 보여주고 있다. 지식으로 인정되기 위해서는 공적인 확인이 반드시 필요하다(퍼스와 듀이).

1) 실용주의의 종류들

(1) 철저한 경험론: 윌리엄 제임스(William James)의 이 입장은 영국 경험론의 전통의 맥을 잇고 있다. 특별히 흄(David Hume)의 순수한 현상론에 맥을 같이한다(5장, 제임스를 볼 것).

(2) 프래그머티시즘(Pragmaticism): 이 입장은 퍼스(Charles Sanders Peirce)와 관련되어 있다. 그는 이 입장을 제임스의 입장과 대조시켰다. 제임스가

지식과 진리를 개인적인 필요, 검증, 결과의 관점에서 해석한데 반해, 퍼스는 지식과 진리의 사회적, 객관적 성격을 강조하였다. 즉 실용주의를 현실적으로 해석하였다(5장, 퍼스를 볼 것).

(3) 실험주의 혹은 도구주의: 듀이의 입장으로서, 지식을 '축적된 경험'이라고 본다. 실험적 방법이 탐구의 방법으로서 강조된다. 퍼스와 마찬가지로 듀이는 실용주의에 대한 제임스의 개인적 차원의 해석에 반대하고 사회적이며 과학적인, 현실적인 실용주의를 주장하였다(5장, 듀이를 볼 것).

9. 현상론(Phenomenalism)

현상론은 인식자에게 알려지는 것은 사물이 아니라 현상이라고 보는 견해이다. 회의론이나 주관론과 마찬가지로, 현상론은 객관적인 실재에 대한 지식의 가능성을 부정한다. 객관적인 현상만이 알려질 뿐이다. 따라서 지식은 실재적인 감각재료 혹은 가능한 감각재료의 양에 제한된다. 또한 이때 감각재료는 감각, 꿈, 환각, 환상 등과 같은 내적인 감각재료들도 포함한다. 대상들은 감각재료들을 논리적으로 구성한 것이다(예를 들면 에이어). 대상들은 감각재료들로부터 추정된 것이다.

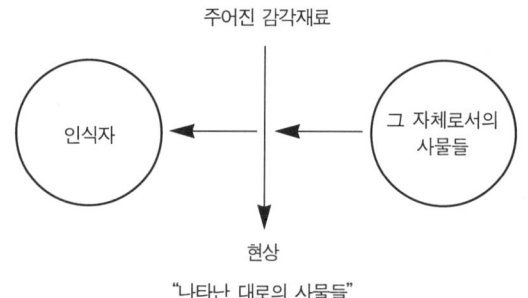

현상론

"나타난 대로의 사물들"

현상론은 다음과 같은 두 가지 점에서 주관론과 다르다.

(1) 세계는 실제적인 감각들과 관념들의 복합물 뿐 아니라 가능한 감각들과 관념들의 복합물로 구성된다. 지각가능성(실제적인 지각이 아니다)이 있기만 하면 존재하는 것으로 본다. "사물은 감각의 상존하는 가능성이다"(밀).

(2) 경험되는 것은 단순한 주관적 감각내용이 아니라 객관적인 감각재료들 즉 현상이다. 현상은 심리적인 것(주관론)도 아니고 물리적인 것(어떤 객관론들)도 아니다.

현상론은 객관적인 정신적, 물질적 혹은 중성적 세계가 알려지고 있다는 것을 부인한다는 점에서 객관론과도 다르다. 현상─감각재료─만이 지식의 재료이자 대상들이다. 어떤 현상론자들(르누비에〈Renouvier〉, 새드워드〈Shadworth〉, 하지슨〈Hodgson〉 등)은 현상 뒤에 어떤 실재가 존재한다는 것을 부인한다. 다른 현상학자들(예를 들면 칸트, 꽁트〈Comte〉, 밀, 에이어)은 현상 너머에 실재가 존재할 수도 있지만 그것은 알려질 수 없는 것이라고 믿는다. 그러므로 지식은 객관적인 감각 재료에만 국한된다. 그리고 물리적인 대상들은 감가재료들의 논리저인 결합물로 간주된다.

1) 현상론의 종류들

(1) 순수한 현상론(흄식의 회의론)(5장 흄, 22페이지의 회의론을 볼 것)

(2) 칸트식의 현상론(비판적 관념론 혹은 초월적 관념론): 지식은 마음(인식자)과 현상(감각재료)이 결합한 산물이다. 현상은 누메나(nowmena, 알려지지 않는 사물 자체로서의 궁극적인 실재 세계)로부터 생겨난다. 현상(감각재료)만이 실질적, 과학적 지식으로서 알려질 수 있다. 이것이 가능한 것은 마음(인식자)은 경험을 가능하게 하고 이 지식을 구성시키는 데 필요한 능력을 가지고 있기 때문이다. 사물들에 의해 의식 속의 범주(categories)들이 생긴 것이 아니라 의식 속의 범주에 따라 사물들이 인식된 것이다. 예컨대 아리스토텔레스의 실재론이 그러한 입장이다. 그러나 칸트에 의하면 "개념(범주 안에 있는 틀로서의 개념: 역주) 없는 지각은 눈먼 것(혼란하다는 의미: 역주)"인 것처럼 "지각없는 개념은 공허하다."

(3) 경험적 실증주의(empirical positivism): 이것은 밀의 입장으로서 흄의 순수한 현상론과 꽁트의 실증주

의의 특징들을 결합한 것이다(5장, 흄과 밀을 볼 것).

(4) 논리 실증주의(Logical Positivism) : 근래에 나온 현상으로서, 에이어의 입장이다. 논리 실증주의는 중성적인 감각 재료가 주어지는 경험의 궁극적인 단위들이라고 주장한다. 마음과 사물은 형이상학적인 실체들이 아니라 실재적이거나 가능한 감각재료들의 논리적인 구성물이다. 마음에 대한 진술들이나 물리적인 대상들에 대한 진술들은 모두 감각재료에 대한 진술이나 관찰진술로 완전히 번역될 수 있다.

10. 현상학(Phenomenology)과 실존주의적 현상학(Existential Phenomenology)

5장 훗설과 싸르트르(Sartre)를 볼 것. 자세한 내용은 차트 24를 볼 것.

11. 최근의 분석이론들

차트 23도 볼 것.

지식의 문제에 대한 분석철학적인 접근은 무어(G. E. Moore: 1873~1951)와 럿셀(Bertrand Russell: 1872~1970)의 착안과 방법에 의해서 시작하게 되었다. 그들은 모두 20세기 초, 당시에 지배적이었던 관념론을 반대하였다.

"브래들리(Bradley)(23페이지 객관적인 관념론자를 볼 것)는 상식적인 입장(실재론)에서 존재한다고 믿는 모든 것들이 단순한 현상에 불과한 것이라고 주장하였다. 우리(즉 럿셀과 무어)는 정반대로 철학이나 신학에 영향을 받지 않는 상식이 실재라고 여기는 모든 것들이 실재라고 생각했다"(럿셀).

분석철학에서 가장 영향력있는 인물은 비트겐쉬타인(Ludwig Wittgenstein: 1889~1951)이다. 『논리철학논고』(Tractatus, 1921)에 나타난 그의 초기 사상은 럿셀의 영향을 받아 논리적 원자론(logical atomism)과 이상언어(ideal language)를 통한 접근을 보였지만, 철학적 탐구(Philosophical Investigations, 1953)에 나타난 후기 사상에서는 무어의 영향을 받아 일상언어의 분석과 상식을 강조하였다.

1951년 비트겐쉬타인 사후, 분석철학자들은 일반적으로 두 그룹으로 나뉘어졌다.

(1) 이상언어학파 철학자들(럿셀, 카르납, 에이어 등)은 언어와 지식을 부정확하고 오해를 유발시키는 특징이 있는 일상 자연언어와는 무관한 논리적 형태로 바꾸는 작업을 통해 세계에 대한 언어와 지식을 새롭게 개혁하려고 노력하여왔다. 따라서 세계에 대하여 인식하고 이야기하는 이상적이고 올바른 방법으로서 형식논리와 양적 과학의 언어들을 강조하였다.

(2) 일상언어학파 철학자들(초기의 무어 등)은 일상적인 언어가 복잡하고 오해의 여지가 있다는 것을 인정하면서도 그것이 세계를 인식하고 세계에 대하여 이야기하는 데 전적으로 적절한 방편이라고 생각했다. 이 학파는 다시 중요한 두 그룹으로 나누어진다. 캠브리지(Cambridge)학파에서는 개념치료(conceptual theraphy)을 제안한 위즈덤(John Wisdom: 1904~)에 의해 무어의 방법과 관심들이 더 발전하게 되었다. 옥스포드(Oxford)학파에서는 라일(Gilbert Ryle: 1900~)과 오스틴(John Austin: 1911~1960)이 가장 영향력을 미치고 있다. 이 학파는 일반적으로 '일상언어학파' 혹은 '언어 철학'으로 알려져 있다.

인식에 대한 최근의 분석이론 중의 하나는 앞서 설명한 에이어의 현상론이다. 무어와 럿셀의 인식론은 앞서 설명한 대로 실재론의 형태들이다. 인식에 대한 실재론적인 무어의 접근방법은 일상언어학파의 인식론에 기초가 되고 있다. 인식에 대한 럿셀의 실재론적인 접근방법은 이상언어학파의 인식론에 기초가 되고 있다. 아래에 나오는 논리적 원자론을 볼 것.

무어의 인식론적 실재론은 세계에 대한 신념과 진술을 분석하는 것에 기반을 두고 있다. 예를 들면 만약 우리가 '손'을 보고 있다고 말할 때 우리가 뜻하는 바가 무엇인지 모두가 동의한다면, 그 손이 외적인 대상으로서 실제로 존재하는지를 증명할 수 있느냐 하는 문제는 중요한 것이 아니다. 왜냐하면 실재로 외적인 대상이 존재하느냐 하는 여부가 우리가 그것을 '손'이라고 부르는 사실에 전혀 변동을 줄 수 없기 때문이다. 바꾸어 말하자면, 만약 관념론자나 실재론자나, 현상론자가 같은 일상적인 언어로 말하고 같은 상식적인 세계관에 입각해서 행동하고 있다면, 세계의 인식에 대한 그들간의 철학적인 입장 차이는 중요한 것이 아니라는 점이다. 무어에 의하면 어떤 것에 대한 감각 내용을 가진다는 것은 "내가 언제나 인식할 수 있는 어떤 사물처럼, 참으로 내 경험의 일부가 아닌 실재하는 어떤 사물을 인식하는 것이다."

어떤 것에 대하여 감각 내용을 가지는 것 즉 어떤 것을 인식한다는 것은 독특하여 다른 것으로 환원될 수 없는 일이다. 상식적인 인식에는 진리들이 있다. 그 진리들은 너무나 분명한 것이기 때문에 그것들을 의심하게 되면, 안다는 말이 무엇을 의미하는 것인지에 대한 우리의 이해마저도 의심을 받게 된다. 왜냐하면 이러한 상식적 진리들은 아는 것이 안다는 것이 의미하는 것에 대한 분명한 예가 되기 때문이다.

분명한 상식적 진리들의 예들은 다음과 같다.

① 사물들은 공간과 시간 속에 존재한다.
② 우리는 우리 몸이 있는 곳에서만 생각하고 보고 느낄 수 있다.
③ 우리가 사물들을 지각하고 있지 않을 때에도 그것들은 존재하고 있다.

무어에 의하면, 만일 어떤 철학자가 브래들리나 맥타거트(McTaggert)처럼 관념론자로서, 시간의 실재성을 부인한다면 그가 점심을 먹기 전에 아침을 먹었다는 것은 다른 사람과 마찬가지로 인정할 수밖에 없다는 것과 이런 식으로 말하는 것과 따라서 시간이 실재한다고 믿는 것을 잘못이라고 주장할 수 없을 것이라는 것을 일깨워주면 된다. 우리는 꼭 이와 같은 단순하고 분명한 경우들을 통해서 '실재'와 같은 유의 말이 어떤 경우에 사용되는지를 배우는 것이다.

럿셀의 논리적 원자론(1918)과 비트겐쉬타인이 『논리철학논고』에서 제안한 논리적 원자론은 관념에 대한 흄의 원자론을 계승한 것이다. 흄은 철학자들이 관념들에 대한 심리학적 분석에 몰두해야 한다고 믿었다. 한편 럿셀은 관념들에 대해 논리적인 분석이 필요하다고 주장했다. 럿셀은 '이상적인' 즉 '논리적으로 완벽한' 언어에서는 논리가 그 문법구조를 이룬다고 생각했다. 모든 '일상적인' 진술들은 그것들이 실제적으로 의미를 가지고 있는 한, 그 구조나 상호관계에 있어서 논리적 규칙을 엄격히 지키고 있는 명제들을 내포하고 있다. 그래서 럿셀은 무어가 주장한 적이 없던 것을 주장하게 되었다. 즉 세계에 대하여 바르고 분명하게 사유하거나 말하는 것의 모델은 형식논리학이라고 하였다.

논리적 원자론에 의하면, 마치 지도가 기호를 사용하여 실재 세계를 보여주고 있듯이 이상언어는 세계를 반영하여 그려낸다고 한다. 지도상의 지점들 간의 구조는 실재 땅 위의 지점들간의 구조와 일치한다. 이상언어는 완벽한 지도와 같다. 왜냐하면 각기의 고유명사들에 대하여 그것에 대응하는 사물이 존재하기 때문이다. 만약 그것이 바로 사용된다면 그것은 사실들을 있는 그대로 묘사한다. 비트겐쉬타인의 『논리철학논고』는 이것을 분명히 밝히고 있다.

① 세계는 모든 경우들이다.
② 세계는 사물들이 아니라 사건들의 총계이다.
③ 우리는 자신에게 사건들의 그림을 만든다.
④ 그 그림은 논리적 공간 속에 있는 사건들과 원자적 사건들의 존재와 비존재를 표상한다.
⑤ 그 그림은 실재의 모델이다.

인식론으로서, 논리적 원자론은 세계가 논리적인 형식에 의해 구성되어 있으며, 이 논리적인 형식은 형식논리에 반영되고 있다고 본다. 그래서 형식논리는 세계에 대하여 명제로 기술할 때 사용될 수 있다. 세계는 명제들로도 기술될 수 있는 사건들의 총계이다. "이것은 붉다"(p)와 같이 더 이상 분해될 수 없는 문장을 원자명제(atomic proposition)라고 한다. 그리고 이런 명제가 묘사하고 있는 사건이 원자사실(atomic fact)이다. 사건들은 단지 사건들일 뿐이며 그것들의 총합이 세계이다.

그러나 명제들은 서로 결합되어 분자명제(molecular propositions)가 될 수 있다. 이때 "이것은 붉거나 (또는) 이것은 노랗다"(p 또는 q)의 경우처럼 '그리고', '또는' 등과 같은 말들이 사용된다.

분자명제의 진리값은 그것의 구성원인 원자명제의 진리값에 달려있다. 분자명제는 원자명제에 대해 진리함수이다. 원자명제의 진리값은 경험적으로 결정되어야 한다. 말해질 수 있는 어떤 것은 원자명제들의 형태로 말해질 수 있다. 즉 말해지는 것은 무엇이든지 원자진술(원자 명제를 담고 있는 진술)이거나 원자진술들의 진리함수(확장된 명제)이다.

　인식에 대한 논리적 원자론의 기본 이론은 다음과 같다. 즉 세계는 원자진술들과 분자진술들로 반영될 수 있는 원자사실들로 구성되어 있다. 그러므로 원자진술이나 분자진술은 그것이 사실과 일치하거나, 사실을 그대로 그려낼 때 참이 된다(18페이지 진리의 대응설을 볼 것).

　'논리적으로 완벽한' 언어로 된 명제 가운데 쓰인 말들은 하나하나가, 드러내고자 하는 사실의 구성요소들과 상응할 것이다. 결국 '논리적으로 완벽한' 언어는 럿셀이 화이트헤드(A. N. Whitehead)와 함께 저술한 『수학원리』(Principia Mathematica)에서 제시한 수학적 논리 혹은 기호논리를 말한다. 이것으로 해서 프레게(Frege), 페아노(Peano) 등(13, 15, 16페이지와 차트 23을 볼 것)의 착상이 그 절정에 도달한 것이다. '수학원리'에는 "구문론만 나오고 낱말들은 일체 언급되지 않았다. 만약 낱말을 더한다면, 논리적으로 완벽한 언어가 된다"(럿셀).

　엄슨(Urmson)에 따르면 "논리적 원자론에 대한 가장 간단한 설명은 이렇다. 즉 세계는 럿셀이 말하는 수학적 논리의 구조를 가지고 있다는 것이다." 논리적 원자론의 입장에서는 수학적 논리만이 가능한 정확한 언어이다. 일상 자연언어들은 대부분 오해를 낳을 수 있는 문체상의 변형들로 되어 있다. 그래서 럿셀은 무어와는 달리 상식적인 신념들에 집착하지 않고, 현상과 실재를 구분하는 브래들리의 입장을 취하였다. 단 럿셀의 구분은 진술의 외적인 논리형식(자연적인 문법을 의미함: 역주) — 이것이 종종 오해를 낳는다 — 과 진술의 실제논리적 형식 사이의 구분을 의미한다.

　실제(논리적) 형식과 외적(문법적) 형식 사이의 혼란은 넌센스(역설)를 낳게 한다. 이러한 혼란은 두 가지 경우로 나타나는데 이에 대한 설명으로 유형이론(theory of types, 88페이지 라일의 범주 오해를 볼 것)과 한정 기술이론(theory of definite description 인식에 대한 분석이론에서 가장 영향력있는 견해 중의 하나이다)이 있다.

　(1) 유형이론: "말과 그 말이 나타내려고 하는 것 사이에는 하나의 의미관계만 존재하는 것이 아니다. 말이 나타내려고 하는 대상들 가운데 있는 논리유형들만큼 많은 의미의 관계들 즉 다양한 논리유형들의 관계가 존재한다"(럿셀). 크레타 사람 에피메니데스(Epimenides)의 역설과 같은 역설들은 서로 다른 논리유형의 표현들에 대한 혼란으로 말미암는 것이다. 에피메니데스는 모든 크레타인들은 거짓말쟁이라고 주장했다(예를 들면 내가 모든 미국인들은 거짓말쟁이라고 말하는 것과 같다). 여기서 언어적 표현(즉 모든 크레타인들은 거짓말쟁이라는 주장)은 하나의 논리유형이고, 언어적 표현에 대한 표현(즉 모든 크레타인들은 거짓말쟁이라는 에피메니데스의 주장)은 또 다른 논리유형에 속하는 것이다. 후자는 메타언어(meta language)이다. 즉 진술에 관한 진술이다(카르납, Carnap) (47, 52페이지 메타윤리학 참조).

　논리유형들을 구분함으로써 우리는 외견상 문법적으로는 결함이 없지만 참도 거짓도 아니고 무의미하거나 넌센스인 문장들을 식별할 수 있게 된다. 그러한 문장은 실제적인 명제 즉 논리적인 명제가 전혀 아니기 때문에 무의미한 것이다. 예를 들면 "소크라테스는 동일하다"(Socrates is identical〈말이 되지 않는 명제이지만〉 '주어+be동사+형용사'라는 형식을 갖추고 있으므로 문법적으로는 결함이 없다: 역주).

　또한 우리가 주목할 수 있는 것은 그리스어나 영어 같은 인도-유럽어가 지니고 있는 '주부+술부'의 형태가 우리의 사고에 오해를 낳는다는 점이다. 즉 "모든 사실은 실체와 그 실체가 지니고 있는 속성으로 구성되어 있다고 생각하도록 유도한다는 것이다"(럿셀). 이러한 오해의 실패는 아리스토텔레스, 스피노자, 라이프니쯔, 헤겔, 브래들리 등에서 찾아볼 수 있다. 럿셀은 주장하기를 어떤 사물의 속성들을 서술하는 것과 사물들간의 관계를 서술하는 것은 전혀 다른 논리적 유형에 속하는 것이라고 하였다.

　(2) 한정기술(definite description)이론: 한정기술이란, 예를 들면 '그(the) 무엇무엇'과 같이 특정한 사물에 대한 기술(記述)을 가리키고 이와는 대조적으로 '한(a) 무엇무엇'과 같은 형태의 기술은 부정기술(indefinite description)이라고 한다.

　'현재의 프랑스왕'(The present king of France)

과 같은 한정기술이 "그 아무개(the so-and-so)가 병이 났다"라는 표현과 명칭에 있어서 동일한 논리적 기능을 가지고 있다고 생각하는 데서 혼동이 일어난다. "현재의 프랑스 왕이 병이 났다"라는 문장을 생각해보자. '현재의 프랑스 왕'이란 존재하지 않는다. 그러나 문법적으로는 이 문장이 무슨 뜻을 가지고 있는지 이해가 되고 있다. 그러므로 '현재의 프랑스 국왕'(the present king of France)이라는 한정기술이 명칭이라는 논리적 기능을 하고 있긴 하지만 그것은 존재하지도 않는 사람을 칭하고 있는 것이므로 논리적으로 의미있는 것이 될 수 없다. 비록 '현재의 프랑스 국왕'이라는 말이 문법적으로는 여러 가지 관념을 불러일으키는 것이 사실이긴 하지만.

그 존재가 의심받을 수 있는 실체들에 대한 형이상학적인 진술들은, 예를 들면 "하나님은 사랑이시다"라는 진술과 같이 문법적으로, 정서적으로는 상당히 의미있는 것으로 보여지지만 논리적으로는 의심을 받게 된다. 더욱이 '현재의 프랑스 국왕'(the present king of France)처럼 논리적인 명칭처럼 한정기술을 사용하게 됨으로써 형이상학적인 혼란과 역설에 빠지게 된다. 이러한 구분을 인식함으로써 우리는 많은 형이상학적 문제들이 무의미한 것임을 알고 연구에 착수할 필요조차 느끼지 않게 된다.

기술이론의 중요한 결론은 이러하다. 즉 A가 구체적인 '그 무엇무엇'을 가리키는 말이 아니면 "A가 존재한다"라는 말은 무의미하다는 것이다. '그 무엇무엇'이 존재하고 X가 그 무엇무엇일 때, "X가 존재한다"라고 말하는 것은 넌센스이다(럿셀). 존재는 술부(述部)로 표현할 수 있는 것이 아니기 때문이다(65페이지를 볼 것). 어떤 것에 이름으로 칭한다는 것은 이미 그것의 존재를 확증하는 것이다. 그러나 '현재의 프랑스 국왕'과 같은 한정기술은 그것의 존재를 확증하지 못한다. 한정기술에 대한 개념을 통해 다음과 같은 주장이 가능하다. "둥글면서 사각형인 객체가 존재한다는 것을 먼저 가정하고 나서 그러한 객체가 존재함을 다시 부인할 필요없이 바로 둥근 사각형은 존재하지 않는다고 말할 수 있다"(스테빙, Stebbing).

언어는 사실을 그려내고 있다고 보는 논리적 원자론에 대하여 다음과 같은 반론들이 있다.

(1) 언어란 자연적인 것이 아니라 협약에 의한 것일 수 있다.
(2) 언어는 사실들 즉 세계를 닮을 필요도 없고 닮지 않았을 수도 있다.
(3) 일상적인 직설법 문장들은 언제나 무엇을 지칭하는 것일 필요가 없다.
(4) 사실 즉 세계의 '모습'이라는 말이 무엇을 의미하는지 불확실하다.
(5) 언어의 형식이 사실 즉 세계의 모습이라고 잘못 해석될 수 있다.
(6) 세계는 각개의 개별적인 사실들로 구성된 것이 아닐 수도 있다.
(7) 사실들은 그것들이 어떻게 해석되는가에 달려 있다.

■ 인식론에 관련된 용어 해설

- **개념 프래그머티즘(Conceptual Pragmatism)**: 의미, 지식, 검증에 대한 일종의 변형된 프래그머티즘으로 루이스(C. I. Lewis)가 창안하였다. 그에 의하면 지식은 경험과 사유활동이 결합한 산물이다. 칸트의 형식과는 달리 루이스의 사유의 형식은 문화적으로 결정된 개념의 틀들을 의미하는 것으로써 대체가능한 어떤 것이다. 그것들은 모든 정신에 있어서 보편적이거나 필연적인 형식이 아니다.
- **협약설(Conventionalism)**: 포앙카레(Poincaré)의 인식론으로서 수학이나 논리학에서 발견되는 필연적, 선험적 지식이 협약에 의한 것이라고 주장한다. 그러한 지식은 많은 가능성 가운데 하나의 선택일 뿐이며 그것이 이성에 의해 추론된 것이거나 경험으로 알게 된 것이라고 확증할 수도 없다고 본다.
- **변증법(Dialectic)**: 대화를 통해 진리를 발견하는 기술, 소크라테스나 플라톤이 사용한 방법이다. 아리스토텔레스에 의하면 변증법은 "계속되는 비판으로써 모든 탐구의 원리에 이르는 길이 그 안에 있다"고 한다. 헤겔에게 있어서는 실체가 자기를 전개하는 방식의 본질이 변증법이다(5장, 헤겔을 볼 것).
- **자기중심의 곤경(Egocentric Predicament)**: 인식자가 자기 자신이 가진 개념 안에 제한되게 인식하고 그밖의 것은 알 수 없다는 인식적인 한계를 의미한다.
- **실험적 방법(Experimental Method)**: 실험적인 과학의 방법(16, 17, 20, 25, 78페이지 듀이 등 참고)
- **의제(擬制)론(Fictionalism)**: 파이힝거(Vaihinger)의 이론으로 모든 개념은 객관적인 진실이 아니라 생활의 도구로 사용하기 위해 가상적으로 만든 것이라고 본다.
- **지식의 발생이론(Genetic Theory of Knowledge)**: 지식은 축적된 경험이라고 보는 듀이의 이론 즉 지식은 도구적인 관념들을 축적한 것이라고 본다(5장 듀이를 볼 것).
- **생득 관념(Innate Ideas)**: 경험에 의해서 얻게 되는 것이 아니고 모든 사람들이 자신의 이성적인 본성으로부터 소유하게 되는 관념을 의미한다(5장, 데카르트를 볼 것).
- **칸트의 이율배반(Kant's Antinomies)**: 세계의 궁극적인 본성에 대하여, 예컨대 세계가 유한한지 무한한지에 대하여 안다는 것은 불가능한 일임을 설명하기 위하여 칸트가 사용한 형이상학의 상호 모순된 관념들이다(5장, 칸트를 볼 것).
- **유명론(唯名論: Nominalism)**, '선'과 같은 보편적이고 일반적인 용어는 단지 구체적인 사물들에 붙혀지는 명칭일 뿐이며 구체적인 사물만이 실재하는 것이라고 보는 이론(윌리엄 오캄 등이 주장함).
- **조작주의(Operationalism)**: 브리지만(Bridgman)이 제창한 지식에 대한 이론으로 어떤 개념의 의미는 그 개념에 대응하는 일련의 조작들이라고 믿는 점에서 듀이의 도구주의와 비교할 만하다.
- **물리주의(Physicalism)**: 카르납(Carnap)의 인식론적 실재론을 의미한다. 그는 다음과 같이 주장하였다. "과학에서 사용하는 모든 기술적인 용어는 사물들의 관찰가능한 특성들을 가리키는 용어와 관련되어 있다. 이것은 관찰에 의해 상호주의적으로 확증된다." 이 이론은 과학적 경험주의자들에 의해 '경험적 실재론'으로 알려진 것과 맥을 같이한다. 세계는 시간과 공간 안에 위치하고 인과법칙에 지배되고 있으며 경험적 실험이 가능하다고 보는 일종의 객관주의이다(카르납 참조).
- **개연론(Probabilism)**: 확실성은 도달될 수 없는 것으로 보고 믿음과 행위는 개연성을 근거로 해야 한다는 주장(22페이지 회의주의와 18페이지 오류론을 볼 것)
- **어용론(語用論, Pragmatics)**: 언어의 기능을 심리학적, 사회학적 맥락 속에서 연구하는 것으로서 카르납이 이러한 경우이다.
- **상대주의(Relativism)**: 진리는 상황에 따라 변하

며 객관적인 기준을 가지고 있지 않다고 보는 입장(5장 프로타고라스 등)
- **상대성 이론**(Relativity, Theory of) : 아인슈타인(Einstein)이 제창한 수학적인 이론(특수상대성 이론, 1905년;일반상대성 이론 1914~1916)으로 시간과 공간을 절대적인 것으로 보지 않고 4차원의 시공 연속체의 일부로 본다. 이론에 의하면 시간과 공간은 관찰자의 특수한 좌표체계와 관련되어 있다.
- **의미론**(Semantics) : 용어와 표현의 의미를 연구하는 것으로 카르납이나 리차드(Richards) 등이 발전시켰다.
- **기호론**(Semiotic) : 기호와 그 응용에 관한 일반적인 이론으로서 퍼스에 의해 발전되었다. 기호론은 과학적 경험론에 있어서 중요하다.
- **감각주의**(Sensationalism) : 경험론의 초기 형태로서 모든 지식은 감각으로부터 오고 인식자는 감각들을 수동적으로 받아들이기만 한다고 본다.
- **기호논리**(Symbolic or Mathematical Logic) : 인위적으로 만든 특수한 기호들을 사용하여 또는 명제들을 표현하는 논리학 기호를 사용함으로써 더 명확하고 엄밀하게 명제를 파악하고 추리를 쉽게 한다.
- **구문론**(Syntax) : 문장 구조의 성질이나 문장간의 상호관계를 연구한다. 카르납 등이 연구하였다.
- **동어반복**(Tautology) : 일반적인 의미에서 그것을 부인할 때 자기 모순이 되는 문장을 동어반복이라고 한다. 예를 들면 "만약 당신이 여기 있다면, 당신은 여기 있다" 혹은 "모든 형제들은 남자이다"와 같은 문장들이다(11페이지 분석문장 참조). 엄격히 말해서 동어반복은 그 내용과는 상관없이 그 형식에 의해서만 참, 거짓이 결정되는 복합문장이다. 예를 들면 "p이거나 혹은 not p이다."
- **검증 가능성 원리**(Verifiability Principle) : 논리 실증주의(논리 경험주의, 과학적 경험주의 등으로도 불림)의 중심원리이다(13, 15, 45, 50페이지를 볼 것). "어떤 문장은 그 문장이 표현하고자 하는 명제(의미)를 증명하는 방법이 알려져 있을 때에만 실제로 의미있는 문장이라고 할 수 있다" (에이어).
- **제논의 역설**(Zeno's Paradoxes) : 복수성과 운동의 불가능성에 대한 네 가지 이론적인 증명으로서, 엘레아(Elea) 학파의 제논이 주장하였다. 이후에 수학적인 이론에 의해 해결되었다.

제 3 장

우주와 세계에 관한 문제들

I. 관련된 질문사항

물리적 세계란 무엇인가? (대답은 물리적 실재에 관한 제 이론들을 다룬다.)

생명이란 무엇인가? (생명체의 기원과 본질에 관한 제 이론들을 다룬다.)

궁극적인 실재는 무엇인가? (실재의 본질에 관한 제 이론들 예컨대, 존재론을 다룬다.)

II. 물리적 실재의 본질에 관한 이론들

물리적 실재의 본질이 무엇인가 하는 문제는 대개 자연과학의 영역에 속한다. 이론의 발달과정을 시기별로 구분하여 개관하면 (1) 동역학 이전의 희랍 이론들 (2) 중세기 이론들 (3) 근대 고전적인 이론들 (4) 현대 상대성 이론들이다.

1. 동역학 이전의 희랍 이론들

1) 일원론(一元論)

일원론의 관점에서는 모든 사물을 한 가지 실체의 다양한 형태로 파악한다.

(1) 탈레스: 물(水)이 모든 사물의 물질적인 기원이다.

(2) 아낙시만드로스: 무형 혹은 무한의 실체가 모든 사물의 본질이다.

(3) 아낙시메네스: 모든 사물은 공기의 응축이나 희박에 의해 생긴다.

(4) 파르메니데스: 존재는 하나의 동질 연속적인 실체로 되어 있다.

(5) 헤라클리투스: 모든 사물의 생성과 변화의 기저는 불이며, 불이 실재의 제1원리이다.

2) 이원론(二元論)

모든 사물들은 두 개의 실체로 환원될 수 있다고 주장한다.

(1) 피타고라스: 세계는 무제한자(無制限者)의 제한으로부터 생긴다. 즉 공간 안에 계수(計數) 할 수 있는 형상들을 부여함으로써이다.

(2) 플라톤: 세계는 물질계와 형상계로 구성되어 있다(5부, 플라톤을 볼 것).

3) 다원론(多元論)

모든 사물이 두 가지 이상의 다양한 실체들로 되어 있다는 주장이다. 다원론은 두 가지 형태로 구분할 수 있다.

(1) 양적 원자론(초보적 동역학론)

① 데모크리토스: 원자들과 공간이 실재이다(5장, 데모크리토스를 볼 것).

② 에피큐로스: 실재는 원자들과 공간이며, 원자들은 그 안에 자발적인 운동력을 가지고 있다.

(2) 질적 원자론(초보적 목적론)

① 엠페도클레스: 사물을 구성하는 네 가지 실체가 있다(흙, 불, 공기, 물). 이들은 사랑과 미움에 의

해 운동력을 갖는다.

② 아낙사고라스: 활력적인 요소인 정신, 곧 누스(nous)에 의해 인도되는 다양한 질적 경험에 대응하는 수많은 실체적 요소들이 있다.

4) 목적론적 우주론

모든 사물은 그 안에 내재되어 있는 목적을 이루고자 하는 본질적 경향을 갖고 있다. 아리스토텔레스에 의하면 모든 실체들은 '엔텔레키아'(entelechia, 내재적 실현 가능성)를 가지고 있으며 '텔로스'(telos, 목적)를 향해 운동한다(5장, 아리스토텔레스를 볼 것).

2. 중세의 이론들

물리적 실재에 관한 성 어거스틴과 성 토마스 아퀴나스의 이론들은 각기 플라톤과 아리스토텔레스의 실재론의 재구성이었다.

3. 고전적 근대 이론들

1) 역학 이론

데카르트와 보그(J. G. Vogt) 외의 많은 사람들이 근대 파동 이론의 선구자들이었다.

(1) 데카르트: 물질은 외연과 운동이다(5장, 데카르트를 볼 것).

(2) 보그: 물질은 에테르이며, 에테르의 변조 및 운동이다. 결코 진공은 없다.

2) 동역학 이론

갈릴레오, 뉴턴, 보일 그리고 그밖의 사람들은(차트 12 참조) 근대 분자이론의 선구자들이다. 이들은 다음 다섯 가지 원리를 견지한다.

(1) 동역학의 원리: 모든 물리적 실재는 운동 중에 있는 원자적 실체로 환원되어 설명이 가능하다(물질주의 그리고 환원주의) (5장, 데모크리토스를 볼 것).

(2) 인과율의 원리: 모든 사건 내지 운동의 변화는 그 전 사건의 필연적인 결과이다. 동역학의 원리와 인과율은 합쳐서 기계론(mechanism)을 형성한다 — 즉 어느 시점에서 우주 안에 분자들의 양과 위치 그리고 속도가 주어지면 그 순간 전후의 각 분자들의 양, 속도 그리고 위치를 추적해 낼 수 있다는 것이 이론적으로 가능하다.

(3) 균일성의 원리. 자연 법칙은 그 양상과 위치에 관계없이 모든 물리적 실재에 동일하게 적용된다.

(4) 양화(量化)의 원리. 모든 변화나 차이는 본질적으로 양적인 것이므로 이론적으로 측량 가능하다. 과학은 "수학적 언어로 기록된다"(갈릴레오).

(5) 보존의 원리. 물질이나 에너지는 창조되거나 소멸되지 아니한다.

동역학 이론은 뉴턴 물리학 계통으로 발전했으며 일반적으로 고전 물리학으로 불리운다.

4. 현대 상대성 이론들

이 이론들은 아인슈타인, 프랑크, 하이젠베르크, 보어, 쉬뢰딩거, 화이트헤드 등이 발전시켰다. 현대 물리학이 발견한 것은 고전적인 동역학적 접근 방식이 일정한 속도로 진행되기 때문에 거의 대단한 변화가 없는 특정한 체계 내에서만 적합하다는 사실이다. 빛의 속도에 근접하는 속도들의 경우에는 변화들이 고려되어야 하는 것이다.

5. 그외 발전된 현대의 이론들

1) 엔트로피의 법칙

이는 카르노와 크라우시우스의 열역학 제2법칙인데 이용가능한 에너지의 총량은 감소되고 있다는 것이며 곧 다음과 같은 질문을 불러일으킨다. "우주는 정지되어 가고 있는 것이 아닌가?"

2) 방사능

큐리 부처의 최초의 탐구 결과로서 핵분열을 통해 질량은 에너지로 전환된다는 이론이 생기게 되었다.

3) 질량-에너지의 개념

많은 사람들이 이 개념을 설명하는 데에 참여해 왔으며 아인슈타인이 수학적 형태로 정식화하였다.

$$E = mc^2$$

E는 에르그(erg, 힘의 단위)로 표시되는 에너지이며, M은 질량(단위는 그램, grams) 그리고 C는 매초

마다의 빛의 속도인데(단위는 센티미터, centimeters) 초당 3×10^{10}이므로 C^2은 9×10^{20}센티미터이다. 그러므로 권총이 발사한 작은 탄환의 질량은, 온 지구상에서 24시간 동안 모든 발전소에서 산출하는 에너지의 총합과 거의 맞먹는다. 이 이론에 따르면, 물질은 질량 - 에너지로써 에너지의 특수한 형태이며, 공간은 사건에 따라 변화하는 상대적인 그리고 개별적인 기하학이 적용되는 질량 - 에너지의 장(場)들의 총합이다.

4) 물리적 실재에 관한 파동 이론

(1) 드 브로글리(De Broglie, 1922)가 '파동 입자들'이라는 개념을 도입했다.

(2) 쉬뢰딩거(Schrödinger)는 이렇게 설명했다. "전자는 물결파 형식으로 전자 궤도를 따라 진행되는 파동(disturbance)이다"

(3) 아인슈타인이 관찰한 바에 의하면 날아가는 돌은, 가장 큰 강도의 상태가 그들의 속도로 공간을 통과하게 되는 변화하는 장(場, field)이다.

5) 양자 이론(Quantum Theory)

프랑크의 이론에 따르면, 에너지는 빛과 열의 형태로 방출되는데, 빛에 있어서는 불연속적인 양자들로 방출되지만, 어떤 상태에서는 파동적인 속성을 갖기도 한다. 고전적 의미에서 빛은 입자도 파동도 아니다.

6) 불확정성과 상보성

하이젠베르크의 불확정의 원리와 보어의 상보성의 원리는, 원자 형태의 물리적 실재의 위치와 속도가 동시에 확정될 수 없다고 주장함으로써 고전 물리학의 가설을 뒤엎었다. "개별적인 과정에 대한 엄밀한 시공간적 기술과 엄밀한 의미의 인과적 연속성은 양립할 수 없게 되었다—둘 중의 하나는 폐기될 수밖에 없다"(다브로, D'Abro).

7) 상대성 이론

아인슈타인의 상대성 이론은 두 부분으로 구성된다. (1) 특수(혹은 제한적) 상대성 원리(1905) 그리고 (2) 일반 상대성 원리 또는 중력의 원리(1914~1916)

(1) 특수상대성 이론은 전혀 움직이지 않거나 또는 서로에 대하여 일정한 속도로 운동하는 물체들의 체계들만을 다룬다. 이 원리의 근본적 가정은 다음과 같다: 비록 그 존재가 부인될 수는 없다 하더라도 에테르(빛, 열기, 전기, 자기현상의 가상적 매개체: 역주)는 확인되지 않는다. 따라서 모든 운동은 상대적이며, 빛의 속도는 관찰자에게 상대적으로 일정하다(고전 물리학의 경우에 속도는 시간 분의 거리였다. 그러나 상대성이론에 오면, 거리와 시간은 빛의 속도에 따라 달라지게 된다). 이 가정들은 거리나 속도 그리고 시간이 관찰자에 따라 상대적이라는 결론을 가져오며, 동일한 운동이라도 어떤 관찰자에게는 직선적 움직임으로, 다른 관찰자에게는 곡선 운동으로, 그 외에 여러 형태의 운동으로 나타날 수가 있다. 고정된 보편적 기준이 되는 구조나 절대운동은 없으며 무한히 진행하는 직선이라는 개념은 존재하지 않는다.

(2) 일반 상대성 이론은 상대방에 대하여 가속되거나 감속되고 있는 물체나 체계들에 관하여만 다룬다. 더 나아가 아인슈타인은 등가의 원리(principle of equivalence)에서 중력의 효과는 가속도의 효과와 등치(等値)임을 확인했다(아인슈타인의 중력의 원리가 나옴). 이 이론은 아인슈타인이 말년에 이르러 연구에 몰두한 통합 장 이론(unified field theory)으로 발전되었다. 그는 물리적 현상을 기술하는 데 필수 불가결한 것은 입자들이나 전하(電荷)가 아니고 그 사이에 있는 공간 안의 '장'임을 밝혔다. 장은 그 내용과 형태에 있어서 휘어 있다. 사건들은 그 장 안에서 한 과정의 부분으로 일어나는 것이다. 물리적 실재로서 물질(질량-에너지)은 중력의 기능일 뿐 아니라 공간-시간의 기능이다. 중력은 공간-시간의 휘어짐과 '뻗어나가려는 시도'에 연관된 현상으로 이해된다.

8) 현대물리학의 몇 가지 특수한 함의들

질량-에너지에 관하여(→ = '의미한다'):
물질적 실재는 에너지로 환원 가능하다.
빛의 속도로 움직이는 에너지는 방사된다.
응축된 에너지가 질량이다. 질량은 방사에 의하여

에너지로 전환(또는 해체)될 수 있다. 에너지가 없으면 질량이 사라진 것이며 따라서 공간이 없어진 것이고 시간도 존재하지 않는다(No energy → no mass → no space → no time).

운동에 관하여는(↑ = '증가' ; ↓ = '감소') :

운동↑ 에너지↑ 질량↑ 시간 흐름↓ 중력↑ 공간의 굴곡율↑ 물질 대사율↓ 운동방향의 차원↓ 운동 방향에서 측정된 거리↑

빛의 속도 85% 정도로 움직이는 체계 안에서 질량은 2배가 될 것이나, 어떠한 움직이는 체계 안에서도 변화는 같은 비율로 일어날 것이며 관찰이 불가능하다.

─────── ■ 물리적 실재에 관한 용어 해설 ───────

- 인과관계(Cause) : 동일한 시간의 연속 선에서 실체들이나 사건들 그리고 어떤 과정이 일어날 때 앞의 것에 따라 일정하게 다음 것이 계기하는 관계이다. 이 관계가 필연적인 것으로 판명되면 엄격한 결정론이 되며, 일정한 관련(constant conjunction)이 있는 정도일 때는 약한 결정론 혹은 실증주의가 된다(5장 흄과 15, 57, 58페이지 인과율을 볼 것).
- 복합적 원인(Cause, Multiple) : 밀에 의하면, 원인이란 "결과가 일정하게 뒤따르는 파악된 긍정적 부정적 조건들의 총합"이다(5장 밀과 15페이지 인과율을 참조).
- 4원인(Causes, Four) : 아리스토텔레스의 이론에 따르면 원인에는 효과를 미치게 하는 것(행위나 충격) 뿐 아니라, 물질적인 것(사물의 잠재적 가능성) 그리고 형식적인 것과(계획에 따라 방향지워지는) 궁극적인 것(어떤 목적에 의해 촉발되는)이 있다. 이 이론은 그의 목적론을 포함하고 있는데 목적론에서 원인은 아직 존재하지 않으나 의도되는 결과(목적 : telos)로 나타난다(5장 아리스토텔레스와 15페이지 인과율을 볼 것).
- 개념적인 공간(Space, Conceptual) : 지각되는 공간에서 추상화되어 생각되는 이상적 공간 개념인데, 단일성, 동질성, 연속성, 무한성을 가지며 고전 물리학의 객관적 공간으로서 3차원이다.
- 지각적 공간(Space, Perceptual) : 지각내용 등을 조합함으로써 얻게 되는 실체들간의 관계성에 대한 주관적이고 질적인 감각(5장, 칸트, 공간의 주관성 참조).
- 시공(Space-Time) : 상대성 이론 물리학에서 말하는 4차원적 연속체인데 운동이나 어떤 변화도 없다. 왜냐하면 운동이나 변화는 어떤 개별적인 공간―시간 속의 특정한 실체에 대하여 상대적이기 때문이다.
- 관념적인 시간(Time, Conceptual) : 기계적 계수기 혹은 시계에 의해 측정되는 공간화되고 기계화된 시간이다. 역시 단일하며 연속적이고 무한하며 역행할 수 없는 단일 차원을 갖는다(즉 고전 물리학의 절대적 시간이다).
- 지각적 시간(Time, Perceptual) : 경험적인 시간 또는 '살아가는' 시간으로서 매번 현실적으로 느껴지는 현재 (면도날 같은 순간적 현재라기보다는 인식자가 살아가고 있는 현재)라는 시간의 단위의 연속이다. 이질적이며 매 순간이 고유한 성격을 갖는다. 근본적으로 주관적이다. 주어진 문화적 환경 아래에서 집단적인 경험으로 공유될 수 있는 시간이다(5장, 베르그송 참조).

Ⅲ. 생명체의 기원과 본질에 관한 이론들

1. 생명의 정의

생명은 유기체 안에 깃들며 다음과 같은 조건 중 전부나 혹은 몇 가지를 만족시킨다.
(1) 자극에 반응한다.
(2) 재생산한다.
(3) 생리적 물질대사를 한다.
(4) 환경 적응력을 갖추고 있다.

(5) 자기를 유지한다.
(6) 자기를 보호한다.

2. 생명의 기원에 관한 이론들(단일 기원설)

(1) 신의 창조(성경적 초자연주의, 성경적 신론).
(2) 항성간(恒星間) 기원설(아낙사고라스, 아레니우스, 헬름호르쯔, 로드 켈빈 등).
(3) 물활론(物活論): 모든 것은 살아있다(원시주의, 소크라테스 전 밀레지안 철학파 등).
(4) 무기물로부터의 진화론(현재 가장 널리 퍼진 이론인데, 아낙시만드로스, 루크레티우스 등에 기원을 두고 있다).

3. 생물학적 진화론

현존하는 다양한 복합적 유기체들은 그보다 훨씬 단순하고 적은 종류의 유기체들로부터 유래했을 것이라는 생각이 아낙시만드로스, 엠페도클레스, 아리스토텔레스를 비롯하여 루크레티우스, 괴테, 에라스무스, 다윈 등에 의해 발전되어 왔다. 남아있는 화석류, 지질학, 비교 해부학, 발생학, 퇴화한 흔적 기관, 그리고 원래의 종으로 품종을 인위적으로 개량하는 작업이 이를 증명한다는 것이 이들의 주장이다.

1) 진화의 본질에 대한 이론들

(1) 기계론: 진화는 연속적인 물리-화학적 작용의 산물이다(홉즈, 라메트리, 홀바흐, 보그, 뷔흐너, 헥켈, 로엡, 헤릭, T.H.헉슬리, 스펜서, 바이스 등). 살아있는 유기체는 물리-화학적 기계구조의 복잡한 구성물로 정의된다.
(2) 생기론: 진화는 모든 사물 안에 현존하는 내적인 충동(entelechy)의 산물이다(아리스토텔레스, 드리쉬, 쇼펜하우어, 베르그송, 오로빈도〈힌두〉, 르꽁트 뒤 노위, 헬데인, 윌리엄 맥도걸 등)(5장, 아리스토텔레스, 쇼펜하우어, 베르그송 참조).
(3) 창발론(創發論: 비약론): 진화란 물질→생명→정신→신의 단계에서처럼 실재가 새로운 단계로 비약적인 도약을 함으로써 이루어진다(알렉산더, 화이트헤드, L.모르간, 부단, 샤르댕 등)(5장 화이트헤드, 알렉산더와 38페이지 정신에 관한 이론들을 볼 것).

2) 진화에 관한 근대적 가설들

(1) 라마르크(1744~1829)는 유전의 법칙 즉 습득된 성향의 유전의 법칙을 가르쳤다. 환경적 요인들의 영향이 강조되었다. 의문: 육체적 적응으로 인한 변형이 태아의 세포 조직에 영향을 미치는가?
(2) 허버트 스펜서(1820~1903)는 생물학적 진화뿐 아니라 우주적 진화론을 주장했다. 우주적인 양상에서부터 문화에 이르기까지 모든 면에서 진화의 과정이 일어나고 있다. 생물학적 진화는 보다 단순한(동일계의) 것에서 보다 복합적인(이절적인 종들의) 것으로 발전하는 물질의 재구성이다(5장, 스펜서 참조).
(3) 찰스 다윈(1809~1882)은 후손의 생물학적 형질이 그 양친에게서 시작되었으나 아직 끝나지 않은 그 형질과 동일한 것이며 몸의 세포들의 변이는 예외라고 가르쳤다. 유전적 형질들이 강조되었고 다윈은 자연선택의 원리를 전개했다.

① 종의 확산: 모든 종(種)은 기하학적으로 증가하려는 경향이 있다.
② 변형: 매 세대는 유기체의 구조와 기능에 있어서 다양성을 갖는다.
③ 생존경쟁: 생명체는 실제로 살아남는 수보다 훨씬 더 많은 수를 재생산한다.
④ 적자생존: 더 잘 적응하는 유기체가 살아남는다. 적응하지 못하는 유기체는 사라진다. 진화는 창조적이기 보다는 배제적이다(엠페도클레스).
⑤ 형질유전: 살아남은 유기체는 그들의 형질을 후손에게 전달한다.

(4) 어거스트 와이즈만(신-다윈설)은 유전 형질이 변이(變異)하는 생식세포의 유전에 의존하며 체세포의 변화에는 영향받지 않는다고 믿었다.
(5) 휴고 드 브리(돌연변이 이론, 1900)는 배(胚) 세포에서의 변이는 광범위하고 갑작스러운 것이며 유전되어 후손에게 전달된다고 주장했다. 자연도태의 원리도 견지하였다.
(6) 멘델은 형질유전의 법칙을 발전시켜 유전학에 공헌했다.
(7) 모간(T. H. Morgan)은 유전자 이론을 정교화하였다.

Ⅳ. 정신에 관한 이론들

정신과 그것의 육체와의 관계는 가장 중요한 철학적 문제 중의 하나이다. 대체로 말해서, 일반적으로 정신적인 혹은 마음과 연관된 현상들을 설명하는 모든 방식들이 여기에 포함된다. 사유의 주체, 영혼, 자신, 자아(ego), 의식 또는 듀이가 명명한 대로 '단지 지적으로 성숙된 본성' 같은 정신의 모든 기능과 특질들을 다룬다. 아래와 같이 정신은 여러 활동들을 포함하고 있다.

① 의욕(conation), 갈망이나 의지와 같은
② 응용적 행위, 예컨대 추론이나 문제에 대한 숙고와 해결
③ 의식, 단순한 지각의식이나 자의식인데 행동주의는 의식을 부인하며, 심층 심리학자들은 무의식을 덧붙인다.

정신에 관한 이론들은 차트 3(charts 3), 15 그리고 16에 요약되어 있는데 현대 심리학파들은 명백한 자기네 입장을 드러내기보다 강한 절충주의적 경향을 보이고 있다. 도표는 단지 개론적인 설명에 그친 것으로서 정신의 실재와, 정신-육체와의 관계에 대하여 소위 '비과학적' 혹은 '과학 이전'의 이론들과 '과학적' 이론을 구분짓는 시도를 하지는 않았다. 그러나 정신은 일반적으로 '영혼' '실체' 그리고 '행동'으로서 점차적인 해석을 얻어왔다. 현재의 입장은 정신을 분석함에 있어서 그것이 무엇인가 하는 본질의 탐구보다는 그것의 작용과 기능을 묻는 방향으로 진행되고 있다. 따라서 '행동'이라는 용어가 심리학에서 널리 통용되고 있다. 그러나 어느 특정 심리학파로부터 지지를 받는 증거의 우월성을 확보했다고 해서 그 이론을 정신에 관한 결정적인 이론이라고 결론짓는다는 것은 철학적 정신에 해로운 일이 될 것이다.

■ 정신이론에 관련된 용어 해설

- 관념 연합론(Associationism): 정신과 그 내용은 정신적 활동의 모든 양상들을 구성하는 단순하고 개별적인 경험들로 환원된다는 이론이다(5장, 흄을 볼 것).
- 행동주의(Behaviorism): 모든 정신적 활동은 함축적인 행동으로 환원될 수 있다(왓슨).
- 심층 심리학(Depth Psychology): 이 분야는 프로이드의 정신분석 이론으로부터 발전되었다.
- 양면이론(Double-Aspect Theory of Mind): 정신과 육체는 보다 근본적인 실재의 두 가지 양상이다(5장, 스피노자를 볼 것).

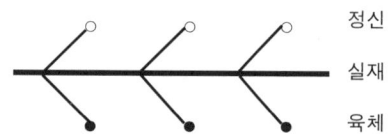

- 창발론(創發論, Emergentism): 진화를 통하여 정신과 같은 실재들은 더 낮은 단계로 환원될 수 없는 차원을 형성한다(5장, 알렉산더를 볼 것).
- 정신기능 심리학(Faculty Psychology): 정신은 많은 기능들 예컨대 감성, 지성 등의 단일체라는 이론이다(볼프).
- 기능적 심리학(Functional Psychology): 실용주의와 도구주의의 심리학인데, 정신은 행동과 환경에 대한 적응으로써 생물학적으로 해석된다.
- 형태 심리학(Gestalt Psychology): 원자론적인 개별적 접근방식을 반대하고 전체의 구조인 형태라는 수단으로 행위를 연구하는 구조적 심리학의 전반적인 형태이다.
- 전체주의(Holism): 정신에 관한 이론들 예컨대 형태 심리학이나 창발론과 같이 그 전체적 조직과 행동의 관점에서 정신을 설명하는 정신 이론들을 가리킨다.
- 상호작용론(interactionism): 정신과 육체가 상호 영향을 미치는 두 개의 분리된 실체라는 주장이다(5장 데카르트를 볼 것).

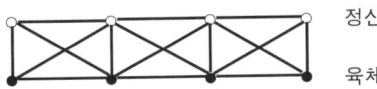 정신
육체

- 단자(單子)(Monad): 형이상학적 실재의 단위인데 라이프니쯔에 있어서 정신적인 것이며 세계를 구성하는 관계들을 맺을 수 있는 단자이다.
- 우인론(愚因論)(Occasionalism): 정신과 육체는 상호작용이 없는 분리된 실체이며, 신(神)의 뜻에 따라 각기 동시에 사건이 일어난다(말브랑슈)(아래의 심신병행론을 볼 것).
- 범심론(汎心論)(Panpsychism): 모든 물질적 실체들은 어느 정도의 정신을 소유한다는 이론이다 (롯츠, Lotze).
- 심신병행론(Parallelism): 정신과 육체는 상호 작용이 없는 별개의 실체이며 미리 정해진 조화에

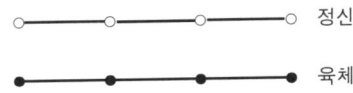 정신
육체

따라 양측에서 동시에 사건이 일어난다(5장, 라이프니쯔).
- 현상학(Phenomenology): 인과율이나 형이상학적 전제에 의하지 않고 경험의 내용으로써 현상을 분석하려는 철학이다(훗설)(차트 24와 5장 훗설을 볼 것).
- 자아(self): 인격, 의식의 주체, 지각자

V. 궁극적인 실재의 본질에 관한 이론들

"무엇이 진정한 실재인가?"라는 질문은 어느 시대 어느 문화 속에서나 깊이 사색하는 이들에 의해 제기되어 온 물음이다. 희랍의 초기 철학자 탈레스(Thales: B.C. 6세기)는 세계는 물로써 만들어졌다고 주장하였다. 아낙시메네스(Anaximenes: B.C. 6세기)는 물이 아니라 공기로 되어졌다고 주장하였다. 실재가 과연 무엇인가라는 질문에 대한 이같은 다소 조잡한 답변들은 명백한 난점들을 지니고 있으며, 그 난점들을 해결하려고 하다보면 새로운 문제점들을 낳게 된다. 실재가 무엇인가라는 물음에 대한 대답은 여러 가지 형태로 나타난다. 예를 들면 실재란 정신적인 것이라고 보는가 하면 혹자들은 물질적인 것이라고 보기도 한다. 어떤 철학자들은 실재란 변화하는 어떤 것이라고 보는 데 반해 또 다른 철학자들은 그것이 변화하지 않는 어떤 것이라고 생각한다. 실재에 대한 대표적인 설명 중의 하나는 그것이 알 수 없는 어떤 것이라는 설명이다. 실재란 무엇인가?라는 물음에 대한 답변은 종교적 관심이나 과학적 관심, 혹은 사색 자체를 위한 관심 등 다양한 동기들에 의해 다양한 방식으로 주어지고 있다.

1. 일원론, 다원론, 이원론

실재란 무엇인가?라는 문제에 있어서 실재의 단일성과 상호연관성을 강조하는 이들과 실재의 본질적인 이원성이나 복수성을 강조하는 이들 사이에 근본적인 구분이 지어진다. 실재란 근본적으로 그것이 과정이든, 구조든, 실체든, 근원이든 간에 아무튼 하나라고 보는 견해를 일원론(Monism)이라고 한다. 파르메니데스(Parmenides: B.C. 6~5세기)의 철학은 고대 일원론의 전형이다. 그는 모든 것이 존재(being)라고 가르쳤다. 존재가 모든 공간과 사유를 가득 채우고 있다고 보았다. 변화나 복수성을 경험하게 되는 것은 그러한 경험을 가능케 하는 영원하고 불변하는 존재가 있기 때문이라고 생각했다. 변화라고 하는 것은 단지 감각에만 실재처럼 느껴지는 것이고 실재로는 존재만이 존재할 뿐이다. 변화라는 것은 착각일 뿐이다. 이것이 고대 일원론의 한 형태이다. 근대 일원론은 헤겔(Hegel: 1770~1831)의 철학에서 잘 나타나고 있다. 헤겔의 관념론은 세계란 모든 것을 포괄하는 절대정신이 시간 속에서 자기를 실현하며 드러내는 것이라고 설명한다.

그러나 현대 철학은 다원론(Pluralism)적인 경향

을 보이고 있다. 이러한 경향은 부분적으로 고대 희랍철학자 데모크리토스(Democritus: B.C. 약 460~360)로까지 거슬러 올라간다. 데모크리토스는 무한한 공간 속에서 자신들을 재배열시키고 있는 무한한 수의 물질적 원자들이 궁극적인 실재라고 가르쳤다. 파르메니데스는 '존재'가 영원한 것이라고 생각한 데 비해 데모크리토스는 '원자들'이 영원한 것이라고 보고 변화란 이 원자들이 특정한 사물로 생성되어가는 과정에서 자신들을 재배열함으로써 일어나는 것이라고 설명하였다. 그의 철학은 놀랄 만큼 현대적인 원자론적 유물론으로서 경험과 사물들의 다양성을 설명해 주고 있긴 하지만 많은 의문들에 대해 여전히 대답하지 않은 채 남겨두고 있다. 일원론자들이 일반적으로 상호연관적으로 논리적인 전체 속에서 실재를 하나로 묶어 방대한 체계를 세우려고 하는 데 반해 다원론자들은 실재가 가변적이며 완성된 것이 아니라고 믿는 경향이 있다.

세 번째 견해인 이원론(Dualism)은 실재를 상반되는 두 개의 대립물이라는 관점에서 보려고 하는 강한 경향으로부터 생겨났다. 실제로 일원론과 다원론에서도 대립적인 구분은 사용하고 있다. 예를 들면 헤겔은 정립과 반정립의 근본적인 대립과 종합에 대하여 설명하였다. 데모크리토스는 물질적인 원자들과 공간을 구분하였다. 철학자들은 철학의 시초로부터 사유와 경험 속에서 대립물의 역할을 주목하였다. 이것은 긍정과 부정, 선과 악, 존재와 비존재 등으로 나타났다. 사유와 경험 속에서의 이러한 양극성(兩極性)은 실재의 양극성에 기인하고 있다고 간주되었다. 그래서 발전된 이원론의 형태가 나타나게 되었다.

근대 초기 철학자 데카르트(Descartes: 1596~1650)는 창조된 세계가 두 개의 실재로 이루어져 있다고 설명했다. 연장성을 가진 실체, 즉 공간을 차지하고 있는 실체와 비연장적인 실체 즉 사람의 마음을 이루고 있는 사유하는 실체로 구분하였다. 베르그송(Bergson: 1859~1941)은 우주적인 과정 속에서 창조하는 것과 창조되는 것을 구분하는 이원론을 주장하였다. 그의 이원론은 공간과 지속(duration), 물질과 생명 충동(vital impulse) 등의 구분을 포함하고 있다. 플라톤(Plato: B.C. 427~347)은 사물들의 이데아 즉 형상들이 존재하는 영원불변하는 완전한 세계와 그 형상들이 현상과 경험 속에서 구체화되는 가변적 세계를 구분하였다. 그러나 플라톤은 이원론자일 뿐 아니라 일원론자로도 이해될 수 있다. 모든 이데아들은 모든 이데아들을 포괄하는 지고하고 초월적인 선의 이데아에 참여하고 있다는 의미에서 그의 주장은 일원론이 되기 때문이다. 플라톤은 또한 다원론자라고 볼 수도 있다. 왜냐하면 실제를 이루고 있는 다수의 독립적인 실재적 이데아들을 상정하고 있기 때문이다. 다시 말해서 일원론이니 이원론이니 혹은 다원론이니 하는 범주들은 근본적으로 실재에 대한 특정이론을 어떤 측면에서 파악하려는지를 밝히는 데 편리한 방법이다. 이론들은 이에 의하여 세 범주 중 어떤 범주에 속하게 된다.

2. 관념론, 실재론, 실용주의

궁극적 실재의 본질에 대한 사색의 결과, 실재를 대립물로 파악하는 이원론과 실재를 복수로 파악하는 다원론과 실재를 단일한 것으로 파악하는 일원론 등이 발달하게 되었다. 더 나아가서 실재에 대한 사색은 실재를 인식하고 해석하는 정신을 강조하는 입장과 정신이나 의식보다는 물질과 같은 실재의 요소를 강조하는 입장으로 구분된다. 이러한 결과 관념론(Idealism)과 실재론(Realism)이라는 전통적인 형이상학적 구분이 생겨나게 되었다.

관념론자들은 마음의 역할을 강조한다. 그들은 다음과 같은 식으로 주장한다. "세계는 나의 세계이다. 즉 어떤 마음이 가지고 있는 세계이다." 관념론에 의하면 알려질 수 있는 실재만이 철학적 관심의 대상이다. 그리고 따라서 이 실재는 관념들이나 의식 즉 사유의 흐름과 관련되어 있음이 틀림없다. 달리 말하자면, 예를 들어 물질적 실재는 오직 관념들을 통해서만 알려질 수 있고 아무도 자신이 가지고 있는 관념들이 실재를 정확하게 반영하고 있는지를 결코 확인할 수 없다는 것이다.

이에 반해 실재론자들은 다음과 같이 말한다. "나는 세계 속에 있다. 세계가 내 안에 있는 것이 아니다" 혹은 화이트헤드(Whitehead)처럼 "나는 세계 속에 있고 세계는 내 안에 있다"라고 말한다. 어쨌든 실재론자들은 실재가 마음(의식)에 의존하지 않고 존재하고 있음을 주장한다. 대상으로서 인식되는 세계는 의식과 독립하여 존재하고 있으며 실재는 자신을 의식에 드러내 보여주고 있다고 본다.

실재론자들은 세계와 대상을 인식자나 마음으로부터 분리하려는 경향이 있으며 관념론자들은 인식자와 인식되는 사물간의 밀접한 관련성을 강조한다. 실용주의자의 입장은 이들 모두와 다르다. 그들은 인식자와 인식대상간의 전통적인 구분을 거부한다. 예를 들면 제임스와 같은 이는 '순수경험'이 실재라고 주장하였다. 순수경험 속에서는 모든 관계들이 발견되지만 의식과 의식 내용, 사유와 사물이라는 이원성이 존재하지 않는다.

3. 신비주의, 유물론, 초자연주의

어떤 철학자들은 신비주의에 호소함으로써 실재의 문제를 해결하려고 한다. 신비주의(Mysticism)는 실재란 하나임(Oneness)을 주장하지만 동시에 일원론, 이원론, 다원론 등 일반적인 형이상학적 구분을 초월하고 있다. 왜냐하면 신비주의자들은 궁극적인 실재란 말로 표현할 수 없는 것이라고 믿기 때문이다. 신비주의는 인식주관과 그것이 인식하고 있는 세계를 동일시하려고 한다. 그들의 관심은 말로 형언할 수 없는 실재에 대하여 일상적인 의미에서 알려고 하기보다는 그것과 하나가 되는 체험을 하는 데 두고 있다. 유물론(Materialism)을 주장하는 자들은 실재의 궁극적인 실체란 물질 혹은 에너지라고 주장한다. 초자연주의(Supernaturalism)를 주장하는 자들은 "우리가 그 안에 살며 활동하며 우리 자신의 존재를 지니고 있는" 신에 대하여 말하고 있다. 신은 완전히 초월적인 존재이면서도 그의 생각과 의지는 피조물들을 창조하고 유지하고 구원하고 완성시킨다.

4. 실증주의와 언어 분석

차트 23를 볼 것

5. 실존주의와 현상학

차트 24를 볼 것

6. 마르크스주의와 혁명 철학

세계에 관한 다른 모든 이론들이 세계를 설명하려고 하는 데 반해 마르크스주의자와 사회혁명론자들은 기본적으로 이론을 이성적 사색의 도구라기보다 사회변혁의 도구로 보고 있다. 실용주의자들과 마찬가지로 이들은 실재 즉 세계에 대하여 지식편향적으로 접근하기를 거부한다.

마르크스주의와 혁명 철학은 한결같이 직전 시대의 사회경제적 체제를 거부한다. 이 체제는 일반적으로 '자본주의'나 '기성의 체제'라고 칭하여진다. 이들에 의하면 대부분의 사회악이나 사람의 성격—그의 세계를 포함해서—은 사람들이 그 속에 살고 있는 권력구조와 기성가치체계의 산물들이다. 그러므로 세계는 인간화의 방향으로 변해야 한다는 것이다.

비록 많은 마르크스주의자들, 공산주의자들과 다양한 종류의 사회혁명론자들이 세계를 기계론적 유물론의 입장에서 보고 있지만 식견있는 혁명론자들은 자신들이 관심을 두고 있는 것은 변증법적 유물론임을 분명히 알고 있다. 변증법적 유물론은 인간을 위한 세계에로의 변혁을 주장한다. 비록 인간이 환경의 산물이긴 하지만 인간은 환경을 변화시켜 더 인간이 살 만한 곳으로 만들 수 있다. 이러한 사상가들에게 있어서 자본주의는 역사, 문화적 진화과정 속에서 극복될 수 있고 극복되어야 할 한 국면으로 인식된다. 실재나 지식, 도덕성과 종교 등의 본질과 같은 전통적인 철학에서의 논점들은 기본적으로 역사적 상황과 인간의 욕망과 관련되어 있다고 보고 이에 따라서 해석한다(5장 마르크스⟨Marx⟩와 메를로 퐁티⟨Merleau-Ponty⟩와 차트 24를 볼 것).

7. 이론들간의 차이점과 관련성

일원론과 이원론은 관념론, 신비주의, 초자연주의적인 경향을 띠며, 다원론은 실재론적인 성격을 보이는 경향이 있지만 이러한 경향들이 반드시 필연적으로 수반되는 것은 아니다. 예를 들어, 인격주의(Personalism)의 형이상학은 분명히 다원론적이며, 카톨릭의 다원론적 실재론(신-아리스토텔레스주의)은 또한 초자연주의를 포함하고 있다.

이론들을 일원론, 이원론, 다원론으로 분류하는 것은 임의성이 있다. 실재에 대한 이론들을 자연주의와 비자연주의로 구분할 수도 있다. 이 경우에, 전자는 알 수 있는 실재의 범위가 현상 가운데 경험되는 자연이라고 보는 견해이며 후자는 전자의 견해가 합당치 않다는 것을 강조하는 입장이다. 이론들을 분류하고 명칭을 붙이는 것은 불가피하게 임의성을 가진다. 그러므로 분류하고 호칭을 부여하는 일에 있어서는 단서를 붙여야 한다.

"철학의 역사는 경험론과 합리론(인식에 대한 이론으로서) 신비주의, 실재론, 관념론(실재에 대한 이론으로서)등과 같이 잘 정의된 특정한 관점들이 끊임없이 재등장하고 소생하는 과정이다. 이러한 이론들 가운데서 사물의 본질을 파악하는 궁극적인 통찰력을 얻게 되는 것처럼 보인다. 이 이론들은 세계를 설명하는 한정된 가능성들을 보여주고 있다는 의미에서 그러하다"(데모스〈Demos〉, 플라톤 선집).

실재에 관한 이론들을 설명한 차트를 볼 때 특정철학자를 특정 이론에 너무 일치시켜 보지 않도록 주의해야 한다. 같은 부류의 철학자들과 철학들이라도 그 내용에 있어서 폭넓은 다양성을 가지고 있으며, 받았던 영향과 이후에 미친 영향의 내용들도 반드시 일치할 필요가 없다. 차트를 보면 겹치고, 되풀이되어 나온 사항들이 있음을 알게 될 것이다. 어떤 핵심 인물들은 그들이 끼친 광범위한 영향력 때문에 여러 차트에서 나타나고 있다. 차트는 방향을 잡는 것과 연구를 위한 안내로서 사용되어야 한다. 원전이나 이차 문헌을 가지고 공부하는 것을 차트를 보는 것으로 대신할 수는 없다.

대표적인 중요한 철학자들이 주장한 실재에 관한 이론들을 요약한 내용은 5장에 실려있다. 요약에서는 궁극적 실재의 본질을 묻는 물음에 대한 중요한 답변들을 싣고 있다. 5장에서 찾아볼 수 있는 철학자들은 차트에서 붉은 색으로 그 이름을 표시하였다.

■ 궁극적인 실재의 본질에 관한 이론에 관련된 용어 해설

- **절대자(Absolute)**: 형이상학에서 지고(至高)한 즉 모든 것을 포괄하는 실재를 의미한다. 즉 무제한자, 신, 부동의 동자(Unmoved Mover), 세계 근원, 존재, 선, 로고스, 일자(一者), 실체 등으로 부르기도 한다. 중국에서는 도(道), 인도에서는 브라만(Brahman)이라는 개념이 이것을 가리킨다(5장 아리스토텔레스, 플라톤, 스피노자, 헤겔을 볼 것).
- **생성(生成, Becoming)**: 잠재된 것을 현실화하는 과정, 대개 활동이나 운동으로 이해된다.
- **존재(Being)**: 희랍어로 토-온(to-on), 라틴어로 엔스(ens). 플라톤에 있어서는 사물들의 인식가능한 보편적 특성, 제일의 개념들 즉 이데아 혹은 형상이 이에 해당한다(5장, 플라톤을 볼 것). 아리스토텔레스와 스콜라 철학에서는 존재하고 발전하는 특정한 사물들(real being〈엔스 레알레: ens reale〉)과 이성적이고 개념적인 존재(엔스 라치오니스: ens rationis) 즉 마음의 내용으로써 정신적인 존재를 가지고 있는 참된 진술을 가리켜 존재라고 하였다(5장, 아리스토텔레스를 볼 것). 일반적으로 하이데거와 실존주의에 있어서 존재는 있는 그대로의 사물(불어로 l'étant, 독어로 das Seiende)이라는 의미에서의 존재와 어떤 것의 존재성(불어로 l'être, 독어로 das Sein)이라는 의미에서의 존재로 구별된다(5장, 하이데거와 싸르트르를 볼 것).
- **우주론(Cosmology)**: 우주의 기원과 구조를 연구하는 학문분야. 주제에 있어서 존재론이나 형이상학 혹은 자연과학보다 더 구체적이다. 그러나 그것들과 엄격하게 구분지을 수는 없다.
- **본질(Essence)**: 사물이 그 무엇인 바 되는 그것. 희랍철학에서 그것은 실체(substance〈우시아, ousia〉)라는 말로 표현되었다. 우시아는 외견상으로 분명히 드러나지는 않는 그 사물의 진정한 실상—인식될 수 있고, 보편적인 어떤 것(뒤에 나오는 '실체'를 참고할 것)을 의미한다. 플라톤에 있어서는 이데아 즉 형상이 이것에 해당한다(5장,

플라톤을 볼 것). 산타야나(Santayana)는 플라톤과 비슷하면서도 약간 수정된 의미로 본질을 생각했다(5장, 산타야나를 볼 것). 훗설의 본질 이해에 대해서는 5장 '훗설'을 볼 것. 또 5장 토마스 아퀴나스를 볼 것. 실존철학에서의 본질에 대한 견해는 5장, 키에르케골(Kierkegaard), 싸르트르(Sartre), 하이데거(Heidegger)와 차트 24를 볼 것

- **실존(Existence)**: 어떤 사물은 본질이라는 개념으로서 존재하지 않는다. 실존주의에 의하면 실존은 의식이며 인간의 본질보다도 앞선다. 인간은 선택과 행위를 통해서 자신이 존재함을 의식하고 본질이 된다(5장, 키에르케골, 하이데거, 싸르트르와 차트 24를 볼 것).
- **형이상학(Metaphysics)**: 제일 원리에 관한 이론, 혹은 존재론과 동의어로서 존재나 그런 유의 것에 대한 이론이다. 형이상학은 인식론(11페이지를 볼 것)을 포함하기 때문에 존재론보다 더 넓은 의미로 쓰인다. 원래는 아리스토텔레스의 저술에서 문자 그대로 물리학 다음에 위치한 책들(meta ta physika) 즉 제일 원리에 관한 책들에 임의로 붙혀진 이름이었다. 아리스토텔레스에 있어서 제일 원리에 관한 이론은 존재론과 인식론 모두를 포함하는 것이었다.
- **존재론(Ontology)**: 존재, 즉 궁극적인 실재에 관한 이론(on⟨being⟩ + logos⟨theory⟩)

(9) **실체(Substance)**: 어떤 사물을 다룬 것이 아니라 현재의 그것이게끔 만드는 어떤 것 즉 희랍철학에서의 본질(우시아, ousia). 어거스틴(St. Augustine)은 다음과 같이 썼다. "본질(희랍어로 '우시아')은 일반적으로 다른 것이 아니라 라틴어로 실체(Substance)라고 부르는 바로 그것이다." 아리스토텔레스에 있어서 근본적인 실체(라틴 번역으로는 Substantia prima)는 고유한 본질 즉 특정 사물이 되도록 하는 원인─형식과 질료의 결합체─을 뜻한다(5장, 아리스토텔레스를 볼 것). 스콜라 철학에서 실체란 다른 존재와는 독립적으로 존재하며 존속하는 어떤 것을 의미한다(5장, 토마스 아퀴나스를 볼 것). 데카르트학파에서도(5장, 데카르트를 볼 것) 스콜라철학과 비슷하게, 실체란 다른 존재로부터 독립적으로 존재하는 것을 가르친다. 무한한 실체는 신이며 유한한 실체는 정신과 물질이다. 스피노자(5장을 볼 것)에게 있어서는 오직 무한한 실체와 그것의 양태(modes)만이 존재한다. 칸트학파(5장, 칸트를 볼 것)에서 실체란 마음의 주관적인 개념을 뜻한다. 이 개념들은 경험의 재료들과 결합하는 마음의 능동적인 구성작용으로부터 생겨난다. 영국 경험론에서는 실체란 본질적으로 특정한 경험들의 체계적이고 통일된 구성물이다. 이러한 것으로서 실체란 존재하지 않으며 또한 알 수 없는 것이다(5장, 버클리, 흄, 밀을 볼 것).

제 4 장

가치에 관한 문제들

가치에 관하여 이론적으로 연구하는 것을 가치론(axiology)이라고 한다(axios: 가치 value + logos: 이론 theory). "순수한 가치론은 모든 형태의 가치들에 관한 학문이다"(우르반).

I. 가치론의 기본적인 질문들

가치란 특성인가, 관계인가, 혹은 태도인가?
가치란 발견되는 것인가, 만들어지는 것인가?
가치는 정의할 수 있는 것인가? 분석할 수 있는 것인가? 환원할 수 있는 것인가? 환원된다면 무엇으로 환원되는가?

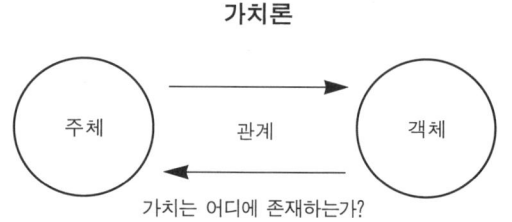

II. 가치에 관한 이론들

가치에 관한 일반 이론이 시작된 것은 마이농(Alexius Meinong)과 에렌펠스(Christian von Ehrenfels) 사이에서 가치의 출처를 놓고 1890년에 행해진 논쟁에 의해서였다. 마이농은 가치의 출처가 감정 즉 어떤 대상에서 얻을 수 있는 즐거움의 가능성이나 기대라고 보았다. 에렌펠스는(스피노자와 같이) 가치의 근원은 욕망에 있다고 보았다. 대상은 실제적인, 즉 성취가능한 욕망을 통해서 가치를 부여받게 된다. 다시 말해서 대상은 자신이 요구되기 때문에 가치를 지니게 된다. 두 입장 모두 가치를 대상에 속하여 있는 고유한 특성이라고 보는 점에서 가치 객관론(axiological objectivism)이다.

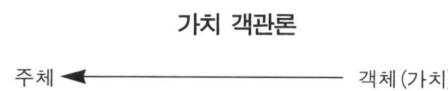

1. 가치 객관론(가치 실재론)

이 입장에서 볼 때 가치 판단은 어떤 의미에서 객관적이다. 가치, 기준, 이상(理想) 등은 대상 즉 객관적 실재를 이루는 구성요소이거나 그 안에 귀속하고 있는 것들이다(알렉산더의 주장에서와 같이). 혹은 그것들은 욕망에 의해 대상에게 귀속되는 것이다(스피노자의 주장에서와 같이). 가치판단은 비록 그것이 검증될 수 없지만, 즉 검증가능한 감각적인 용어로 한정되지 않지만, 참이나 거짓으로 의미를 가진다. 가치는 색깔이나 온도가 대상에 속하여 있는 것과 마찬가지로 대상에 귀속하고 있다. 가치는 실재 속에 근거를 두고 있다.

가치 객관론을 지지하는 이들은 플라톤, 아리스토텔레스, 토마스 아퀴나스, 마리탱(Maritain), 로이스(Royce), 우르반(Urban), 보상케(Bosanquet), 화이트헤드(Whitehead), 요아드(Joad), 스파울딩(Spaulding), 알렉산더 등이 있다.

1) 가치 객관론의 대표적인 표현들

(1) 보상케(Bossanquet, 관념론) : "가치는 대상의 어떤 특성으로서 진실로 대상에 속하여 있다. 그러나 특별히 인간 마음의 태도에 의해 드러나게 된다." 안다는 것과 가치를 평가한다는 것은 갈라놓을 수 없는 일이다(브래들리, 빈델반트, 리케르트, 대부분의 관념론자).

(2) 쉘러(Scheler, 현상학) : "가치는 본질이다. 즉 가치는 스스로 존재하는 실재로서 감정적으로 직관되어진다." 감정과 이성을 통해서 우리는 가치들을 객관적, 직접적으로 식별한다. 그것은 마치 감각을 통해서 세계를 지각하는 것과 마찬가지이다(마이농, 하르트만, 우르반 등).

(3) 루이스(C. I. Lewis, 개념 실용주의〈Conceptual Pragmatism〉) : 가치판단은 경험판단과 동일하게 조사와 타당성의 기준에 따라 평가되어야 한다.

(4) 무어(G. E. Moore, 직관론) : 가치들(예를 들면 '선'과 같은)은 정의할 수 없고 분석할 수 없는 속성으로서 가치용어가 아닌 다른 것으로 환원될 수 없다. 그럼에도 불구하고 가치어들은 행위나 대상을 실제적으로 설명하는 말이라고 할 수 있다.

2. 가치 주관론

이 입장에서는 가치판단을 대상이나 상황에 대한 정신적 태도를 나타내는 진술로 환원한다. 가치판단 명제는 찬성이나 반대를 표현하는 명제와 동일하다. 참과 거짓을 표현하는 명제도 마찬가지이다. "x는 가치를 가지고 있다"라는 진술은 "나는 x를 좋아한다" 혹은 "사회는 x를 좋아한다"라는 뜻을 가지고 있다. 그러므로 가치판단은 어떤 것에 대한 태도나 찬성의 정도, 호감 등을 표현하는 진술로 분석될 수 있다. 가치는 어떤 주제에 대한 마음의 상태로서만 실재성을 가진다. 가치 주관론은 쾌락주의와 자연주의의 윤리이론을 지지하는 경향이 있다. 쾌락주의는 쾌락(즐거움)이 가치의 척도라고 보는 이론이며 자연주의는 가치판단이 심리적인 진술로 환원될 수 있다고 믿는 이론이다. 가치는 인간경험에 의존하며 경험에 따라 달라질 수 있다. 가치는 독립적인 실재성을 가지고 있지 않다. 가치 상대론(Axiological relativism), 즉 가치는 도덕적 가치를 포함해서 문화, 환경, 기타 환경적 요소들에 의존하고 있다는 신념이 강하게 대두된다.

가치 주관론을 지지하는 이들은 흄, 페리, 프랄, 파커, 산타야나, 싸르트르 등이다.

1) 가치 주관론의 대표적인 표현들

(1) 흄(회의론) : "x가 가치를 가지고 있다"라는 말은 "대부분의 사람들이 x를 선호한다"는 것을 의미한다.

(2) 싸르트르(실존주의) : 가치는 주체에 의해 창조된다(5장, 싸르트르를 볼 것).

(3) 산타야나(심미적 쾌락주의) : 가치는 좋아하는 감정과 관계있는, 확정하기 어려운 경험적인 성질을 가지고 있다. "아름다움을 느낀다는 것은 우리가 어떤 방식에 의해 사물을 느끼는지를 이해하는 것보다 더 나은 것이다." "모든 가치들은 한 가지 의미에서 미적(美的)이다." "아름다움은 (경험하는) 사물의 성질로서 쾌락으로 간주된다." "가치를 감지하는 것을 떠나서 가치는 따로 존재하지 않는다."

(4) 파커(휴머니즘) : "가치는 정신의 세계에 속하는 것이다. 욕구가 충족되는 것이 진정한 가치이다. 가치는 언제나 경험이며 결코 사물이나 대상이 아니다. 우리는 외부세계에 가치를 부여하고 있다. 즉 욕구를 충족시켜주는 것들에 대해 가치를 부여한다."

(5) 페리(자연주의) : 가치는 관심과 그 대상과의 관계로서 '모든 관심의 모든 대상'이다. 이 관계에는 네 가지 가치의 척도가 있는데 그것은 강도, 포괄성, 선호도, 정확성이다. 페리는 가치 관계론에 접근하고 있다(5장, 페리를 볼 것).

가치 주관론

주관(가치) ◀──────── 객체

3. 가치 관계론

이 견해는 가치란 상호작용 가운데 변화하는 것들

혹은 변화하는 것들의 산물들 사이에 있는 관계라고 보는 이론들로부터 생겨났다. 가치는 사적(私的)인 것(subjective)이 아니라 공적(公的)인 것이다. 그러나 관심으로부터 독립하여 존재하는 의미에서의 객관성을 가지고 있는 것은 아니다.

가치 관계론을 지지하는 이들로는 듀이, 페퍼(pepper), 두카스(Ducasse), 레플리(Lepley) 등이 있다.

1) 가치 관계론의 대표적인 표현들

(1) 듀이(도구주의) : 가치란 '사회적 환경적 상황 속에서'의 충돌을 해결하는 것 혹은 충돌하는 것들을 조화롭게 만족시키는 것이다. 이런 충돌은 개인이 사회적 물리적 환경과 상호작용할 때 발생한다. 가치론은 실제적이다. 즉 경험과학과 마찬가지로 검증할 수 있는 것이다. 가치들이란 "실제로 도달되는 결과나 목표로 나아가는 데 필요한 수단으로서의, 사물들의 관계이다." 가치로서의 가치들은 도구적인 것이다.

(2) 페퍼(상황주의) : 가치는 '사건들의 특성'과 관련된 영역에서부터 생겨난다. 그것은 비인격적인 관계들의 체계 외에 인격적인 관계들의 체계에도 관련되어 있다.

(3) 두카스(휴머니즘) : 가치는 주관에서 일어나는 사건도 아니고, 대상 속에 있는 고유한 성질도 아니다. 가치는 어떤 종류의 관계를 형성시키는 능력이다.

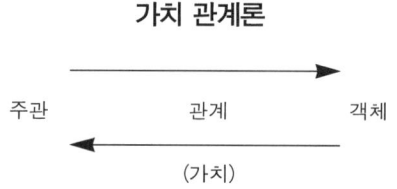

가치 관계론

4. 가치 유명론 내지는 가치 회의론(정서론)

이 이론들은 가치판단이 정서의 표현이거나 누군가를 설득하려는 시도라고 본다. 가치판단은 실재가 아니다. 가치에 관한 학문으로써 가치학은 성립불가능하다. 가치 정서론(情緖論)의 기원에 대한 간략한 역사적 설명은 다음과 같다.

무어는 선을 정의할 수 없다고 주장했다(그러나 선은 비록 검증되지는 않고 직관으로 파악될 뿐이지만 행위와 대상에 대하여 그 속성이라고 실제적으로 진술할 수 있다).

리차드는 실제적인 것과 정서적인 것의 의미를 구분하였다.

↓

정서론(논리 실증주의의 가치론: 차트 19와 55페이지를 볼 것) : 가치란 정의할 수 없고 정서적인 것이다. 따라서 실제로는 무의미한 것이다. 가치는 주관의 상태나, 대상의 상태, 혹은 그들간의 관계에 대하여 아무것도 보여주고 있지 않다.

가치 정서론을 지지하는 이들로는 니체, 에이어, 럿셀, 스티븐슨, 쉴릭, 카르납 등이 있다.

1) 가치 정서론의 대표적인 표현들

(1) 니체(가치 상대론) : 가치판단은 사실에 대한 진술이라기보다는 감정이나 관습의 표현이다.

(2) 에이어(논리 실증주의) : 가치판단은 감정을 표출하는 표현 기능을 감당하고 있다. 가치판단은 정서적인 것으로서 인식적인 것이 아니다. 즉 실제로는 무의미한 것이다.

(3) 스티븐슨(논리 경험론) : 가치판단은 일차적으로, 설득하는 기능을 가진다. 가치판단은 정서적인 것이므로, 참이나 거짓이라고 판정할 수 없고, 받아들여지기 위해서는 설득력이 필요하다.

Ⅲ. 윤리 이론

가치들은 인간 경험의 어떤 측면에 관하여 우선적인 중요성을 요구한다. 이것은 가치가 지니고 있는 특성이다. 왜냐하면 가치는 그것을 지지하도록 우리에게 명령하기 때문이다. 도덕적인 가치들은 다른 가치들보다도 더 우선적인 중요성을 가진다. 도덕적인 가치는 "행위를 위하여 무조건적인 우선성을 가진다." 즉 "행위에 관한 한 도덕적인 가치는 다른 모든 가치들보다 우선권을 가진다. … 그러므로 훌륭한 삶이란 미적인 즐거움에 몰두하는 삶이라고 말할 수 있다. 이런 진술은 미적인 가치가 가장 도덕적인 가치를 가진다고 주장한다"(머더쉬드). 도덕적인 가치는 상대적으로 중요하기 때문에 많은 관심을 받고 있다.

1. 규범윤리학과 메타윤리학의 구분

윤리 이론은 규범윤리학과 메타윤리학으로 구분된다. 이 구분에 따라 각기 다른 시도가 이루어진다.

① 모든 사람들이 따라야 하고 그것에 의해 그들의 행위를 정당화할 도덕의 보편법칙을 밝히려는 시도 즉 이상적이고 참된 도덕률을 밝히려는 시도(규범윤리학).
② 도덕판단들이 실제적으로 사용되고 있는 방식들을 분석하거나 기술하려는 시도(메타윤리학).

메타윤리학은 의미, 진리, 방법에 관한 문제를 다룬다. 윤리적 언어는 용어와 진술, 판단을 포함한다. 이와 대조적으로 규범윤리학은 옳은 행위와 그른 행위 혹은 선한 삶 자체에 관하여 연구한다.

규범윤리학은 목적론적 윤리론과 의무론적 윤리론 그리고 두 가지를 결합한 다양한 형태들로 구분된다(아래 내용을 볼 것).

메타윤리학은 윤리인식 긍정론과 윤리인식 부정론으로 나누어진다(52, 53, 55페이지 메타윤리, 즉 분석윤리 이론을 볼 것).

2. 목적론적 윤리설과 의무론적 윤리설의 구분

목적론적 윤리설과 의무론적 윤리설을 구분함에 있어서 다음과 같은 사항들을 고려하여야 한다.

(1) 이 구분은 두 윤리론이 서로 배타적이기 때문에 생긴 것이라기보다는 강조하는 정도의 차이에 의해 생겨났다.
(2) 목적론적 윤리론과 의무론적 윤리론의 요소들은 모두 어떤 윤리이론에서나 대체로 발견된다.
(3) 서로의 윤리론에 대하여 철학자들은 상당히 다른 해석을 가한다. 예를 들면 무어와 스타케는 각기 다른 이유에서 칸트를 자연주의 윤리론자로 본다. 이 책에서는 칸트학파의 형식주의는 의무론적 윤리론과 주로 비자연주의 윤리론에 포함시켰다.
(4) 윤리 이론들에 대한 해석은 대체로 윤리적 형식주의와 윤리적 직관주의를 의무론적 윤리론에 포함시키고 쾌락주의나 공리주의와 같은 모든 종류의 자연주의적 윤리론은 목적론적 윤리론에 포함시킨다.

다음과 같은 질문에 대하여 어떻게 답변할 것인가에 따라서 두 종류의 윤리 이론으로 나누어지게 된다. "어떤 행위를 옳은 것으로 만드는 것은 무엇인가?"
• 목적론적 윤리론: 그 행위가 결과하는 결과적인 선, 도덕적인 가치이다(벤담).
• 의무론적 윤리론은 형식주의와 직관주의에 따라 대답이 달라진다.
• 형식주의 윤리론: 그 행위를 하도록 한 동기에 있어서의 선 혹은 그 행위를 실행하는 방법에 있어서의 선. 예를 들면 도덕감에 순종하는 것(칸트).
• 직관주의 윤리론: 구체적인 상황 속에서의 행위의 뭐라고 말할 수 없는 적절성(로스).

3. 목적론적 윤리설

1) 기본적인 전제들

윤리 이론은 기본적으로 도덕적인 의무 같은 것보다는 결과 즉 행복에 관한 것이다.

도덕적 의무에 관한 고려보다는 도덕적 유용성에 관한 고려가 더 중요하다.

의무, 해야 함, 옳음 따위의 의무에 관련된 개념들은 유용성에 관한 개념으로 한정될 수 있다.

'옳음'은 행위나 결과의 좋음(유용성)에 관련되어 있거나 의존하고 있다.

"x는 옳은 행위이다"라는 진술은 "x는 가능한 다른 어떤 행위와 같이 최소한 좋은 결과를 낳기에 적합하다"라는 의미이다.

목적론적 윤리설은 도덕기준으로서 예를 들면 행복과 같은 하나의 본래적인 선을 주장하는 경향이 있다.

목적론적 윤리설이 자연주의적인 성격을 가질 때

(1) 윤리적 판단명제는 비윤리적 용어 즉 기술적인 용어로 환원되거나 분석된다. 스피노자, 흄, 밀 등
(2) 윤리적 판단명제는 영적이거나 내세적인 목표나 선에 대립된 현세적인 목표나 선에 관한 것이다.

자연주의적 윤리설은 목적론적 윤리론이나 의무론적 윤리론 중 그 어느 것도 아닐 수 있다. 그 같은 예는 정서주의(emotivism, 에이어 등)에서 나타나는데, 정서주의에 의하면 윤리학은 관심, 동기 그리고 다른 가치론적 재료에 대한 경험과학으로 이해된다. 이러한 입장에서는 윤리학이 심리학이나 사회학의 한 부분이 된다.

사람들이 무엇을 해야 하는가라는 문제보다는 사람들이 무엇을 원하고 있으며 그것을 어떻게 성취하고 있는가라는 문제를 다루는 학문이 된다. 즉 규범의 학문이 아니라 기술(記述)의 학문이 된다.

2) 목적론적 윤리설의 예들
• 플라톤과 아리스토텔레스(희랍 행복주의) : 선이란 목표의 성취나 행복으로서의 쾌락이다.
• 에피쿠로스(이기적 쾌락주의) : 선이란 쾌락이거나, 고통이 없는 상태이다. 에피쿠로스의 쾌락이라는 말은 주로 마음의 즐거움을 의미한다.
• 벤담과 밀(쾌락주의적 공리주의 혹은 보편적 쾌락주의) : 선이란 최대다수의 최대행복이다.
• 팰레이(Paley, 신학적 공리주의) : 선이란 인간의 최대행복을 원하시는 하나님의 뜻에 따르는 것이다.
• 무어(관념적 공리주의) : 선이란 정의할 수 없는 것으로서 결과로 생긴 '쾌락'이라기보다는 그것을 낳는 어떤 관념과 관계있는 것이다. '옳음'이란 말은 선이라는 말을 통해서만 정의할 수 있다. 그러나 선은 정의할 수 없다.
• 시지위크(Sidgwick, 공리주의적 직관주의) : 선이란 행복이다. 그러나 선은 행복의 분량으로 규정될 수 없다.
• 스피노자와 스펜서(진화론적 공리주의) : "덕(德)이 있다는 것은 당신이 속하여 있는 종의 특유한 행위를 효과적으로 수행하는 것을 의미한다"(스피노자). "더 나은 행위란 진화과정의 후기에 나온 좀더 복잡한 행위이다"(스펜서).
• 흄(주관적인 쾌락주의) : 선이란 사회성원 모두나 대부분이 찬성하는 심리적인 태도로 환원될 수 있다(어떤 해석을 통해서).
• 듀이(도구주의) : 선이란 개인을 만족시키고 집단의 문제를 해결하는 데 유용한 것을 일컫는 말이다.
• 페리(자연주의) : "선이란 모든 관심의 모든 대상이다." — 관계적인 태도
• 쉘러, 하르트만, 마이농(가치론적 직관주의 — 현상학적 윤리학) : 선은 정서적인 직관에 의하여 직접적으로 인식된다.

3) 행위목적주의 윤리설과 규범목적주의 윤리설

목적주의 윤리설의 중요한 형태로는 행위공리주의(전통적 공리주의)와 규범공리주의(최근의 공리주의)가 있다.

행위 공리주의(벤담, 밀〈개인행위에 적용될 때〉, 무어)에 따르면 개인은 다음과 같이 스스로에게 물어보아야 한다. "이 상황에서 내가 이 행위를 하는 것은 선을 산출하고 악을 제거하는 데 있어서 어떤 영향을 줄 것인가?" 예를 들면 "대개 진실을 말하는 것은 일반적으로 가장 좋은 결과를 낳는다. 그러나 만약 이 상황에서는 그렇지 않다면 나는 진실을 말하지 않아야 한다" 즉 "가장 좋은 결과를 낳는 행위를 취하라"는 말이다. 이 때 공리(公利)의 원리는 행위에 적용된다.

규범 공리주의(밀, 행위의 법칙에 적용될 때)에 따르면 개인은 다음과 같이 스스로에게 물어보아야 한다. "모든 사람들이 이 규범을 따른다면 선을 산출하고 악을 제거하는 데 있어서 어떤 영향을 줄 것인가?" 예를 들면 "비록 특별한 상황에서는 그렇지 않은 경우가 있긴 하지만 언제나 진실을 말하는 것이 가장 좋은 결과를 낳는다." 규범 공리주의는 가장 좋은 결과를 낳기에 적합한 규범을 따라야만 한다고 주장한다. 만약 예외가 있다면 그 예외들을 모아 규범을 만들게 된다. 즉 "그것을 적용할 때 가장 좋은 결과를 낳는 규범을 따라 행동하라" 이때 공리의 원리는 규범에 적용된다.

4. 의무론적 윤리설

1) 기본적인 전제들

윤리 이론은 기본적으로 행위의 결과나 목표보다는

옳은 것에 대한 도덕적 의무에 관련된 것이다. 도덕적인 의무는 당위, 옳음, 타당성 따위와 관계가 있다. 도덕적인 의무는 그 행위를 해야만 할 필연성을 가진다. 즉 그것은 절대적이고 무조건적인 것이다. "너는 x를 해야만 한다", "나는 x를 하지 않으면 안된다", "X를 하는 것이 우리의 의무다"(도덕법칙을 존중할 때 의무는 행위에 있어서 필연성을 가진다 — 칸트).

도덕적인 의무를 고려하는 것은 도덕의 가치를 고려하는 것보다 더 중요하다. 도덕적인 가치(선 따위)의 개념은 어디로부터 자생한 것이 아니며 따라서 분석되어질 수 있는 것이 아닌 도덕적인 의무나 도리에 맞는 타당성의 용어로 정의된다(라이드, 로스).

의무주의 윤리설은 이성이나 직관 혹은 도덕감에 알려지는 '옳음'의 자명한 본질을 강조한다.

"X는 본래적으로 선하다"라는 말은 "모든 이성적인 존재가 x를 원하는 것이 타당하거나 의무이다"라는 의미를 가진다.

윤리학은 독립된 학문분야로서 과학이나 형이상학으로부터 유래한 것이 아니다. 윤리학은 의무론적인 것이다.

도덕적 선택의 필요조건으로서 자유가 상정된다.

윤리적 직관주의로서 의무주의 윤리학은 도덕상의 옳음과 선함에 있어서의 객관성 즉 가치론적 객관주의(44페이지를 볼 것)와 도덕판단의 비자연주의적 성격 즉 환원될 수 없는 성격을 강조한다.

의무주의 윤리설은 어떤 행위나 행위의 규범이 비록 가장 좋은 결과를 낳지 않는다고 해도 도덕적으로 옳고 당위성을 가질 수 있음을 주장한다. 예를 들면 칸트의 주장과 같이 어떤 행위가 도덕적으로 옳을 때에도 — 행위자가 선한 의지를 가지고 의무, 즉 정언명령에 따라 행동했을 때에도 — 그것이 나쁜 결과를 낳을 수 있다. 즉 행위자나 타인을 불행하게 만들 수 있다. 이것은 종종 도덕적 관점(moral point of view)이라고 불리운다. 도덕적 관점은 그렇게 하는 것이 유익이 되는지 안되는지의 여부와 무관하게 단지 그것이 옳기 때문에 그것을 행하게 한다(공정성의 원리).

2) 의무주의 윤리설의 예들

- 에픽테투스(스토아 철학): '옳음'이란 의무를 감당해내고 그 결과에는 관심을 두지 않는 것이다.
- 바울(기독교 윤리): '옳음'이란 하나님의 뜻에 순종하는 것이다(51페이지 이하 아가페적 윤리에 관하여 볼 것).
- 칸트(형식주의): '옳음'이란 단지 의무를 위하여 의무를 행하려는 이성적인 의지이다.
- 로이스(Royce, 관념론): '옳음'이란 그 자체를 위하여 성실함에 대해 성실한 것이다.
- 클라크, 컴버랜드, 버틀러, 프라이스, 리드(캠브리지 플라톤주의와 도덕감 직관주의): '옳음'이란 보편적인 도덕감에 의해 직관되는 정의할 수 없는 도덕적 의무이다. "모든 사람들은 자신 속에서 '옳은 것'에 대한 기준과 그것을 따라야 할 의무감을 발견할 수 있다"(버틀러).

3) 행위의무주의 윤리설과 규범의무주의 윤리설

의무주의 윤리설은 행위 의무주의 윤리설과 규범 의무주의 윤리설로 구분할 수 있다.

- 행위 의무주의 윤리설: "이 상황에서는 나는 이러이러한 것을 해야만 한다" 혹은 "이 상황에서 이러이러한 것을 행하는 것이 나의 의무이다"라는 식의 윤리적 태도로서 프리차드(Prichard), 캐리트(Carritt), 아리스토텔레스, 버틀러와 현대 실존주의 도덕론자들, 예를 들면 바르트, 브룬너, 플레처, 레만(Lehmann), 구스탑슨(Gustafson), 니버 형제, 로빈슨(Robinson), 틸리히, 싸르트르 등이 주장하고 있다. 행위 의무주의 윤리설에서는 상황이 행위자의 도덕적 의무를 결정하며 행위자는 그의 의무에 응하는 것을 자유롭게 결정해야 한다고 본다. 구체적인 경우들로부터 규범을 만들어 낼 수 있으나 규범은 결정을 위한 지침에 불과하고 결코 특정상황에서의 행동결정을 명령하는 것이 될 수는 없다. 실존주의적 형태로서 행위 의무주의 윤리설은 일종의 상황 윤리설이다.

행위 의무주의 윤리설과 상황 윤리설에 대하여 비판하는 이들은 규범이 없어서는 안됨을 다음과 같은 이유들을 들어 주장하고 있다.

(1) 도덕적 상황은 그 성격에 있어서 '원리의 결정'을 필요로 하는 독특한 새로운 상황이라기보다는 일상적이고 반복되는 상황이다(헤어, 도덕적 선택에 관하여).

(2) 어떤 사람이 특정 상황에서 어떤 도덕판단을 내렸다면, 그는 비슷한 모든 상황에서 동일한 판단을 내릴 것을 암암리에 함축하고 있다(도덕판단에 관하여).

(3) 도덕판단은 추론에 의해 정당화된다. 그리고 추론은 특정 상황에만 적용될 수 있는 것이 아니다. 만약 이 경우에 추론이 적용되었다면 모든 비슷한 경우들에도 그 추론이 적용된다(도덕적 추론에 관하여).

(4) 도덕의 학습은 원리들을 사용함에 의해 이루어진다. "어떤 것을 하도록 배우는 것은 결코 그 행위만 하도록 배우는 것이 아니다. 그것은 비슷한 상황에서 언제나 비슷한 종류의 행위를 하도록 배우는 것이다. 즉 원리를 배우는 것이다"(헤어, 도덕의 학습에 관하여).

• 규범의무주의 윤리설: 옳은 행위와 그른 행위의 기준은 규범들이라고 보는 윤리설. "우리는 언제나 진실을 말해야 한다"와 같은 입장이다. 클라크, 프라이스, 라이드, 로스, 칸트 그리고 어떤 경우에 있어서의 버틀러의 입장이 여기에 속한다. 버틀러는 행위의무주의 윤리설도 취하고 있다(앞의 내용을 볼 것).

규범의무주의 윤리설을 비판하는 이들은 모든 상황에 적용되는 규범이 만들어질 수 없다고 주장한다. 규범들이 상충하거나 예외적인 경우가 생길 때 새로운 규정들이 만들어져야 한다(그러나 예를 들면 "자기방어인 경우를 제외하고 살인은 나쁘다"와 같이 예외적인 상황이 규범으로 구체화될 수 있다).

그리고 규범들간의 중요성에 따라 서열을 둘 수 있다. 예를 들면 "생명이 위태로운 경우를 제외하고는 약속을 지켜야 한다"에서와 같이.

4) 규범 의무주의 윤리설의 일반적인 네 가지 유형

(1) 버틀러(도덕-양심설): 특정한 상황 속에서 옳은 행위란 양심의 숙고하는 원리에 의해 즉각적으로 인식되거나 혹은 마침내 확정되어진다(참조, 시지위크〈Sidgwick〉: 도덕감은 성찰을 통해서 어떤 유형의 행위가 그 결과에 상관없이 필연적으로 옳은지 그른지를 인식할 수 있다).

(2) 로스(Ross, 의무론적 직관주의): 예를 들어 '약속 지키기'와 같은 유(類)의 행위는 '생명구하기'와 같이 특별한 상황 속에서 일어나는 더 큰 의무에 의해 밀려나지 않는 한 언제나 옳은 행위이다. 도덕규범들은 세워질 수 있다. 그러나 단 하나의 원리로부터 연역하여 낼 수 있는 것은 아니다.

(3) 칸트(Kant, 형식주의): 모든 이성적인 의지들에 대해 구속력을 가지는 의무의 법칙 혹은 최고의 원리가 존재한다. 이 최고의 원리는 보편적인 기준으로서 모든 도덕판단의 공리이다. 이를 정언명령이라고 한다. 그 내용은 "네 행위의 준칙이 모든 유사한 행위들의 준칙이 되는 것을 네가 원할 수 있는 그런 준칙에 따라 행위하라"는 것이다.

(4) 바울(아가페적 의무설): 우리는 하나님과 이웃을 사랑해야 한다. ① 왜냐하면 완전한 자유인 사랑의 법으로서 그리스도께서 우리 안에 살아계시기 때문이거나 그렇지 않다면 ② 도덕법칙 즉 본래적인 양심이 우리에게 의무로서 그것을 명령하기 때문이다(51페이지 이하 아가페 윤리를 볼 것).

5. 목적론적이면서 의무론적인 윤리설들

소크라테스의 행복주의 윤리설에 의해 희랍의 목적론적 윤리설은 시작하게 되었다. 그러나 소크라테스는 '내면의 음성'과 '의무'에 대한 순종에 관해서도 말하였다. 이 가르침은 이후 스토아학파의 의무론적 윤리설에 의해 강조되었다. 그러나 스토아학파는 완전한 경지로서 '아파테이아'(내적 평정)을 얻기 위해 노력한다는 점에서 목적론적이다. 기독교 윤리는 의무론적인 성격이 강하기는 하지만 의무론적인 동시에 목적론적이기도 하다. 목적론적 윤리로서의 모습은 천국에서의 영원한 축복(어거스틴)이나 최대다수의 최대행복을 원하시는 하나님의 뜻(패레이) 등에서 나타난다. 의무론적 윤리로서의 모습은 하나님의 뜻 혹은 양심, 선에 대한 순종에서 나타난다. 선은 하나님께서 그것을 명령하셨든지 원하셨든지 함에 의하여 선이 된다(오캄, 둔스 스코투스, 데카르트, 키에르케골, 브룬너 등). 최근의 윤리설로서 브로드(C. D.

Broad)는 의무론적 윤리와 목적론적 윤리를 조화시키려고 시도하였다. 그는 주어진 상황에서의 행위의 옳고 그름이란 그 행위의 적절성과 유용성에 의한 것이라고 보았다.

6. 사랑의 윤리, 유대-기독교의 아가페 윤리

"네 마음을 다하고 목숨을 다하고 뜻을 다하여 주 너의 하나님을 사랑하라 하셨으니 이것이 크고 첫째 되는 계명이요, 둘째는 그와 같으니 네 이웃을 네 몸과 같이 사랑하라"(마 22: 37~39).

전통적인 아가페윤리는 하나님과 이웃에 대한 사랑을 강조한다. 하나님을 사랑하는 것은 그의 계명에 순종하는 것을 의미하며, 이웃을 사랑하는 것은 하나님의 계명에 대한 순종을 실천하는 것이다. 그러나 이같은 윤리는 이차적인 아가페 윤리이다. 왜냐하면 이 윤리는 하나님이 명령하셨기 때문에 혹은 하나님이 우리를 사랑하시고 우리는 그를 순종하고 본받아야 하기 때문에 우리도 하나님과 이웃을 사랑해야 한다고 주장하고 있기 때문이다. 만약 우리가 무엇을 해야 한다는 것이 근본적인 것이라면 이상의 것은 의무론적인 아가페 윤리이거나 아니면 단순히 행위의무설에 불과한 것이 될 뿐이다.

토마스 학파의 자연법 윤리는 사랑의 윤리에서 직접적으로 나온 것이 아니다. 그러므로 순수한 아가페 윤리라고 할 수 없다.

복음주의 아가페윤리는 내주하시는 그리스도를 강조한다. 내주하시는 그리스도를 통하여 초자연적인 사랑의 행위가 가능해진다는 것이다. 이 초자연적인 사랑은 성경의 명령인 아가페를 언제나 만족시킨다. 그러나 그리스도를 자기 안에 모시고 있지 않은 사람들에게도 도덕법이 있으니 곧 그들의 심령에 새겨져 있는 것이다. 마음에 새겨져 있는 도덕법이 선과 악을 구분한다(롬 2: 14~15).

비전통적인 아가페윤리(상황윤리)에서는 세속화 신학에서와 같이 하나님 사랑을 이웃 사랑과 동일시한다. 여기에서 행위 의무론이나 상황윤리(실존주의적 윤리), 플레처, 구스탑슨, 틸리히, 레만 혹은 이웃의 최대유익을 추구하는 일종의 공리주의가 나오게 된다. "그리스도를 위한다"는 말은 곧 "이웃을 위한다"는 말로 해석되고 하나님을 위하여 무엇인가를 할 필요는 없다. 이러한 경우에 있어서 사랑의 법은 박애의 원리에 가까운 것이다. 박애의 원리 자체가 되어버린다.

순수한 아가페윤리 즉 사랑만이 도덕에서 절대적인 것이라는 윤리는 다음과 같이 이해될 수 있다.

(1) 행위 아가페윤리: 모든 구체적인 상황에서 가장 애정이 담긴 행동을 취해야 한다. 즉 규범보다는 사랑이 의무를 결정하도록 해야 한다(상황주의, 종교적 실존주의, 도덕률 폐기론).

(2) 규범 아가페윤리: 가장 많이 사랑을 산출하고, 사랑을 구체화할 수 있는 규범을 따라야 한다.

비전통적인 아가페윤리설 즉 상황윤리설에 대한 비판은 다음과 같다. 상황윤리설에 있어서 사랑 자체가 사람이 어떤 행위를 해야 할지, 어떤 규범을 따라야 할지를 알 수 있는 방도를 제시하여 주지 않는다는 것이다. 그러므로 이웃을 사랑하라는 명령은 어떻게 수행해야 할지 명확하지가 않은 것이다. 특히 철학적인 원리 뿐 아니라 신의 조명이나 계시를 배제한 상태에서는 더욱 그러하다.

Ⅳ. 도덕의 정당화

1. 윤리학적 이기주의

사람은 언제나 자신의 유익을 추구해야 하며 자기의 유익에 관계가 없다면 다른 사람들의 유익은 무시해야 한다. 추구되어야 할 유익은 다음과 같다.

① 개인의 쾌락이나 행복의 극대화 — 이기적인 쾌락주의(에피쿠로스).
② 일반의 쾌락이나 행복의 극대화 — 보편적인 쾌락주의 혹은 쾌락주의적 공리주의(벤담, 밀, 혹은 플라톤이 혼합된 삶이라고 부른 것 — 지식, 쾌락, 다른 선한 것들)로 플라톤은 도덕이 유익을 가져온다고 보았다. "도덕적인(공정한) 사람은 언제나 행복한 사람이다."

이 외에도 윤리적 이기주의자로는 프로타고라스, 희랍 소피스트들, 아리스토텔레스("모든 사람은 각자

자기 자신이 가장 좋은 친구이다."), 스피노자, 홉스 등이 있다. 홉스는 심리적 이기주의자이기도 하다.

2. 심리학적 이기주의

이것은 마치 과학적인 것처럼 보이는 이론으로서 어떤 사람이든지 자신에게 가장 유익이 된다고 믿는 것에 반대해서 행동하는 것은 불가능하다고 주장한다. 만약 심리적 이기주의가 진실이라면 윤리적 이기주의는 윤리이론으로서 무의미하게 된다. 왜냐하면 누구나 자기에게 가장 유익이 된다고 믿는 것을 불가피하게 행하게 되기 때문이다.

3. 왜 도덕적이어야 하는가?

이 질문은 무엇이 도덕적인 행위를 하도록 자극을 주는가를 묻는 것이 아니라 도덕적인 행위를 정당화할 수 있는 근거를 묻는 것이다. 다음과 같은 것들이 대표적인 답변들이다.

(1) 도덕적인 삶은 개인에게 유익하다(플라톤).
(2) 도덕적인 삶은 공공의 유익을 가져온다. 도덕적으로 행동한다는 것의 의미는 이러하다. "모든 사람들이 같은 유익을 얻기 위해서 모든 사람들이 이기적인 추구를 버려야 할 때 이기적 추구를 억제하도록 만들어진 규범을 따르는 것이다."(바이어, Baier).
(3) 도덕이란 하나님의 뜻에 일치하는 것이다. 사람은 하나님의 뜻에 복종해야 하는데 그 이유는 다음 중 하나이다.
① 복종하는 것이 자신에게 유익이 되기 때문이다─벌을 면하려는 이유 따위(이기주의).
② 하나님을 사랑하고 하나님의 완전하신 사랑의 도구로 쓰이기를 원하기 때문이다(아가페적 윤리).
③ 하나님은 최고 통치자이므로 복종을 받으실 권리가 있기 때문이다(권위주의).
(4) 도덕적인 삶이 옳기 때문이다. 만약 어떤 행위가 옳다는 것을 내가 인식했다면 나는 그 행위를 할 이유 즉 정당성을 가진다. 의무를 인식하게 되는 것은 그것을 수행할 이유도 인식하게 된 것을 의미한다. "왜 이 행위를 하는가?"라는 질문에 대하여 "그것이 옳기 때문이다"라고 답한다. 도덕적인 삶의 이유를 이기심을 가지고 설명하는 것은 이기심에 반대되는 행위에 대하여 답을 주지 못한다. 그러므로 오직 도덕적인 이유만이 때로 이기심에 반대되기도 하는 도덕적인 삶을 정당화한다(49페이지 칸트 도덕적인 관점에 대하여 볼 것).

V. 메타윤리학, 윤리학에 대한 분석이론

여기서는 도덕과 관련된 용어나 주장의 본질에 대한 이론들을 개관하려 한다. 예를 들면 무어는 '선'이란 선한 사물에 있는 비경험적이고 정의할 수 없는 어떤 성질의 이름이라고 보았고, 스티븐슨은 도덕적 진술들이 찬성하는 바의 표현인 동시에 태도나 행위에 영향을 주려는 시도라고 생각했다. 메타윤리학은 도덕적 진술이나 도덕판단에 대한 연구로서, 일반 윤리학과 대조가 된다. 일반윤리학은 옳음과 그름, 선과 악에 대한 연구로서 어떻게 행동해야 하는지를 다루는 학문이다. 메타윤리학은 도덕적 언어의 사용에 대하여 관심을 기울이고 있으며 실질적인 규범을 제시하려는 것이 아니라 분석적으로 기술하려는 것이다.

1. 윤리인식 긍정론과 부정론

메타윤리학은 크게 두 종류로 나누어진다.

(1) 윤리인식 긍정론─윤리적인 용어들이 내용을 담고 있다고 보는 입장
(2) 윤리인식 부정론─윤리적인 용어가 인식적인 내용을 담고 있다는 것을 부인하거나 윤리적인 용어가 주로 인식적인 내용을 전달하는 것임을 부인하는 입장

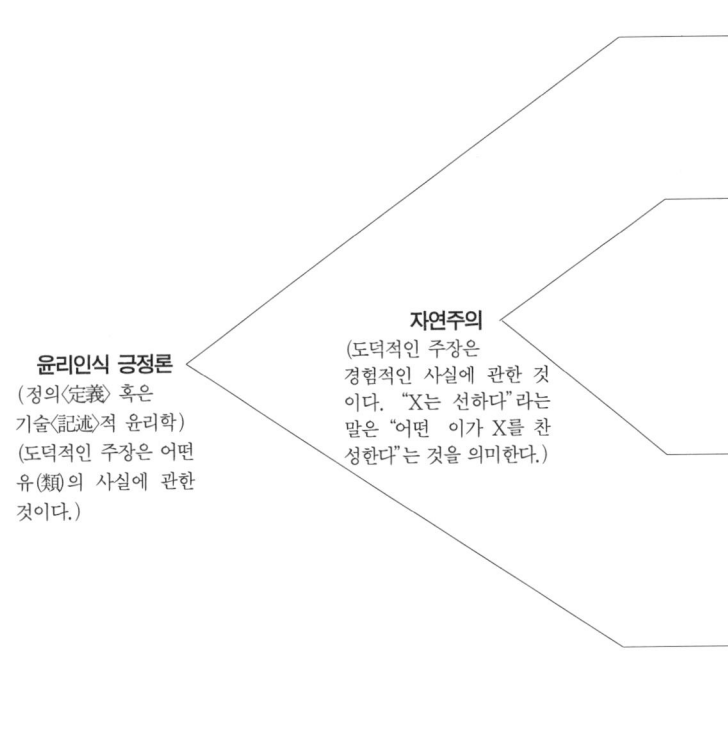

- **초자연주의**(패레이, 차트 19)
  (도덕적인 주장은 형이상학적인 사실에 관한 것이다. "X가 선하다"는 것은 "신이 X를 원하신다"라는 것을 의미한다.)

- **주관주의**(페리, 차트 19)
  (도덕적인 주장은 상충되는 이해에 관한 것이다.) ("X가 선하다"라는 말은 "X는 어떤 사람이 선호하는 대상이다"라는 의미를 가진다.)

- **자연주의**
  (도덕적인 주장은 경험적인 사실에 관한 것이다. "X는 선하다"라는 말은 "어떤 이가 X를 찬성한다"는 것을 의미한다.)

- **도구주의**(듀이, 차트 18)
  (실험주의, 콘텍스트 이론, 실용주의, 객관적 상대주의)
  (도덕적인 주장은 인간의 이해에 있어서의 만족에 관련된 것이다. "X는 선하다"라는 말은 "X는 어떤 욕구하는 바를 얻는 데 수단이 된다"라는 의미이다.)

- **비자연주의**(무어, 차트 21)
  (객관주의, 직관주의)
  (도덕적인 주장은 도덕적인 사실에 관한 것이다. "X는 선하다"라는 말은 "X는 도덕적이면서 비경험적인 선의 객관적인 속성을 가지고 있다"라는 뜻이다.)

윤리인식 긍정론
(정의〈定義〉혹은 기술〈記述〉적 윤리학)
(도덕적인 주장은 어떤 유〈類〉의 사실에 관한 것이다.)

- **정서주의**(에이어, 차트 19)
  (도덕적인 주장은 기본적으로 태도의 표명이다. "X는 선하다"라는 말은 정서적으로 "그럼요!"라는 의미와 같다.)

- **명령주의** (스티븐슨, 차트 19)
  (도덕적인 주장은 기본적으로 태도에 영향을 준다. "X는 선하다"라는 말은 "나는 X를 찬성한다. 그러므로 그렇게 행동하라"라는 의미이다.)

- **처방주의** (헤어, 차트 19)
  (도덕적인 주장은 기본적으로 행위를 지도하기 위한 것이다. "X는 선하다"라는 말은 "나는 X를 추구한다"라는 의미이다.)

- **타당한 이유 이론들**(툴민, 바이어, 바르녹)
  (도덕적인 주장은 도덕적인 평가와 필연적으로 관련된 사실과 관계가 있다. "X는 선하다"라는 말은 "우리는 X를 찬성하는 타당한 이유들을 가지고 있다. 즉 우리는 X가 인간의 복지를 증진시킨다고 믿을 타당한 이유를 가지고 있다"라는 의미이다.)

윤리인식 부정론
(비기술 이론, 실증주의, 역동이론)

2. 자연주의적 오류 논증

자연주의적 오류란 무어가 자신의 메타윤리 이론을 전개하면서 사용한 명칭으로서 윤리적인 것(비자연주의적인 것)을 비윤리적인(자연주의적인) 용어로 규정하는 것을 가리킨다. 예를 들면 선을 쾌락(자연주의 윤리학)이라고 규정한다든지, 선을 신이 원하시는 것(형이상학적 윤리학)이라고 규정하는 것은 자연론적 오류이다(5장, 무어를 볼 것). 일반적으로 자연론적 오류 논증은 모든 비직관주의 윤리에 대해 비판하는 직관주의 윤리학자들의 무기로 사용되고 있다. 직관주의 윤리학자들에 의하면, 비직관주의 윤리학자들은 전체의 부분에 있어서 참인 것(예를 들면 a+b+c⟨비윤리적인 속성들⟩ + 선⟨윤리적인 속성⟩)을 그것이 한 부분으로 있는 전체에 돌리고 있다(예를 들면 a+b+c=선).

무어는 오픈 퀘스천 테스트(Open-Question Test)를 사용하고 있다. "이것은 나에게 쾌락을 준다. 이것은 선한 것인가?"라는 질문이 "이것은 나에게 쾌락을 준다. 이것은 쾌락인가?"라는 질문으로 대치될 수 없다는 것이다. 자연론적 오류 논증에 호소하는 이들은 '존재'로부터 '당위'가 도출될 수 없다고 전제한다(흄으로부터). 윤리인식 부정론자들이나 정서주의 메타윤리학자들은 무어가 규정한 자연론적 오류논증에 동의하지만 그 이유는 다른 데 있다. 그들이 윤리적 용어는 비윤리적 용어로 정의될 수 없다고 보는 이유는 윤리적 용어가 아무것도 지시하는 것이 없다고 보기 때문이다. 윤리적 용어는 무엇을 가리키기 위한 것이라기보다는(53페이지 윤리인식 부정론을 볼 것) 설득하기 위한 것이라고 본다. 그러므로 직관주의(무어)와 윤리인식 부정론 즉 정서주의(에이어)는 모두 비정의(非定義)적 이론들이다. 이에 반해 자연주의(J. S. 밀)와 형이상학(플라톤)은 정의적 이론이다.

자연론적 오류 논증에 대해 반대하는 이들(페리와 프랑케나)은 자연론적 오류는 만일 암묵적인 전제가 덧붙혀진다면 논리적인 오류라고 볼 수 없다고 주장한다. 그러한 예는 심리적인 쾌락주의(실제상 모든 사람들이 쾌락을 추구한다는 주장)로부터 윤리적인 쾌락주의(사람은 쾌락을 추구해야 한다. 즉 쾌락은 본래적으로 선하다는 주장)를 추론하는 에피쿠로스의 논리에서 나타난다(프랑케나).

① 모든 사람들이 쾌락을 추구한다(사실).
② 모든 사람들이 추구하는 것은 선이다(정의에 의해).
③ 그러므로 쾌락은 선이다(당위가 도출됨).

그러므로 프랑케나는 무어가 증명하려는 것을 이미 전제함으로써 문제를 회피하였다고 주장한다. 즉 선은 정의할 수 없는 것이라고 무어는 전제했었다. 프랑케나에 따르면 "자연적인 오류가 오류인 것은 그것이 자연주의적이기 때문이거나 비자연적인 성질을 자연적인 성질과 혼동했기 때문이 아니라 단지 정의론자의 오류를 포함하고 있기 때문이다. 정의론자의 오류는 두 가지 속성들을 동일시하거나 혼동한 것, 하나의 속성을 다른 하나의 속성으로 정의하거나 대치하려고 한 것이다. 그 오류는 언제나 단지 두 가지 속성이 하나인 것처럼 취급되고 있는 데 있다. … 그것은 부당하다. 즉 오류는 그들 중의 하나는 자연적이거나 비자연적이고 나머지는 비자연적이거나 자연적이라고 보는 데 있다."

무어가 주장하는 자연적인 오류 논증 즉 "선은 비자연적 속성이다"고 주장하는 이론을 반대하는 이들은 다음과 같이 주장한다. 어떤 것이 즐겁고도(비윤리적) 좋다(good, 윤리적)고 말하는 것은 사실 같은 것을 말하는 것이지 다른 두 가지를 칭하는 것이 아니다. 그러므로 정의론자의 오류는 존재하지 않는다. 사람들은 '즐겁다'와 '좋다'(good)를 동일한 것을 가리키는 데 사용할 수 있다. 더욱이 "만일 무어의 모토(정의론자의 오류)가 선에 대한 모든 정의를 배격한다면, 그것은 모든 용어에 대해서 정의를 배격하는 것이다"(프랑케나).

정의론자(즉 자연주의자나 형이상학자)의 윤리는 윤리용어를 포함하고 있는 어떤 명제들이 분석적(정의에 의해서 참이 되는)이라고 주장한다. "욕망의 모든 대상들은 선하다"(페리)는 주장에서 나타나는 바와 같이 직관주의 윤리학자들은 윤리적 명제가 종합적(어떤 유⟨類⟩의 사실에 대하여 내용있는 정보를 제공해주는)인 것이라고 주장한다. 직관주의 윤리학자들은 윤리적 용어가 사용될 때 독특성을 가지고 있는 윤리적 속성이 직관되고 있는 것이라고 주장한다 (a+b+c+ 선).

한편 정의론자들은 그러한 직관을 인정하지 않으며 '선'이나 '옳음' 따위의 윤리적 용어들은 비윤리적인 속성들을 지칭하고 있다고 주장한다. 예를 들어 x가 좋은 학생이라고 말하는 것은 특별한 종류의 성질들을 지칭하는 것이다. 즉 활발한 관심을 가지고 있으며, 출석을 잘하고, 협동심이 있으며, 이해력이 좋고 …등등. 이러한 것들 외에 다른 무엇을 가리키는 것이 아니라는 것이다.

Ⅵ. 윤리학적 상대주의

윤리이론에서의 상대주의는 보편적인 도덕기준의 존재를 부인하는 것이다. 이와 같은 입장에서는 예컨대, 절대 보편적인 선이 존재한다는 플라톤의 주장을 거부할 것이다.

1. 사회학적 상대주의

사회학적 혹은 문화적 상대주의는 현실적으로 다른 문화 집단 간에는 서로 다른 도덕적 신념을 가지고 있다고 주장한다. 한 문화권에서 옳다고 생각되어지는 것이 다른 문화권에서도 반드시 옳은 것으로 인정되지는 않는다는 것이다.

2. 윤리학적 상대주의

윤리적 상대주의는 모든 도덕적 신념들이 다 옳다고 주장한다. 옳고 그름에 대한 보편적이고 절대적인 기준은 존재하지 않는다. 한 문화권에서 옳다고 생각되어지는 것은(예를 들면 친절 따위) 옳은 것이지만 다른 문화권에서도 옳은 것이 될 필요는 없다. "그것이 무엇이든간에 현재 있는 것이 옳은 것이다."

3. 메타윤리학적 상대주의

메타윤리학적 상대주의는 도덕적인 불일치가 있을 때 두 입장 모두 옳을 수 있다고 주장한다. 그 예는 다음과 같다.

(1) "X는 옳다"라는 말은 "내가 생각하는 그것은 옳다"라는 것을 의미한다(반론: "내가 생각하는 그것은 옳다" = "내가 생각하는 그것은 내가 생각하는 그것"이 되고 만다).

(2) "X는 옳다"라는 말은 "내가 찬성하는 것"을 의미한다(반론: 이렇게 되면 서로 맞서는 도덕판단이 존재할 수 없게 된다. 왜냐하면 만약 한 사람은 찬성하고 다른 사람이 반대할 때 어느 누구도 상대방의 말을 부인하는 것이 아니기 때문이다. 그들은 동일한 것을 지칭하고 있는 것이 아니기 때문이다).

(3) 너에게는 "X가 옳다"라는 것이 사실이다. 그러나 나에게는 "X가 그르다"라는 말이 사실이다(반론: 진술은 참이거나 거짓이다. 위의 진술은 "너는 딸기를 좋아한다는 것이 참이지만 나는 그것을 좋아하지 않는다는 것이 참이다"라는 진술과 같은 것으로 생각함으로써 혼동이 생겨났다).

4. 방법론적 상대주의

방법론적 상대주의는 도덕에 관한 논란을 해결할 수 있는 합리적인 방법이 존재하지 않는다고 주장한다. 윤리학에서는 어떤 것도 증명될 수 없다고 본다. 어떤 사실이나 일단의 사실들은 그 자체 안에 특정한 도덕판단을 함축하고 있지 않다.

Ⅶ. 자유와 책임

"도덕의 원리와 의지의 자유는 도덕철학이 다루어야 할 가장 중요한 두 가지 주제이다"(캐스텔, castell). 만일 도덕판단에서 판단의 기준을 빠뜨린다면 사람들이 어떤 행위를 해야 할지를 연구한다는 것은 공허한 것이 된다. 한편 만약 사람들이 자신의 행위를 스스로 선택할 수 없다면 판단의 기준을 세우기 위해 노력한다는 것은 무의미하게 된다. 선택의 능력이 없다면 책임을 누구에게도 돌릴 수 없게 되고 칭찬이나 비난도 정당화되지 못한다. 왜냐하면 책임, 칭찬, 비난 등은 행동의 선택 가능성을 전제로 하기 때문이다. 그것들은 행동의 선택에 대해서 뿐만 아니라 도덕판단을 제시하는 데 있어서도 사용되고 있다. "그는 그것을 할 수 있다", "그는 그것을 자발적으로 했다", "그에게 책임이 있다"와 같이 일상생활에서 사용되는 도덕판단은 그것이 사용되는 구체적인 상황으로부터 나온

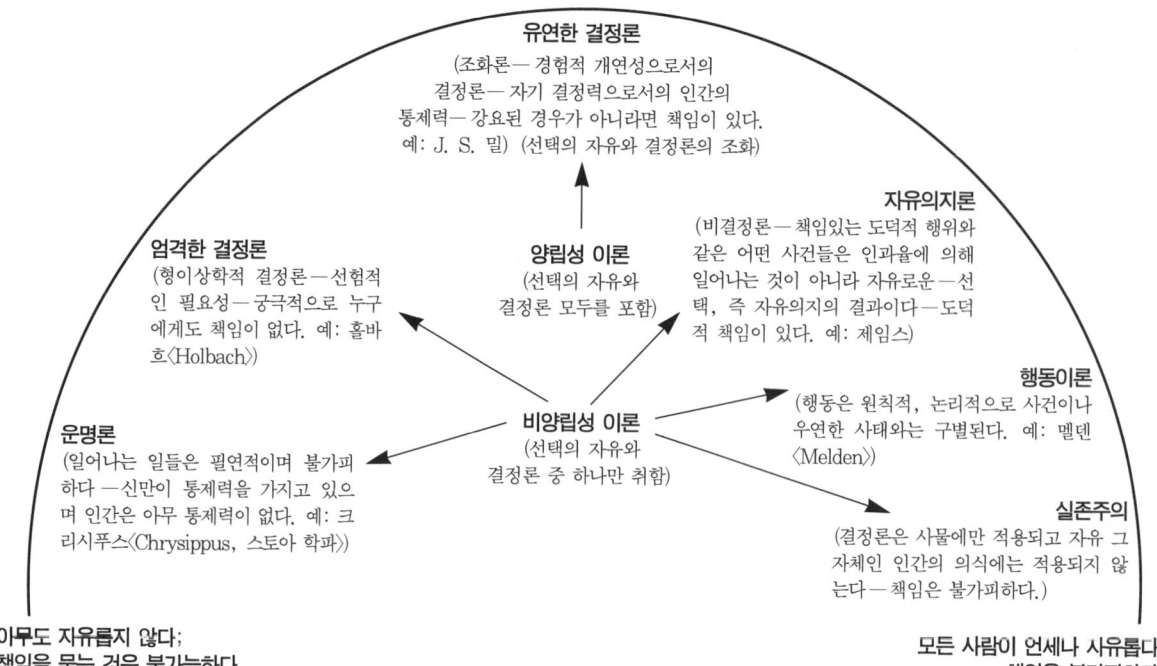

것이기 때문에 그 상황 안에서만 그것이 독특한 의미를 드러낸다. 그것들은 일상적인 도덕언어로 기능한다. 문제가 되는 것은 그 기능을 분석하고 설명하는 것이다. 예를 들면 아리스토텔레스는 어떤 사람이 무지나 혹은 강요당함에 의해 한 것이 아닌 한 자신의 행동에 대하여 책임이 있다는 것을 지적했다.

1. 메타윤리학의 과제와 형이상학의 과제

메타윤리학의 (논리적) 과제는 어떤 행위나 결정에 있어서 그것이 자유에 의한 것(자발적인 것)이냐 혹은 결정된 것(원인에 의해)이냐에 책임이 있다. 혹은 불가피했다(강요된 것)라는 등의 말이 무엇을 의미하는지를 다루는 것이다. 예를 들면 "결정되었다(원인에 의해)는 말은 강요되었다는 말을 필연적으로 혹은 단순히 의미하는 것이 아니다"라는 식의 설명은 메타윤리학적인 설명이다. 형이상학의 (실제적인) 과제는 "모든 것이 동일한 조건일 때 사람은 그가 행하던 것과는 다른 행위를 취할 수 있는가?" "선택의 능력은 진실로 존재하는가?", "선택, 결정, 행위와 같은 것은 다른 모든 물리적인 사건과 마찬가지로 원인에 의해 촉발된 것인가?", "칭찬이나 비난은 정당화될 수 있는가?"라는 따위의 문제를 다룬다.

2. 결정론

결정론의 내용은 다음과 같다.

(1) 일어나는 모든 일은 원인을 가지고 있다.

(2) 우주 속의 모든 사건들에 있어서 그 사건이 일어나게 되는 일단의 조건들이 있다. 만일 그 조건들이 다시 갖추어지게 되면 그 사건은 다시 발생하게 된다.

(3) 모든 일들(사건, 상태 등)은 대체로 말해서 다음과 같은 의미에서 법칙적이다. 즉 어떤 사건 d와 어떤 법칙("d가 일어나면 반드시 e가 발생한다")이 결합하면 사건 e가 발생한다.

3. 운명론

운명론(예를 들면, 스토아학파)은 사건들이 우주적인 목적이나 계획 혹은 의지에 의해서 미리 예정된 것이라고 믿는다.

(1) 이미 예정된 것은 어쨌든 일어나고야 만다.
(2) 인간의 통제력은 자신의 태도에 제한되어 있다. 예컨대 신의 뜻을 받아들이는 따위.
(3) 어떤 일도 우연히 일어나지 않는다.

4. 엄격한 결정론

엄격한(형이상학적) 결정론(홀바흐, 스피노자, 다로우〈Darrow〉)은 다음과 같이 주장한다.

(1) 인과법칙은 세계에 있어서의 필연적이고 선험적인 진리이다.
(2) 상당한 이유없이는 어떤 일도 발생하지 않는다.
(3) 세계는 기계와 같은 구조로 되어 있다.
(4) 도덕적 선택은 성격보다는 더 일찍, 성격과 무관하게 있는 원인에 의하여 일어난다. 비인간적인 조건들을 바꾸려는 선택조차도 이미 이전에 있었던 조건들에 의해 이미 결정된 것이다.
(5) 비양립성 이론이 옳다—결정론이나 비결정론 중 하나만이 인정된다(둘다 인정되지 않는다). 그런데 결정론이 옳다고 보기 때문에 결국 어떤 행위도 불가피한 것이 된다. 그러므로 책임은 성격이나 자유의지에 관련된 것이라기보다는 운명에 관련된 것이다.

5. 유연한 결정론

유연한 결정론(조화론: 흄, 밀, 무어, 노웰 스미스〈Nowell-Smith〉, 쉴릭〈Schlick〉, 에이어, 후크〈Hook〉)은 다음과 같이 주장한다.

(1) 인과법칙은 기술적인 것이며 따라서 세계에 관한 경험의 일반화로서 과학적 탐구에 유용한 가정일 뿐이다. 인과법칙은 선험적이거나 반드시 따라야 할 규정이 아니다.
(2) 비록 강제가 일종의 인과법칙적 원인이지만 인과법칙은 강제가 아니다.
(3) 문제가 되는 것은 도덕적 선택이 인과법칙적 원인에 의해 일어나는가의 여부가 아니라 그것이 어떤 방식으로 일어나는가에 있다.
(4) 자유로운 선택과 행동은 자아 혹은 자신의 인격이 관심이나 목표를 가지고 의식적으로 선택한 강요되지 않은 선택이나 행동이다.

(5) 결정론이 성립되지 않으면 자기결정론, 즉 자유도 성립될 수 없다(양립성 이론).
(6) 책임은 의식적인 자기결정이나 개인의 통제력의 정도에 관련되어 있다.
(7) 하지 않을 수 있었던 일은 자유로운 행위이며 불가피했던(예컨대, 우연한) 행위는 자유로운 행위가 아니다.
(8) 엄격한 결정론과는 달리, 도덕적 선택은 미리 이루어지는 것이 아니라 인격에 의해 이후에 이루어진다.
(9) 책임은 행위자가 어떤 유(類)의 사람인가가 결정된 상태에서 그가 선택한 것에 제한된다. 행위자는 그가 다른 유의 사람이 될 수 있었던 정도 만큼 책임이 있다.
(10) 칭찬이나 비난, 상과 벌은 이것들이 행위자나 그의 행동을 변화시키는 정도만큼에 한해서 정당화된다.
(11) 자유는 행위에 필요한 능력을 가지고 다음 과정에서 어떤 간섭도 받지 않는 것이다.

가능한 욕구들→ 실제의 욕구들→ 결정→ 행위

6. 자유의지론

자유의지론(비결정론: 어거스틴, 토마스 아퀴나스, 데카르트, 칸트, 제임스, 캠벨〈Campbell〉)의 내용은 다음과 같다.

(1) 모든 사건이 인과법칙에 따라 일어나는 것은 아니다. 예를 들면 도덕적 선택의 경우가 그러하다(비결정론).
(2) 자아는 자유의지를 가지고 있는 행위자이다. 자유의지는 이미 있는 성격을 초월하는 것이므로 성격이나 도덕선택에 있어서의 종전의 경향을 거슬러서 행동할 수 있다.
(3) 사람은 다른 선택, 다른 행동을 할 수 있을 때에만 자유로운 것이다. 결정론이 참이라면 이런 일은 불가능하다(비양립성 이론).
(4) 결정론은 법칙에 복종하는 경험적 현상으로서 관찰되는 사람에게만 적용되는 것이지 자아에는 적용되지 않는다.

(5) 의식적인 혹은 이성적인 선택(행위)과 'X에 의해 인과적으로 야기된 것'은 서로 별개의 것이다.

(6) 우연히 선한 경향을 따라 행동하든 혹은 도덕적인 시험에서와 같이 선하지 않은 경향에 거슬러서 행동하든간에 책임은 가능하다.

(7) 자유의지는 책임이 성립하기 위한 필요조건이다.

7. 행동이론

행동이론(멜덴〈Melden〉) 테일러〈P. Taylor〉, 맥킨타이어〈MacIntyre〉)은 다음과 같이 요약될 수 있다.

(1) 행동 즉 의도적으로 행한 것과 우연히 일어난 것 사이에는 논리적인 구분이 있다. 행동은 원칙적으로 우연한 사건과는 다른 것이다.

(2) 인과법칙적 설명은 사건에 적용되는 것이지 행동으로서의 도덕적 선택에는 적용되지 않는다. 행동은 우연히 일어나는 사건을 설명하는 용어를 가지고는 설명할 수 없다. 결정론은 실제석인 이유가 아니라 논리적인 이유로 인해 행동과는 아무 관계가 없다.

(3) 선택하고, 결정하고 또 행동하는 것은 이성에 따라 일을 처리하는 것이지 인과법칙에 의해 되어지는 것이 아니다.

(4) 도덕적 선택을 결정론적 입장에서 설명하는 것은 도덕언어의 일상적인 사용을 해치는 것이다.

(5) 자유의지론은 인과법칙에 따라 야기되지 않은 행동이 실제적으로 존재한다는 것을 주장하는 반면 행동이론은 행동이란 원칙적으로 인과법칙에 따라 일어나는 것이 아님을 선험적으로 주장한다.

8. 실존주의

실존주의(싸르트르, 5장과 차트 3을 볼 것)는 다음과 같이 주장한다.

(1) 의식은 자신이 의식하고 있는 세계를 초월하며 그 세계에 의미를 부여한다. "환경은 주관(인식자)이 환경을 이해하는 한도만큼만 그에게 작용한다. 주관이 환경을 이해한다는 것은 그것을 상황으로 바꾼다는 의미이다. 이 상황 위에 가치(예를 들면 인과법칙)가 부여된다."

(2) 의식이란 무(無)이다. 그러므로 결정된 것 아니고 자유의지이다. 그것은 의도된 행위를 하는 가운데 즉 있는 그대로의 존재(being-in-itself)인 세계에 대하여 예를 들면 인과법칙과 같이 어떤 의미를 부여하는 행위를 하는 가운데 생겨난다. "행위는 자유의 표현이다", "행위한다는 것은…세계를 변화시키는 것이다."

(3) 도덕적 결정은 구체적인 상황 속에서 예술가의 창조적인 결정과 흡사하다. 도덕적 결정에 있어서는 자유가 행사된다. 이로써 인간은 독립적인 존재(being-for-itself)가 된다. "자유를 거부하는 것은 사람이 자신을 그저 있는 그대로의 존재(being-in-itself)로 이해하려는 시도로밖에는 생각될 수 없다. …인간의 실존이란 그의 자유가 위기에 처해있는 존재로 정의될 수 있다. 왜냐하면 인간 실존은 끊임없이 자신의 자유를 부인하려고 애쓰기 때문이다."

(4) 책임은 절대적인 것이다. 인간은 변명할 여지가 없다.

9. 면제상황

면제상황(Excusing Conditions)이란 "그는 그렇게 하지 않을 수 없었다"와 같이 비난에서 면제될 수 있는 상황을 말한다. 구체적으로 면제상황은 다음과 같다.

(1) 불가피한 사정에 의해 무지했을 때

(2) 자신의 통제력을 넘어선 강요가 있었을 때, 이 강요에는 충분한 이유에 의한 요청도 포함된다. 예를 들면 "그가 나를 쏘도록 할 수도 있었다. 그러나 나의 생명을 보호하는 것이 내가 그에게 묵묵히 따를 수밖에 없었던 충분한 이유가 된다."

(3) 비록 실패했지만 옳은 것을 시도했을 때 예를 들면 "그는 옳은 것을 하려고 노력했지만 실패했다."

피할 수 있었던 무지나, 충분한 이유가 되지 못할 때나, 시도조차 하지 않은 경우 등은 면제 상황이 되지 못한다는 것을 주의해야 한다.

10. 시도

시도(Trying)란 필요한 노력을 기울이는 것을 말한다. 자유와 책임에 관한 어떤 개념들은 시도와 관련해서 설명되어진다. 예를 들면 "그는 자유로왔다 (즉 책임이 있다)." = "그는 만약 하려고만 했으면 x를 할 수 있었다." 혹은 "그는 x를 할 수 있다."="만약 하려고만 한다면 그는 x를 할 수 있다."

그러나 '시도' 자체는 '선택', '결정', '행위'와 마찬가지로 인과법칙에 따라 야기된 것인가?(결정론) 아니면 인과법칙에 따라 야기된 것이 아닌 다른 어떤 것인가? "우리가 체험하는 바 의지의 노력이라는 것은 다른 어떤 것으로도 분석될 수 없고, 그 자체 그대로일 뿐인 독특한 현상이다"(캠벨) (자유의지론, 행동이론, 실존주의). 시도란 것은 결정론이 참일 경우엔 존재하지도 않을 어떤 것을 가리키는 말이 아니다. 오히려 그 말은 유연한 결정론에서 자유라는 말이 의미하는 것과 같은 것이다. 왜냐하면 예를 들어 시도란 것은 어떤 사람이 자신이 하고 있는 일을 하기 위해 하는 어떤 것을 지칭하기 때문이다.

Ⅷ. 예술 이론

예술에 관한 이론적 연구를 미학(aesthetics: 희랍어 아에스테티코스, aesthetikos: 지각있는)이라고 한다. 미학은 미의 본질과 규범적이고 기술(記述)적인 의미에서 예술에 관하여 체계적으로 연구한다. 근래의 추세는 미와 예술을 구분하는 경향이 있다. 이것은 미의 본질과 미를 표현하는 예술의 역할에 관한 견해에 변화가 생겼기 때문이다. 예를 들면 예술이란 아름다운 것 뿐 아니라 추한 것도 표현하는 것으로 이해될 수 있기 때문이다. 예술은 다양한 용어로써 정의될 수 있다. 이 용어들은 서로 배타적인 것이 아니며 다양한 관점들을 보여주고 있다. 예술에 대한 다양한 정의들은 다음과 같다.

1. 예술은 모방이다

(플라톤, 아리스토텔레스, 레오나르도다빈치, 칸트 등) 플라톤에 있어서 예술은 현상의 모방이다. 따라서 예술은 실재의 이차 모방이다(5장, 플라톤을 볼 것). 아리스토텔레스는 이 견해를 수정해서 다음과 같이 주장하였다. 즉 예술가는 현상 즉 구체적인 사물의 관념 혹은 실재 즉 형상을 재현하려고 노력하는 것이다.

2. 예술은 쾌락이다

(산타야나) "미는 쾌락으로서 사물의 속성으로 여겨진다." 미란 주관적인 것이지만 삶의 궁극적인 선으로서 본래적인 가치를 지니고 있다. 미는 사물 자체의 속성으로 객관화되는 경향이 있다.

3. 예술은 놀이이다

(칸트, 쉴러, 스펜서, 랑게〈Lange〉, 그루스〈Groos〉등) 예술이란 인간의 넘쳐나는 정력을 창조적으로 표현한 것이라고 이해된다. 놀이는 어린이들의 예술이며, 예술은 어른들의 놀이이다.

4. 예술은 도피이다

(랑게, 쇼펜하우어, 니체, 파이힝거 등) 랑게에 의하면 인간은 예술을 통하여 일상적인 염려의 세계로부터 이상의 세계로 도피한다. 즉 예술은 아편과 같은 기능을 한다. 쇼펜하우어에 있어서 예술 —특히 음악—은 현실의 근저에 있는 불합리한 우주의지의 속박으로부터 도피하는 수단이다(5장, 쇼펜하우어를 볼 것).

5. 예술은 통찰이다

(플라톤, 쇼펜하우어, 크로체〈Croce〉, 알렉산더 등) 이 견해는 예술을 실재(reality)를 통찰하는 수단으로 본다. 쇼펜하우어는 예술이란 이데아를 통찰하는 것이라고 보았다. 불합리한 우주의지는 이 이데아를 통해서 자신을 세계로 구체화한다. 쇼펜하우어에 의하면 음악은 의지자체의 본질을 간접적으로 통찰할 수 있게 하는 것이다. 크로체의 경우에는 예술은 정신의 실재를 직관하는 것이면서 동시에 그 실재의 표현이기도 하다.

6. 예술은 감정이입이다(Empathy)

(티취너〈Titchener〉, 로체〈Lotze〉, 립스〈Lipps〉 등) 심리학자 E. B. 티취너는 심리학적 용어인 '감정이입'을 예술에 대하여 적용시켰다. 립스는 '아인퓔룽(Einfühlung: 독어로 '감정이입'을 의미, 문자적으로는 "파고들어가서 느낀다"라는 의미가 있음)이라

는 용어를 사용했다. 이러한 견해에 따르면 예술이란 어떤 대상이나 행위에 대한 체험을 어떤 "공상적인 태도"나 "마음을 불러 일으킴"을 통해 재현하고자 하는 시도이다.

7. 예술은 체험의 질이다

(듀이『체험으로서의 예술』1934, 히른〈Hirn〉등) 듀이에 따르면 예술은 "일상적인 경험 가운데 발견되는 어떤 느낌들을 이상화하는 것"이 되어야 한다고 한다. 그것은 매일매일의 평범한 삶의 어떤 경험들을 조명하여 두드러져 보이게 하는 것이다. 히른에게 있어서 예술이란 또한 개인이 체험한 최상의 것들을 사회적으로 함께 나누는 것이다. 예술은 사회가치를 고무시키는 역할을 하며 그 가운데 "사회적 공명을 추구"하는 중요한 요소를 포함하고 있다.

8. 예술은 정서의 나눔이다

(톨스토이『예술이란 무엇인가』맥마흔〈McMahon〉, 두카스〈Ducasse〉등) 두카스는 예술을 "느낌, 기분, 감정, 정서적인 태도의 언어"라고 묘사한다. 이것은 "우리가 사실을 표현할 때 쓰는 주장하는 언어"와는 구별되는 것이다. 톨스토이 역시 예술이란 정서를 나누는 수단이라고 믿었다. 그리고 또 예술에는 도덕적인 기능이 있다고 보았다. 즉 예술은 사람들을 하나로 연합시킬 수 있는 사랑과 이해를 전달해야 한다는 것이다. 그에게 있어서 "예술이란 우리가 체험한 정서를 다른 사람들에게 전달하는 인간적인 활동이다."

9. 예술은 표현이다

(톨스토이, 크로체, 산타야나, 파커 등) 파커는 예술이란 소원하는 바를 상상력에 따라 표현하는 것이라고 본다. 크로체는 예술에 상당히 높은 지위를 부여했는데 그는 예술이 실재(정신)의 생명을 표현한다고 생각했기 때문이다. 톨스토이에게 있어서 예술이란 정서를 나누는 것일 뿐만 아니라 그것을 표현하는 것이다. 예술작품이 얼마나 유효한가를 측정하는 기준은 그것이 다른 사람들에게 작가의 정서와 비슷한 정서를 어느 정도 불러일으키는가 혹은 나누는가 하는 데 있다.

Ⅸ. 종교철학

가치의 문제는 윤리적 가치나 미적 가치 뿐 아니라 종교적인 가치도 포함한다. 어떤 사람들은 가치란 근본적으로 종교적인 근원을 가지고 있다고 믿는다. 또 다른 이들은 가치란 종교나 절대적 존재와 아무 필연적인 관계가 없으며 순전히 인간에게만 속한 것이라고 주장한다.

종교철학은 신의 문제 즉 신학적인 문제를 집중적으로 다룬다. 이 문제는 신의 존재나 비존재 그리고 신의 본질에 관한 문제 등을 포함한다. 더 나아가서 신을 인식하는 것에 관한 문제가 있다. 그러한 문제는 다음과 같은 형태로 나타난다. "자연신학은 성립가능한가? 아니면 초자연 신학에서와 같이 신은 계시를 통해 자신을 드러내셔야만 하는가?" 다른 문제들은 신과 세계와의 관계에 관한 것이다. 스피노자의 범신론과 같이(62, 73, 77페이지를 볼 것) 신은 세계와 동일한 것 즉 같은 연장을 가진 것인가 아니면 어거스틴의 초자연주의와 유신론(62, 73, 75페이지를 볼 것)에서와 같이 창조주로서 세계로부터 구별되고 초월하여 존재하는가? 더 나아가서 신은 어거스틴이 믿은 것처럼 전능한 존재인가 아니면 브라이트만(Brightman), 제임스와 같은 미국 철학자들과 플라톤의 생각처럼 제한된 존재인가?(62, 73페이지를 볼 것) 종교철학에 있어서 신의 선하신 일반적 속성에 대하여 연구하면서 혹자는 예컨대 왜 세상에 악이 존재하는가?라는 질문을 할 수 있다. 여기에 대하여 어떤 이들은 악이란 환각일 뿐이라고 대답한다. 그러나 이에 대하여 왜 환각이 사람을 괴롭히도록 허용되고 있는가?라는 반문이 제기될 수 있다. 신의 본질은 절대적 존재(어거스틴), 절대적 인격(브라이트만), 절대적 과정(화이트헤드), 절대적 관념, 이성, 정신(헤겔), 혹은 존재 그 자체(틸리히) 등으로써 검토될 수 있다. 또한 종교언어에 관한 문제가 있다. 종교언어는 내용이 있는 말인가? 도덕적인 언어인가? 상징인가? 혹은 이것들 모두인가? 마지막으로 지적할 수 있는 것은 신의 존재 증명이 종교철학에서 전통적으로 주목을 받아온 문제라는 점이다. 일반적으로 볼 때, 로마 카톨릭의 종교철학(신토마스주의)은 개신교의 종교철학에 비해 신의 존재 증명이 종교철학을 통해 가능함을 더 확신하고 있다. 세속적 종교철학 즉 비종교적인 입장에서의 종교철학(예: 휴머니즘)은 일반적으로 신에 대하여 무지하여 왔으며, 신이 존재한다는 증거나 신이 존재해야 할 필요성을 난호하게 부정하여 왔다(회의론과 무신론).

종교는 특정 종교철학에서 내리는 정의에 따라 다양한 정의들이 있어왔다. 문자적으로 "종교"라는 말은 라틴어 렐리기오(religio)에서 파생되었는데 그 의미는 묶어두지 않으면 흩어지게 될 것들은 "함께 묶는다"는 뜻이다. 대부분의 논자(論者)들은 종교가 개인, 사회의 가치관을 통합시키는 기능과 개인의 인간 실존으로서의 방향을 설정하도록 하는 기능을 가진다는 것에 동의할 것이다. 어떤 이들은 종교가 무지 혹은 원시적인 사고 방식이라고 생각한다.

1. 종교와 신에 관한 대표적인 이론들

1) 종교에 대해 긍정적인 정의들

(1) 오만(유신론): 종교는 경배를 요구하는, 절대적인 가치를 지닌, 보이지 않는 환경에 관련된 것이다.

(2) 틸리히(종교적 실존주의): 종교는 궁극적인 것에 대하여 인간이 궁극적인 관심을 가지고 반응하는 것이다.

(3) 슐라이어마허(자유주의): 종교는 신에 대한 피조물로서의 의존하는 감정이다.

(4) 베브케스(자유주의): 종교란 약한 것을 강하게 하고 좌절된 것을 충족시키고 불완전한 것을 완전케 하는 것이다.

(5) 브라이트만(인격주의): 종교란 궁극적인 가치에 관한 것으로 여겨지는 체험에 대한 관심이다.

(6) 제임스(경험론적 유신론): 종교는 인간 이상의 그 무엇, 실재에 대한 포괄적인 감각에 대하여 반응하는 것이다.

(7) 프롬(신 프로이드학파): 종교는 한 집단 내에서 공유되는 사고와 행위의 체계로서 개인에게 삶의 방향과 틀을 제공하며 숭배의 대상을 제시해 준다.

(8) 말리노브스키(문화인류학): 종교와 신의 개념은 개인이나 집단의 어떤 특별한 기능적인 필요들을 충족시킨다.

(9) 로이스(절대관념론): 종교란 사물의 본성에 대한 신념에 의해 더욱 강화된 도덕 규범에 헌신하는 것이다.

(10) 바르트(신정통주의): 종교란 인간이 궁극적이고 절대적인 존재로 인식하는 그 존재 앞에서 자신을 의롭게 만들고자 노력하는 것이다.

2) 종교에 대한 부정적인 정의들

(1) 포이에르바하(유물론): 종교는 순전히 심리적인 현상이다. 그것은 "인간성의 어린아이같은 상태"이다. 신에 대한 의식은 자기의식이며 신에 대한 지식은 자기에 대한 지식이다.

(2) 프로이드(프로이드주의): 종교는 유아기적 노이로제이며 신은 아버지의 반영물이다.

(3) 뒤르켕(사회학적 실증주의): 종교는 토테미즘의 한 양상으로서 신은 집단신격화의 표현이다.

(4) 루크레티우스(에피쿠로스 학파): 종교와 신의 개념은 무지와 두려움으로부터 생겨난다. 만일 신들이 있다 하여도 그들은 멀리 떨어져 있으며 무관심하다.

(5) 타일러(문화인류학): 종교는 삶의 신비에 대한 근대과학 이전 시대의 설명이다.

(6) 산타야나(심미적 인본주의): 종교는 시와 신화의 형태로 된 미적 가치들의 표현이다. 신이란 인간이 가지고 있는 최고 이상(理想)의 최고 상징이다.

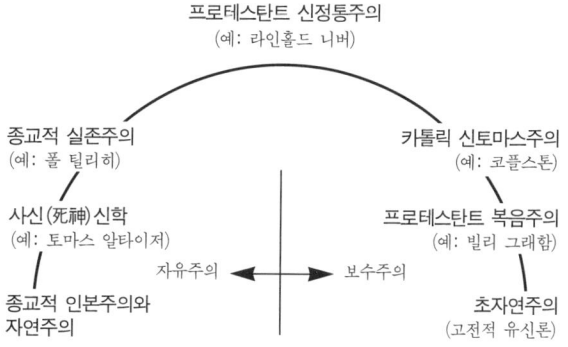

근래의 종교적 입장들

프로테스탄트 신정통주의
(예: 라인홀드 니버)

종교적 실존주의
(예: 폴 틸리히)

카톨릭 신토마스주의
(예: 코플스톤)

사신(死神)신학
(예: 토마스 알타이저)

프로테스탄트 복음주의
(예: 빌리 그래함)

자유주의 ←→ 보수주의

종교적 인본주의와 자연주의

초자연주의
(고전적 유신론)

근래의 신에 관한 입장들

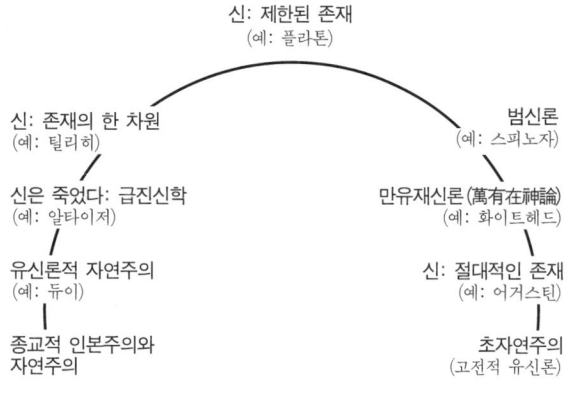

2. 근래의 종교철학

1) 신토마스주의 (신스콜라주의)

(마리탱, 질송, 그랍만, 코플스톤 등)

(1) 이 입장은 토마스 아퀴나스(5장을 볼 것)의 종교철학을 재표명한 것이다.
(2) 종교적 지식은 계시에 의해 완전하여진 이성의 산물이라고 본다.
(3) 이 입장은 자연신학과 유신론을 강조한다.
(4) 이 입장은 신이 완전한 모든 속성들을 가지고 있다고 가르친다.
(5) 교회에 의해 해석되어진 성경에 권위가 있다고 믿는다.

2) 프로테스탄트 복음주의 (근본주의)

(헨리〈Henry〉, 카넬〈Carnell〉, 마헨〈Machen〉, 만트가머리〈Montgomery〉 등)

(1) 이 입장은 초자연주의, 유신론, 개인의 중생을 강조한다.
(2) 성경은 문자적으로 영감된 하나님의 말씀으로서 절대적인 권위를 가진다.
(3) 처녀잉태나 예수님의 신성 등과 같은 특정 교리들은 정통신앙의 필수적인 요소이다.

3) 프로테스탄트 신정통주의

(바르트, 브룬너, 니버형제들 등)

(1) 이 입장은 키에르케골의 실존주의로부터 나왔다.
(2) 이 입장은 종교의 실존적, 심리학적 측면을 강조한다.
(3) 이 입장은 성경 문자주의, 문장적 계시, 자연신학을 반대하며 또한 모든 종류의 종교적 인본주의를 반대한다. "성경은 현재, 하나님의 성령과 결합할 때에만 계시이다"(브룬너).
(4) 하나님에 대한 지식은 이성에 의해 파악되지 않고 하나님이 스스로 자신을 드러내시는 행위를 통해서 알려지게 된다(하나님의 말씀).
(5) 이 입장은 인간 상황의 문제들과 종교의 이해에 있어서 죄의 역할을 강조하며 재해석한다.

4) 종교적 실존주의 (급진신학)

(틸리히, 부버, 불트만, 본회퍼, 로빈슨, 파이크, 알타이저, 드와르 등)(5장 틸리히, 차트 24를 볼 것)

(1) 신은 존재의 속성의 한 차원이다(즉 존재, 실재 등).
(2) "신앙행위의 궁극적인 것과 신앙행위를 통해 의도되는 궁극적인 것은 하나이며 같은 것이다"(틸리히). 신은 개인 존재의 깊은 근저에 참여하고 있는 어떤 것이다.
(3) 신앙은 지식의 일종이 아니다. 지식은 과학에만 국한된 것이다.
(4) "믿음은 개인 자아의 총체적이고 집중된 행위(즉 위임)이다"(틸리히).
(5) "신은 존재 자체이다"와 같은 명제를 제외한 신에 관한 모든 주장들은 상징적인 것이다. "신은 죽었다"(66페이지에서 설명)라는 주장도 마찬가지이다. 신에 관한 진술들은 개인이 실존(즉 존재)에 대해 체험한 것을 진술한 것이다. 예를 들어 "신은 존재한다"라는 말의 의미는 "내가 궁극적인 관심을 가지고 실재에 반응했을 때 나는 내 존재 안에 있는 깊은 것을 체험한다"(틸리히)와 같다(64, 92페이지 종교언어를 볼 것). 이런 종류의 종교철학이 비록 여러 가지 이름(신〈新〉신학, 급진신학, 세속신학, 종교적 실존주의)으로 불리우고 있으나, 여러 가지 면에서 볼 때 이런 종교철학은 관념론이 다양한 형태로 나타난 것

이다. 예를 들면 틸리히, 로빈슨, 알타이저 등의 사상은 명백히 헤겔주의적이다. 헤겔은 역사란 신이 인간의 구체적인 삶으로 성육신하고 있는 것, 신이 세계를 변화시키고 있는 과정이라고 보았다. 이 입장에서는 전통신학이 취하고 있는 성-속의 구분을 거부한다. 왜냐하면 신이란 인간 존재의 한 차원 혹은 한 속성이라고 보기 때문이다. 즉 이 세상에 속한 것으로 본다. 따라서 세속신학, 무신앙적 기독교, 그리고 가장 극단적인 형태로는 기독교 무신론(알타이저, 해밀턴) 등으로 특징지워진다.

5) 프로테스탄트 자유주의(현대주의)

(슐라이어마허, 라우쉔부쉬, 카제, 매튜스 등)

(1) 과학과 인본주의와 전통적 기독교를 조화시키려는 대부분의 프로테스탄트 종교철학들이 이 입장에 속한다.

(2) 예수의 가르침 중 윤리적인 측면과 사회복음을 강조한다.

(3) 신은 세상을 변혁하는데 있어서의 인간의 동업자로서 인식된다.

(4) 인간의 본성은 근본적으로 선하다.

6) 신비주의

(존스, 잉게, 휘겔, 오토 등)

(1) 신은 초월자로서 말로 표현할 수 없는 분이시다—그러나 절대적 타자(他者)는 아니다.

(2) 신은 절대적 자아로서 개인들의 진정한 자아와 결합되어 있다. "영혼 가장 깊숙한 곳에서 신을 발견한다"(루이스브로에크⟨Ruysbroeck⟩).

(3) '신과 하나'가 되는 경험은 직관을 통해 직접적으로 체험된다.

(4) 신을 안다는 것은 신이 어떤 분인가를 안다는 것이 아니라 그가 존재한다는 것을 안다는 것이다.

7) 종교적 실용주의(경험적 유신론)

(제임스 등)

(1) 신은 제한된 존재이다.—신은 많은 '실재하는 것들' 가운데 하나이며, 믿고자 하는 의지를 통하여 초인간적 의식으로써 인식된다.

(2) 인간은 우주 속에서 이 초월적인 존재를 의식한다. 우주는 우리 자신의 의식적인 삶의 잠재적인 측면이다.

(3) 자연신학(이성을 기반으로 하는: 역주)은 적절하지 않다. 체험과 믿음이 우선적인 것이다.

8) 화이트헤드의 종교철학(과정신학)

(화이트헤드, 할트숀⟨Hartshorne⟩, 바이만 등, 5장, 화이트헤드를 볼 것)

(1) 이 견해는 상대성 이론에 의해 변형된 플라톤주의와 과정철학을 그 내용으로 하고 있으며 세 개의 요소를 언급한다. 즉 구성의 원리와 불확정된 질료, 이상적인 형상(영원한 대상)이 그것들이다.

(2) 신은 구체화의 원리이다.

(3) 신은 무한한 가능성 가운데 어떤 형상을 구체적으로 현실화시킬 것인가를 결정한다.

(4) 신과 세계는 상호 의존적이지만 동일한 것은 아니다.

(5) 이 견해는 만유재신설(萬有在神說)의 입장이다—"신은 어떤 측면에서 모든 상대적인 것들과는 구별되는 독립적인 존재이지만, 동시에 모든 것들을 포함하는 전체로도 간주된다"(할트숀).

(6) 신은 최초의 본성과 그에 따라 필연적으로 일어나는 성격에 의해 제한되어 있으며, 그런 식으로 발전하고 있다.

9) 종교적인 휴머니즘, 혹은 자연주의

(듀이, 실용주의적 휴머니즘; 산타야나, 미학적 휴머니즘; 럿셀과 J. 헉슬리, 과학적 휴머니즘 등)

(1) 이 부류의 종교철학은 자연주의적이다. 초자연적인 것, 인격적인 신, 존재의 근거 등을 인정하지 않는다.

(2) 종교란 더 훌륭한 삶을 위한 추구라고 본다.

(3) 궁극적인 가치는 "모든 자연력과 자연상태들—인간과 인간사회를 포함해서—로서 이것들은 관념적인 것들의 발전을 촉진하고 그것들을 실현시킨다"(듀이). 듀이는 종교적인 태도와 종교를 구분하고 종교

적인 태도는 긍정적으로, 종교는 부정적으로 보았다. 종교적인 태도란 "존재의 가능성에 대한 의식과 이 가능성의 원인에 대한 헌신"이다.

(4) 산타야나는 종교를 "최고의 이상들에 대한 상징적인 표현"이라고 설명한다.

(5) 럿셀은 주장하기를 인간은 우주의 무관심한 태도에 아랑곳없이 자신이 가진 최고의 이상과 포부를 펼쳐가야 한다고 하였다.

(6) 쥴리안 헉슬리는 인간의 복지를 위한 생물학적, 문화적 양면에서의 완전한 진화를 주장하였다.

(7) 떼이야르(Teilhard de Chardin)는 더 높은 수준의 의식을 가진 존재들을 생성시키는 진화의 부단한 방향성을 설명하기 위해서는 신을 가정하는 것이 필요하다고 보았다. 그는 이것을 "역행불가능한, 인격화로 나아가는 우주"라고 불렀다.

3. 종교언어

종교언어에 관한 두 가지 문제는 다음과 같다. (1) 신에 대한 진술의 본질은 무엇인가?—사실적인 것인가? 상징적인 것인가? (2) 종교언어의 기능—내용(정보)이 있는 것인가? 단지 도덕적인 것인가?

예를 들면 "하나님은 선하다"에서 '선하다'(good)라는 말은 "여기에 선한(good) 사람이 있다"에서의 '선한'과 정확히 같은 의미가 아니다. "하나님은 선하다"라고 말할 때 그것은 '선'이라는 독립적인 기준에 비추어서 하나님이 선하다고 판정됨을 의미하는 것이 아니며 또한 어떤 사람들처럼 하나님이 유혹을 극복한다는 것 따위를 의미하는 것도 아니다. 그러면 "하나님은 사랑하신다", "하나님은 용서하신다", "하나님은 돌보신다" 등등의 말은 무엇을 의미하는 것일까? 이 말들은 하나님에 대하여 어떤 내용(정보)을 전해주고 있는가? 종교언어는 전통 보수신학(예: 토마스주의, 복음주의)의 주장과 같이 문자적, 비유적인 인식 내용을 가지고 있는 것인가? 아니면 종교언어는 실존주의나 자유주의 신학(예: 종교적 실존주의, 신비주의, 경험주의, 인본주의)의 주장과 같이 명백히 비인식적인 언어, 즉 단순한 상징적이고 도덕적인 그런 유(類)의 언어인가? 종교언어를 비인식적인 것(사실적인 정보가 담겨있지 않은 것: 역주)으로

보는 이론들 가운데 가장 강력한 것은 의미의 기준을 검증가능성 혹은 반증가능성으로 삼는 이론들(30, 31, 53, 54페이지를 볼 것)이다. 그 이론들은 종교언어가 문자적으로는 무의미하며 단지 정서적인 기능을 할 뿐이라고 주장한다. 종교언어는 (1) 인식적인 것(사실적인 정보가 담겨있는 것: 역주)이거나 (2) 도덕적인 것이거나 (3) 상징적인 것이거나 (4) 실존적인 것이거나 (5) 정서적인 것이거나 아니면 이것들을 혼합한 어떤 것일 것이다.

(1) 토마스(토마스주의): '선'을 신에 대해 사용할 때 그것은 비유적인 것이다(비유적 진술론). 즉 신에 있어서의 '선'은 인간의 '선'을 닮은 것으로서 어떤 의미에서는 동일한 것이지만 결코 정확히 같은 것이 아니며 그렇다고 전혀 다른 것도 아니다. 신의 완전성은 그 피조물들의 속성들을 앎에 의해서 간접적으로 알려진다. 그 이유는 다음과 같다. 즉 우리는 신을 알기 진에 어떤 의미에서 신과 닮은 피조물들을 알기 때문이다. 비록 '선' 자체는 먼저 신에게 속한 것이고 그 다음에 피조물들 가운데 불완전하게 구현된 것이지만 우리가 가지고 있는 '선'에 관한 지식은 피조물로부터 얻은 것이기 때문에 '선'이라는 개념과 말은 일차적으로 피조물들에게 적용되고 신에게는 비유적으로 적용되는 것이다.

(2) 브레이드웨이트(Braithwaite, 종교적 경험주의): "종교적인 고백의 기본적인 용도는 어떤 도덕적 원칙들에 대해 충실할 것임을 알리는 것이다." 기독교인으로서 고백은 성경의 이야기들 혹은 신화(아래 '신화'를 볼 것)에 의해 뒷받침되는 아가페적인 삶의 방식을 따르려는 의지를 선포하는 것이다. 비록 브레이드웨이트가 '검증가능성' 대신에 '용도'라는 말을 사용했지만 종교적인 진술은 그것이 행위에 관한 것일 때만 인식적인 것 즉 문자적으로 의미있는 것이 된다. 예를 들어 "예수는 주(主)이시다"라고 말하는 것은 "나는 앞으로 그리스도와 같은 삶을 살려고 한다"라는 비인식적인 선언을 하는 셈이다.

(3) 틸리히(종교적 실존주의, 5장과 61페이지를 볼 것): "신은 존재 그 자체이다"라는 진술만 비상징적인 말이고 다른 모든 종교적인 진술들은 상징적인 것

이다. 그러나 "신은 존재 그 자체이다"라는 진술은 신에 대한 기술이라기보다는 신에 대한 정의이다. 틸리히는 후에 신에 대한 진술로서 유일하게 비상징적인 진술은 "우리가 신에 대하여 말하는 모든 진술들은 상징적인 것이다"라는 진술이라고 말함으로써 종전의 주장을 변경시켰다. 그러나 이것은 신에 관한 것이라기보다는 진술에 관한 것이라고 보여진다. 틸리히는 '신은 존재 그 자체'라는 진술이 상징적인 동시에 비상징적인 것 즉 그 둘의 경계선 위에 놓인 진술이라고 말함으로써 그 문제를 해결하였다. 임의의 협약에 의해서 어떤 사물을 가리키는데 사용되는 '기호'와는 달리 상징은 "그 자체를 넘어선 어떤 것을 가리킬 뿐 아니라 그 가리키고 있는 것에 참여한다." 종교적 상징은 인간의 궁극적인 관심을 표현한다. 상징들은 창조적인 예술에서와 같이 "우리에게 닫혀있는 실재의 지평을 열어 놓는다." 그는 '경계선'의 개념을 이용하여 종교언어는 그 자체를 넘어선 것을 지시한다는 것, 즉 객관적인 지시체를 가지고 있음을 말하면서 동시에 종교언어는 그것을 사용하는 사람에게 종교적 상징으로서 그것이 상징하고 있는 바를 상징화한다고 말하였다. 종교적 상징은 그것이 궁극적인 관심을 적절히 표현하지 못하게 됨에 따라 바꾸어질 수 있다. 그러므로 궁극적인―실존적인 것으로서―진리는 신화화될 수 있다(아래 불트만과 비신화화 참조).

4. 종교신화의 문제

종교신화는 비록 일반적으로, 발생했던 것으로 추측되는 사건에 대한 과장된 설명 혹은 상상력의 산물이라고 간주되고 있지만 신화가 종교적 신념과 종교언어에서 갖는 역할에 대하여 연구하는 이들은 신화를 단순히 상상력이 낳은 이야기 정도로 보지 않는다. 종교신화에 대한 근래의 대표적인 이론들은 다음과 같다.

(1) 말리노브스키(Malinowski, 문화인류학): "신화는…단지 전해지는 이야기 정도가 아니라 살아있는 실재이다. 그것은…우리가 읽는 소설과 같은 것이 아니라 한때 일어났고…그리고 계속되고 있다고 …믿어지는 살아있는 실재이며…인간의 운명에…영향을 주는…신성한 이야기로서…믿음을 주장하고 행위를 통제한다."

(2) 브레이드웨이트(종교적 경험주의): 신화는 어떤 유의 삶을 살겠다는 도덕적인 선언을 지지해 주는 이야기이다.

(3) 불트만(종교적 실존주의): "신화의 진정한 목적은 있는 그대로의 세계를 객관적으로 설명하는 것이 아니라 자신이 살고 있는 세계 속에서 인간이 자신을 어떻게 이해하고 있는지를 표현하는 것이다. 신화는…실존적으로…해석되어져야 한다." 불트만의 관심은 기독교 진리를 비신화화하는 데 있었다. 즉 신화 속에 담겨있는 실존적인 진리를 밝혀내고 세계에 대한 신화적인 관점은 제거하는 것이다. 그는 실존적인 진리가 성경적인 설명 즉 삼층천 따위와 같은 초자연주의적인 설명 속에 숨겨져 있다고 보았다.

(4) R. 니버(프로테스탄트 신정통주의): 아담의 타락에 관한 신화는 신에 대한 인간의 반역을…개별적으로 뿐 아니라 일반화하여 묘사한 것이다.…신화는 …도덕적, 역사적인 악에 대하여 일관된 성경적 진단을 상징화한다.

(5) 카넬(복음주의): 성경의 내용은 다른 종교나 신앙의 기원에 관한 원시적인 설명과는 구별하여야 한다. 왜냐하면 전자는 신적 영감에 의해 주어진 것으로서 비록 비유적인 방식이긴 하지만 문자적으로 사실적인 내용이기 때문이다.

5. 신의 존재에 관한 논증들과 그 비판

신의 존재에 관한 논증들은 몇 가지 기본적인 형태들로 압축될 수 있다. 많은 논증들은 오히려 그 논증을 비판하는 데 사용될 수도 있다. 다음에 소개하는 논증들은 단지 대표적인 것들일 뿐이다. 종교철학은 신의 존재를 증명하는 논증을 제안할 의무감을 느끼지 않는다. 예를 들어 실존주의적 신자들은 "신은 존재하지 않는다; 그는 영원하다"(키에르케골) 혹은 "신은 존재하지 않는다; 그는 실존의 근원이다"(틸리히)라고 주장한다.

(1) 경험으로부터의 논증: 종교적 경험은 우리로

하여금 유신론적인 설명으로 밖에는 해결할 수 없는 실재를 직면케 한다(트루블러드 등).

반론: 종교적인 체험이 신의 존재를 시사하는 것이라고 가정하자. 그러면 정의에 의해서 신을 체험하는 것은 신이 존재하는 것을 의미하게 된다. 그러나 신을 체험(존재)에 한정시키는 것이 가능한가?

(2) 유용성으로부터의 논증(도덕적 논증): 신을 믿는 것은 도덕적인 이유와 일상 생활의 실제적인 필요에 의해 정당화된다(칸트). 신의 존재는 논리적으로나 실제적으로 확증될 수 없기 때문에 우리는 그 결과가 입증해 줄 것을 믿고, 믿으려는 의지를 행사할 수 있다(제임스 등).

반론: 신을 믿는 것이 인간의 행위를 향상시킨다고 해도 그것에 의해서 신이 존재하게 되는가?

(3) 직관에 의한 논증: "자연신학과 같은 것은 존재하지 않는다. 신은 계시에 의해 알려진다…직관에 의해 알려지든지…전혀 알려지지 않든지 둘 중의 하나이다…과학적인 논증은…신의 손재에 대하여 조금이라도 증명하든지 혹은 반증하든지 하지 못한다"(스타케)

반론: 직관을 점검해 볼 수 있는 체계적인 방법이 존재하지 않는다. 예를 들어 잘못 직관했을 때에도 그것을 알 방법이 없다. 또한 직관하여 알아낸 사실에 대해 공적으로 동의를 얻을 수 있는 방법이 없다.

(4) 여론에 의한 논증: 신에 대한 인식이 널리 퍼져있다는 사실을 충분히 설명할 수 있는 유일한 길은 신이 존재한다는 것을 인정하는 것 뿐이다.

반론: 세상이 평평하다는 인식이 널리 퍼져있었던 적이 있지만 이제는 아무도 지구가 평평하다고 믿지 않는다.

(5) 추론에 의한 논증

① 존재론적 논증(어거스틴, 안셀름, 변형된 형태로: 둔스 스코투스, 데카르트, 라이프니쯔, 스피노자, 로이스, 말콤〈Malcolm〉, 하트숀 등)

이것은 신이라는 개념 자체가 존재성을 포함하고 있다는 선험적인 논증이다.

반론: 어떤 개념에 존재성을 귀속시키는 것이 그 개념에 조금도 무엇을 더하지 못한다. 예를 들어 언어라는 개념은 언어가 존재한다고 말한다고 해서 존재성을 가지게 되는 것이 아니다(칸트).

신이라는 말은 그보다 더 위대한 것은 생각될 수 없는 어떤 것을 의미한다. 관념(의식 속의)으로 뿐 아니라 실제(객관적인 대상으로)로 존재하는 것이 관념으로만 존재하는 것보다 더 위대한 것이기 때문에, 신은 존재해야만 한다. (혹은) 만일 관념으로만 존재한다면 신은 완전하지 못할 것이다. 그러나 그는 완전하기 때문에 존재해야만 한다(안셀름의 첫번째 논증). 신은 단지 존재할 뿐 아니라 필연적으로 존재한다고 말할 수 있다. 왜냐하면 신에 대하여 정의할 때 이미 그의 존재를 부정하는 것은 불가능한 것이 되도록 정의하기 때문이다(안셀름의 두번째 논증).

데카르트의 설명은 이러하다. '완전한 신'이라는 개념은 정의된 신의 속성 중 하나로서 신의 존재성을 필연적으로 요청한다. 또한 신이라는 관념을 있게 한 것은 신일 수밖에 없다.

반론: 비록 완전이라는 개념 속에 존재성이라는 것이 포함된다고 해도 그 개념에 의해 실제로 존재성을 가진다는 결과가 따르는 것은 아니다. 이것은 완전을 생각하기 위해서는 존재성을 생각해야 함을 의미할 뿐이다. 오직 신이 존재할 때에만 그는 필연적으로 존재한다.

② 우주론적(인과론적) 논증(플라톤, 아리스토텔레스, 어거스틴, 토마스 아퀴나스 등)

이 논증은 최초의 원인 즉 다른 것에 의해 야기되지 않는 원인이라는 개념으로부터 나왔다. 왜냐하면 원인을 추적하여 끝없이 거슬러 올라간다는 것은 불가능하며 생각할 수 없는 일이기 때문이다.

반론: 이 논증이 타당하다고 하더라도 이 논증은 최초의 원인의 본질에 대하여 아무것도 알려주는 바가 없다. 더욱이 "인과법칙이라는 원리는 이 감각 세계 내에서만 적용되고 그 밖에서는 아무 의미도 갖지 못하며, 아무 원칙도 되지 않는다"(칸트).

(혹은) 이 논증은 우연성의 개념으로부터 전개할 수 있다. 왜냐하면 모든 사물들은 존재할 수도, 존재하지 않을 수도 있었기 때문이다. 우연히

이 모든 것들이 있게 하는 데 필요한 어떤 존재가 있었음이 틀림없다.

반론: 만일 신이 초시간적인 존재라면—시간을 넘어서서 존재하는—그가 세계에 대하여 맺고 있는 관계는 인과법칙적인 것이 아니다. 왜냐하면 인과법칙은 시간 안에서 일어나는 사건들 사이에만 적용되는 관계이기 때문이다(칸트).

③ 목적론적 논증(디자인 개념으로부터 나온 논증)(플라톤, 토마스아퀴나스, 페일리 등)—사물 속에 있는 목적은 그것을 의도한 자의 존재를 필연적으로 함축하고 있다.

반론: 칸트는 목적론적 논증이 우주론적 논증을 기반으로 하고 있으며 우주론적 논증은 다시 존재론적 논증(존재론적 논증은 우리가 존재한다고 생각할 수밖에 없는 것은 어떤 의미에서 실제로 존재하는 것임을 가정하고 있다)을 기반으로 삼고 있다고 주장하였다. 목적론적 논증은 유추에 의해 나온 빈약한 논증이다. (그리고) 실재 사실들은 이 논증을 지지하기도 하고 거부하기도 하는 것처럼 보인다. 흄은 주장하기를 만약 우주가 유한개의 입자들로 구성되어 있다면, 그것들이 임의로 무한한 시간에 걸쳐 운동하다 보면 현재와 같은 질서를 가진 세계가 나올 것이라고 하였다.

(6) 토마스 아퀴나스의 다섯 가지 논증

비록 철저하거나 결정적인 것은 못되지만 토마스 아퀴나스의 논증들은 고전적인 것이 되어 있다. 그는 신의 존재를 다음과 같은 것들로부터 추론하였다.

① 운동을 있게 한 부동(不動)의 원동자(原動者)가 있을 것이다.
② 인과관계를 있게 한 최초의 원인이 있을 것이다.
③ '존재할 수도 있는 것'을 '존재하는 것'이 되게 한 이가 있을 것(우연성)이다.
④ '더이상'의 존재를 찾다보면 '최고'의 존재(완전)가 있을 것이다.
⑤ 세계를 의도, 설계(design)한 의도자, 설계자가 있을 것이다(목적론).

6. 악에 대한 설명과 반론들

악의 문제는 여러 세대의 철학자들을 괴롭혀 왔다. 에피쿠로스는 이에 대하여 다음과 같은 고전적인 틀을 세웠다.

다음 네 가지 중 어느 하나이다. 첫째, 신은 이 세계에서 악을 제거하기 원하지만 그렇게 할 능력이 없다. 둘째, 신은 악을 제거할 수 있지만 그렇게 할 의사가 없다. 셋째, 신은 악을 제거할 능력도 없고 제거할 의사도 없다. 넷째, 신은 악을 제거할 능력과 의지를 모두 가지고 있다. 만약 신이 의도를 가지고 있으면서도 능력이 없다면 이것은 약함을 보이는 것으로 신의 본성에 어긋난다. 만약 능력이 있으면서도 악을 제거할 의사가 없다면 이것은 악의(惡意)로 역시 신의 성품에 어긋난다. 만약 능력도 의사도 없다면 이것은 무능과 악의를 나타내는 것으로서 그는 신이 될 수 없다. 만약 악을 제거할 의사와 능력을 모두 가지고 있다면(이것만이 신의 본성에 어울린다), 악은 어디로부터 왔으며 왜 신은 그것을 막지 않고 있을까?

(1) 악은 인간의 사악함의 결과이다.
반론: 인간으로부터 말미암지 않은 악에 대해서는 무엇이라 대답할 것인가? 전염병과 같은 것을 어떻게 설명할 것인가? 고통받고 있는 어린이들이 악하단 말인가?

(2) 악으로부터 선한 것이 결과될 수 있다.
반론: 악이 더 큰 악을 낳는 경우가 있지 않은가?

(3) 악은 결과적으로 선을 가져왔다.
반론: 인간은 그렇게 오래 살지 못한다.

(4) 악은 도덕적인 훈련을 위해 필요하다.
반론: 악으로 고통받는 선량한 사람들을 위한 훈련인가?

(5) 악이란 가능한 세계 중 최선의 세계에서 바람직하지는 않지만 불가피한 어떤 측면이다.
반론: 그런 세계를 설계한 것에 대하여 신에게 책임이 있지 않은가?

(6) 우리가 악이라고 부르는 것은 실제로는 악이 아니다. 선이다.

반론: "비록 우리가 악이라고 생각하는 것이 실제로는 선이라고 하더라도, 우리는 여전히 그것을 악이라고 생각하고 있다. …이같은 착오가…바로 최소한 하나의 악이라고 할 수 있다."(호스퍼스〈Hospers〉).

(7) 악은 선을 더욱 드러내기 위해 필요하다.

반론: 선은 스스로를 드러낼 수 없는가?

X. 교육철학

'교육'은 다음과 같은 것을 의미할 수 있는가?

(1) 부모나 교사, 학교가 행하는 어떤 것, 즉 가르치는 활동
(2) 배우는 사람에게 일어나는 어떤 일, 즉 교육받는 과정
(3) 배우는 사람이 결과적으로 얻게 되는 것 즉 교육(교양)
(4) 교육학이 다루고 있는 것 즉 위의 (1), (2), (3)에 관한 연구

교육철학은 교육이라는 말을 어떤 의미로(위의 (1), (2), (3), (4) 중에서) 사용했는가라는 점과 어떤 형이상학적 입장을 견지하는가하는 점에 따라 달라진다. 형이상학적인 입장은 최고의 원리로서 자신의 교육철학은 그 입장에서부터 도출되어 나온다.

형이상학은 실재에 관한 이론들(존재론)과 지식에 관한 이론(인식론) 뿐만 아니라 가치에 관한 이론(가치론)을 포함하고 있다. 실재와 지식, 가치 등의 본질에 관하여 이론을 전개하는 예를 들면 관념론과 같은 철학을 형이상학적인 철학이라고 한다. 그렇지 않거나 최소한 감히 그렇게 하지 않는, 일상언어 철학과 같은 철학은 비형이상학적인 철학이다(17, 27, 53, 56페이지를 볼 것).

거의 예외없이 교육철학들은 형이상학적 입장을 전제하고 있거나 제안하고 있다. 이것은 교육철학이란 본질적으로 교육의 본질과 목적에 대한 체계적인 이해를 얻으려고 하는 구성적인 활동이기 때문이다. 따라서 교육철학은 이러한 의미에서 규범적인 학문이다. 그러나 교육철학이 교육의 본질이나 목표보다는 개념들과 정의, 구분 등에 관심을 집중할 때 그만큼 분석적인 학문이 될 수 있다.

따라서 교육철학은 그것의 역사적, 형이상학적인 접근방법에 따라 다음과 같이 분류될 수 있다. (1) 관념론, (2) 실재론, (3) 실용주의 그리고 근래의 형태로는 (1) 실존주의, (2)마르크스주의, (3) 분석철학(비형이상학적 혹은 반형이상학적인 철학).

이것들은 다음과 같이 정리할 수 있다.

1. 관념론

관념론적인 교육철학은 다음과 같은 것들을 주장한다.

(1) 궁극적인 실재는 정신적인 것이다. 혹은 정신적인 것으로 변화하고 있다.
(2) 정신적인 것은 물질적인 것과 현저한 대조를 이룬다.
(3) 세계는 마음(의식)에 달려있다. 즉 보는 관점에 따라 달라진다.
(4) 교육의 목표는 다음과 같다.

① 문화적, 사회적, 정신적 뛰어난 유산들을 보존하는 것
② 지적 생활과 같은 정신적인 것들을 촉진시키는 것
③ 이상적인 인간, 이상적인 사회로 발전시키는 것

(5) 사실적인 것들보다는 인격적인 것들이 더 중요하다. 세계에 관한 지식보다는 자기에 대한 지식이 더 중요하다. "너 자신을 알라"(소크라테스). (아리스토텔레스와 같은 실재론자와 마찬가지로 관념론자들도 자아실현을 추구한다.)

(6) 진리는 객관적인 것이며 발견되어지는 어떤 것이다. 그런데 진리는

① 판단의 정합성(헤겔, 브랜샤드〈Blanshard〉)에 있다.
② 선의 관념(플라톤)이나 신(어거스틴)의 도움을 받아 사물들을 이해하는 데 있다. 즉 판단의 사실이 일치하는 데 있다(19페이지를 볼 것).

교육이론에 있어서 과거의 관념론자로는 소크라테스, 플라톤, 어거스틴, 버클리, 칸트, 헤겔, 해리스(Harris), 프뢰벨(Froebel) 등이 있으며 근래의 관념론자로는 브래들리(Bradley), 크로체(Croce), 젠타

일(Gentile), 로이스(Royce), 그린(T. H. Green), 그린(T. M. Greene), 호킹(Hocking), 브랜샤드, 울리히(Ulich), 배글레이(Bagley), 버틀러(J. D. Butler), 안츠(Antz), 캐스텔(Castell) 등이 있다.

2. 실재론

실재론적인 교육철학은 다음과 같이 주장한다.

(1) 궁극적인 실재는 비록 마음(의식)과는 독립적으로 있는 것이지만 그럼에도 불구하고 마음에 의해 알려진다.

① 데카르트: 정신과 물질은 모두 인격적인 신에 의해 창조되었다. 신이 실체이다.
② 스피노자: 정신과 물질은 모두 신의 양상들이다. 신은 실체(범신론)이다.
③ 화이트헤드: 정신과 물질은 창조적인 과정의 양상들이다. 신은 이 과정을 구체화하는 원리이다(만유재신설〈萬有在神說〉).

(2) 교육의 목표는 다음과 같다.

① 정신 혹은 관점으로부터 독립적으로 존재하는 보편적인 진리들을 전달하는 것, 지적인 것을 강조함
② 인간에 대한 지식 뿐만 아니라 신에 관한 지식을 전달하는 것 또한 신이 존재한다고 전제할 때 토마스 아퀴나스나 마리탱 등은 자연의 질서에 관한 지식의 전달도 강조한다.
③ 문화적인 가치와 유산들을 전달하는 것. "교육은 삶의 잠재력과 가치를 포함한 실재 세계에 대하여 눈을 뜨도록 만드는 것이다"(브라우디).

(3) 진리는 객관적인 것이며 발견되어지는 것이다.
(4) 이성적인 인간은 객관적인 진리를 발견해 낸다. 실재론에 따르면 관념론은 지적인 것을 강조한다는 점에서 옳지만 세계가 정신이나 마음에 의존하여 있다고 믿는다는 점에서 그릇되었다.

교육이론에 있어서 과거의 실재론자로는 아리스토텔레스, 토마스 아퀴나스, 코메니우스(Comenius), 데카르트, 스피노자, 로크, 룻소(조건부적으로), 홉스, 페스탈로찌 등이 있다. 근래의 실재론자로는 뉴만(Newman), 화이트헤드, 허친스(Hutchins), 아들러(Adler), 와일드(Wild), 허발트(Herbart), 브라우더, 마리탱 등이 있다.

3. 실용주의

교육에 있어서의 실용주의 철학은 다음과 같이 주장하고 있다.

(1) 궁극적인 실재는 경험의 일반적인 과정이다. 이 경험의 과정으로부터 주관(의식)과 대상(물질)이 명백한 요소들로서 분화된다. 예를 들어, 사유는 지적인 행위라고 본다. 정신적 실재, 초경험적인 실재와 같은 것은 존재하지 않는다(19, 26, 31, 60, 61, 78, 82페이지를 볼 것).

(2) 교육의 목표는

① 삶에 적용시킬 수 있도록 경험을 성공적으로 구성, 재구성하는 것이다. 즉 그 자체가 목적이 되는 과학이다.
② "보람있고 원래가 의미깊은 인생"의 성숙을 촉진시키는 것이다(듀이).
③ "필요한 (사회) 변혁을 이루어가는 과정"이다(듀이). "경험을 구성, 재구성함으로써 경험에 의미를 더하고 다음 경험을 위한 방향을 설정할 수 있는 능력을 함양하는 것이다"(듀이). 즉 단지 지적으로 탁월하게 되는 것이 아니라 현실적인 필요에 대하여 실질적으로 적응케 하는 것이 교육의 목표이다.

(3) 지식이란

① 보편적인 것, 무엇인가를 표상하는 것이 아니라 상대적인 것, 도구적인 것이다. "지나간 것에 대한 지식의 유일한 용도는 현재를 위하여 우리를 준비시키는 데 있다"(듀이).
② 실험을 통해 문제를 해결하는 연구, 실제적인 활동으로서 어떤 사실을 아는 것이 아니라 어떻게 해야 할지를 아는 것이다. 또 정확한 지적인 판단이나 관념같은 것들을 지식이라고 한다.
③ 지식은 불확실한 상황이 문제상황으로 바뀌는 과정에서 그 특별한 문제로부터 시작된다. 이 문제는 과학적인 방법 즉 실험의 방법을 통해 해결된

다(14, 15, 19, 20, 26, 31, 32, 82, 83페이지를 볼 것).

(4) 진리란 '결과를 낳는 것'(실용주의), 실제적인 효용의 기능이며, 있던 것이 발견되어지는 것이 아니라, 만들어지는 것, 생겨나는 것이다(플라톤 참조, 그는 가치란 진리의 기능이라고 보았다: 19, 20페이지 참조).

실용주의적 교육철학의 선구자로는 프로타고라스, 베이컨, 콩트 등을 들 수 있지만 실용주의적 교육철학은 상대적으로 근래에 생겨난 것으로서 오늘날 교육철학 가운데서 가장 지배적이다. 실용주의적 교육철학의 내용은 듀이의 저술 속에 분명하게 표현되어 있다. 그는 실용주의를 기본적으로 의미와 진리에 관한 이론이라고 보았다(도구주의, 실험주의). 실용주의적 교육철학을 주장하는 이들로는 킬패트릭, 차일즈, 카운츠, 라우프, 브루베이커, 네프, 보우드, 엑스텔, 토마스, 베일스, 스탠리, 벤느, 러그, 후크, 브라멜드 등이 있다. 브라멜드는 자신의 이론을 '개조주의'(reconstructionism)라고 불렀다. 브라멜드는 교육철학을 다음과 같은 범주로 구분하였다.

(1) 본질주의(essentialism): 교육이란 문화의 본질을 전수하는 것이라고 본다. 관념론과 실재론의 입장이다.

(2) 영원주의(perennialism): 교육은 영원하며 절대적이고 보편적인 진리들을 전수하는 것이라고 본다. 마리탱과 같은 실재론자들, 아들러, 종교적인 절대주의를 주장하는 이들이 이 입장에 속한다.

(3) 진보주의(progressivism): 교육은 지적인 문제해결의 과정이라고 본다. 듀이의 이론에서와 같이 방법에 강조점을 둔다.

(4) 개조주의(브라멜드 자신의 입장): 교육은 사회 개조를 위한 새로운 사회목표들의 자원이자 실행이라고 본다. 방법 뿐 아니라 목표에도 강조점을 둔다.

4. 실존주의

실존주의적 교육철학은 다음과 같은 것들을 주장한다.

(1) 그것에 대해 말하는 것이 의미있는 것인 한, 궁극적인 실재란 인간의 선택에 의해 창조되는 관점이다.

(2) 있는 그대로의 세계는 인간에 대해 냉담하고, 무의미하며, 부조리한 것이다. 그러나 자유 즉 인간 실존은 유의미성과 초월의 가능성이다. "인간은 자기 자신을 만든다"(싸르트르, 차트 24와 56, 58, 89페이지를 볼 것).

(3) 인간 실존은 본질적으로 독특한 것으로서 사회나 자연과는 대조되는 것이다. 인간 실존의 본질은 선택에 의해 결정된다. 그것은 예정되어져 있거나 미리 결정된 것이 아니다.

(4) 교육의 목표는

① 무의미성과 책임이라는 인간의 곤경을 개선하는 것이다.
② 자유를 행사하도록 격려하는 것이다.
③ "존재 그 자체"(Being Itself)에 대하여 개방하는 것 혹은 확실성에 이르는 길로서의 가능성에 대하여 개방하는 것
④ 확실한 실존적 진리를 체험하는 것이다.
⑤ 지적인 향상보다는 행위를 통하여 이루어지는 적절한 인격이다.
⑥ 과학적이라기 보다는 인문주의적이다.

(5) 진리는 명제적인 것이나 사실적인 것이 아니라 실존적인 것이다. 실용주의에서와 마찬가지로 그것은 창조되는 것이지, 발견되어지는 것이 아니라고 본다. 진리는 살아있는 것이지, 사고되어지는 것이 아니다. 상황적이고 상대적인 것이지, 보편적인 것이거나, 절대적인 것이 아니다. 주관적이고 개별적인 것이지, 객관적이거나 일반적인 것이 아니다. 그러나 실용주의처럼 진리를 도구적이고 실용적인 것이라고 보지는 않는다. 오히려 그것은 개인이 취하는 어떤 태도 결정이다.

(6) 교사는 피교육자가 신념을 가지고 실행하도록 격려해야 한다.

(7) 인간실존의 문제는 행동과학의 테두리를 벗어난다.

교육에 대하여 실존주의적인 인식을 가진 이들로는 키에르케골, 니체, 싸르트르, 하이데거, 야스퍼스, 메

를로퐁티, 마르셀, 부버, 틸리히, 모리스, 크넬러

5. 마르크스주의

마르크스주의자들의 교육철학은 다음과 같다.

(1) 궁극적인 실재는 자연의 역동적인 과정과 문화의 변동이다. 이 문화의 변동 가운데서 사람들의 마음은 계급의식 혹은 집단의식을 반영한다(41페이지를 볼 것).

(2) 교육의 목표는 피교육자로 하여금 계급없는 이상사회로 나아가는 불가피한 문화, 사회적 변동의 한 몫을 감당하여 행동하도록 유도하는 것이다. 즉 사회혁명을 수행하도록 하는 것이다.

(3) 진리는 혁명의 필요에 따라 상대적인 것이다. 진리는 사회의식과 역사적 적시성의 산물이다. 그것은 발견되어지는 것, 보편적인 것이 아니다.

(4) 사회주의와 종국적인 공산주의가 교육이 추구해야 하는 이상이다.

마르크스주의 교육철학을 주장하는 이들은 마르크스, 마카렌코(Makarenko), 코랄레브(Koralev) 등이다.

6. 분석이론

교육에 있어서의 분석이론, 즉 비형이상학적 철학은 다음과 같은 것들을 주장한다.

(1) 인간은 본질적으로 의사소통에 있어서 상징을 사용하는 존재이다.

(2) 교육의 목표는

① 언어에 대한 이해와 언어의 효과적인 사용이다. "언어는 삶의 형식이다"(비트겐쉬타인).
② 과학적인 방법에 대해 비록 맹종하지는 않지만 그것을 자세히 가르치는 것이다.
③ 개념의 정확성과 논리의 정교성을 개발시키는 것이다.
④ 배움이라는 것을 다른 외적 가치를 위한 수단으로 보기보다는 본래적인 가치로 보고 그것을 향상시키는 것이다.
⑤ "교육활동 속에 깊이 심겨진 우수한 삶이 존재한다"(페테스〈Peters〉).

(3) 교육은 기본적으로 훈계이다. 그러나

(4) 형이상학적인 중립성과 개방성이 교조적인 언명보다 낫다.

(5) 전통주의자들과 진보주의자들의 형이상학적인 주장들은 모두 분석을 필요로 한다.

분석적 교육 이론가로는 비트겐쉬타인, 파이글(Feigl), 쉐플러(Scheffler), 페터스(Peters), 오콘놀(O'Connor), 렌즈(Lenz), 프랑케나(Frankena), 하디(Hardie), 스티븐슨(Stevenson), 쉬타인버그(Steinberg), 힐스트(Hirst), 아트킨슨(Atkinson), 베스트(Best), 브라운(L. M. Brown) 등이 있다.

철학적 분석가들은 크게 두 개의 그룹으로 나누어진다. (1) 논리철학논고에 나타난 초기 비트겐쉬타인과 같은 입장인 실증주의자들 즉 이상언어 분석가들과 (2) 철학적 탐구에 나타난 후기 비트겐쉬타인과 같은 입장인 일상언어 분석가들의 그룹이 있다. 일상언어 분석가들은 형이상학을 정당한 철학적 시도라고 보기 때문에 이상언어 분석가들보다 형이상학에 대하여 호의적이다. 그러나 일상언어 분석가들은 수정된 형이상학보다는 기술적인 형이상학을 더 선호한다(스트로슨). 기술적 형이상학에서는 형이상학적 범주나 실재의 범주를 일상에서 사용하는 언어의 형식과 전제들로부터 찾아낸다. 즉 사물들을 파악하는 향상된 방식으로서의 범주들을 별도로 제안하지 않는다. 스트로슨에 의하면(차트 23과 17, 27, 77페이지를 볼 것) 칸트의 초월적 형이상학은 기술적 형이상학에 속하고 버클리의 철학은 수정된 형이상학에 속한다.

논리실증주의자들과 논리경험론자들은 일상언어를 개량하여 이상언어를 만드는데 관심을 가졌던 에이어(Ayer)와 마찬가지로 모든 전통적인 형이상학을 단호하게 배격한다. 그들의 입장은 반형이상학적인 경험론이기 때문이다(차트 23과 17, 19, 26, 28, 31, 46, 53, 54, 56, 63, 65페이지를 볼 것). "철학은 다름 아니라 논리적인 분석이다"(에이어). 오늘날까지 분석철학자들은 교육철학을 제외한 거의 모든 철학적 문제들에 대하여 상당한 관심을 기울여 왔다.

7. 자연주의 이론들

교육철학은 크게 자연주의적 입장과 비자연주의적 입장으로 나누어 볼 수 있다.

자연주의적 교육철학의 입장은 다음과 같다.

(1) 궁극적인 실재는 물리적 자연에 국한된다.

(2) "정신적인 것", "심리적인 것"들이란 가시적인 것들 즉 물질적인 것들의 한 양상이거나 한 형태일 뿐이다.

(3) 교육의 목표는

① 인간의 진화적 발전이라는 자연스러운 목표(페스탈로찌)
② 유물 변증법적인 사회문화적 목표들(마르크스)
③ 개인의 강요받지 않은 자연스럽고 자발적인 성장(룻소)
④ 가치에 대한 예민성, 사고의 정확성, 창조성 등을 증진시킴을 통해 얻는 개인의 자연스럽고 '균형잡힌 성장'(화이트헤드)

자연주의적 교육철학은 다음과 같은 형태로 나타날 수 있다. (1) 실재론(예: 아리스토텔레스), (2) 실존주의(예: 니체), (3) 마르크스주의(예: 마카렌코), (4) 분석철학(예: 페터스), (5) 실용주의(예: 듀이)

주의: 자연주의적 교육철학은 지식에 대하여 실용주의적 태도를 취할 수도 있고 실재론적 태도를 취할 수도 있다.

8. 비자연주의 이론들

비자연주의적 교육철학은 다음과 같은 입장을 취한다.

(1) 물리적인 자연은 궁극적인 실재가 아니다(예: 플라톤, 어거스틴, 헤겔, 마리탱).

(2) 교육의 목표는

① 인간에 대한 하나님의 뜻을 실현하는 것(어거스틴, 토마스 아퀴나스, 마리탱)
② 정신으로서의 이상적인 인간을 실현하는 것(칸트, 버틀러)

■ **가치론에 관련된 용어 해설**

- **이타주의(Altruism)**: 타인들의 행복에 도움이 되지 않을 경우에는 자신의 행복을 무시하는 것을 의무로 삼는 주의
- **신인동형론(Anthropomorphism**: anthropos〈사람〉+morphe〈모양〉). 최소한 어떤 면에서는 신이 인간과 같다는 믿음, 예를 들어 신이 어떤 얼굴을 가지고 있다고 믿는 것
- **자존(Aseity**: 라틴어 a se esse, 자기 자신으로부터 존재함): 이 개념을 신에 대하여 적용시킬 때의 의미는, 신은 그의 존재와 성질에 있어서 자기 자신이 아닌 어떤 다른 실재에도 의존하지 않고 있으며, 시작도 끝도 없는 영원한 존재라는 것이다. 피조물의 우연성에 대조되는 신의 필연적 존재성이라는 개념에 기본이 되는 개념이다.
- **무신론(Atheism)**: 신의 존재를 부인하는 입장. 예를 들면, 싸르트르와 같이 신이라는 개념 자체가 자기 모순이라고 믿는 것

- **이신론(Deism)**: 신이 이 세계를 창조하여 운행하도록 한 후 더 이상 간여하지 않고 있다고 본다. 혹은 자연신학만이 타당하다고 보는 18세기의 한 사조를 일컬음
- **행복주의(Eudaemonism)**: 희랍 윤리학설로서, 바른 행위의 목적은 개인의 복지, 행복이라고 본다. 아리스토텔레스 등이 주장함(5장, 차트 17과 48페이지를 볼 것)
- **형식주의(Formalism)**: 인간의 행해야 할 의무를 결정하는 기본 원리는 순전히 형식적인 것이라고 보는 윤리학설. 칸트 등의 입장(5장, 차트 20과, 50, 51페이지를 볼 것)
- **이타적 쾌락주의(Altruistic hedonism** 〈희랍어 hedonê: 쾌락〉): 타인의 행복을 증진시키기 위해서라면 자신의 행복은 얼마든지 희생해야 한다는 사상
- **단일신교(Henotheism)**: 많은 신들이 있지만 오

직 한 신에게만 신앙을 드려야 한다는 신앙형태
- 내재주의(Immanentism): 신이 세계에 대하여 직접적으로 관계하고 있다고 본다. 예를 들면 급진 신학의 주장과 같이 신은 세상 속에서의 인간들의 곤경에 대해 책임이 있거나 혹은 이 곤경의 원천이라고 믿는다.
- 성육신 교리(Doctrine of Incarnation): 신 혹은 신의 속성들이 유한한 인간의 생명과 존재의 형태로 나타난 것을 믿는다. 예를 들면, 신의 도덕적인 속성들이 예수로 성육신했다고 믿는다든지(자유주의), 신의 신성이 예수로 성육했다고 믿는다(복음주의).
- 도구적(비본질적) 가치(Instrumental⟨Extrinsic⟩ Value): 다른 목표나 가치를 위한 수단이 되는 가치
- 본래적 가치(Intrinsic Value): 그 자체를 위한 가치로서 다른 목표를 위한 수단이 되지 않는 가치. 예를 들면 아리스토텔레스에 있어서의 '행복'과 같은 것이다.
- 케리그마적 신학(Kerygmatic Theology): 세계의 사실들로부터 신으로까지 추론해 나가는 자연신학을 비판하고 대신 신에 관한 지식은 계시를 통해 신으로부터 주어진다는 것을 강조하는 신학. 예를 들면 바르트의 입장이 여기에 해당한다.
- 사회개량론(Meliorism): 세상의 상태가 어떠하지간에 그것이 개선될 수 있다고 보는 견해. 실용주의와 관련이 있다(5장 제임스를 볼 것).
- 자연주의(Naturalism): 종교철학에 있어서, 인간 경험의 모든 양상들은 인간을 생물학적, 문화적 진화의 산물로 볼 때 적절하게 설명되어진다고 믿는 입장이다.
- 범신론(Pantheism): 신과 세계를 동일시하는 견해. 어떤 범신론은 신의 본질은 영원히 완전하고 필연적이지만 신은 아직 그 가능성이 다 실현되지 않은 변화하고 불완전한 부분들로 구성되어 있다고 주장한다. 또 다른 범신론은 "사물들의 특성에는 우연하게 주어져 있는 것은 하나도 없으며 모든 사물들은 어떤 방식으로 존재하며 기능할지가 신의 성품의 필연성에 의해 미리 결정되어 있다"고 본다(5장 스피노자를 볼 것).
- 초(超)심리학(parapsychology): 죽음 이후에도 삶이 있다는 것을 증명하기 위해 산 자와 죽은 자의 의사소통을 시도하며, 염력, 육감 등을 연구한다. 예를 들어 심령연구협회(Society for Psychical Research)같은 것과 관련이 있다. 이 협회의 지도자들 가운데는 베르그송, 제임스, 시지위크, 브로드, 프라이스 등의 철학자들이 포함되어 있다.
- 다신론(Polytheism): 삶의 서로 다른 여러 영역을 각기 주관하는 여러 신들이 있다고 믿는다.
- 유용성의 원리(Principle of Utility): 최대다수의 최대행복 혹은 최대 선을 산출하는 행위나 규범을 옳은 것으로 본다(공리주의, 48페이지를 볼 것).
- 최고선(Summum Bonum⟨라틴⟩): 단일한 궁극적 목표, 가치가 있다고 주장하는 이들이 인간 행위의 궁극적인 목표라고 보는 것. 이에 의하면 다른 모든 가치들은 최고 선의 관점에 의해 규정된다(5장 아리스토텔레스를 볼 것).
- 절대적 유신론(Absolute Theism): 한 분의 인격적인 신(일신론)이 있으며 그에게 모든 완전한 속성들, 예를 들면 능력(전능), 선(사랑), 지식(전지) 등이 있음을 믿는다. 이 신은 세계의 창조자요 유지자로서 세계 밖에 있지만 동시에 세계에 대하여 관심을 가지고 적극적으로 관여한다. 예를 들면 어거스틴의 신관이 여기에 해당된다.
- 제한적 유신론(Limited Theism): 신은 선하지만 절대적인 능력을 소유하고 있지는 않다고 본다. 플라톤, 제임스, 브라이트만(Brightman), 몬타규(Montague) 등의 입장이다. 플라톤에 의하면, 신은 자신이 창조하지 않은 다루기 힘든 물질들을 가지고 선의 이데아에 따라 사물을 빚어가는 우주적인 예술가이다.
- 신정론(Theodicy): 자비로운 신에 의해 다스려지고 있는 세계 속에 악이 존재하고 있는 것을 설명하려는 시도이다. 어거스틴(고대), 라이프니쯔(근대), 토인비(현대) 등의 저술에서 나타난다.

제 5 장

철학자들

이 장에서는 차트에 붉은 글씨로 이름이 기록된 철학자들의 철학 이론 중에서 앞에서 다룬 주제와 관련 있는 내용들을 간략하게 요약하였다. 여기에 소개된 철학자들은 그들이 반드시 가장 중요한 철학자들이기 때문에 소개된 것이 아니며, 또한 소개된 철학 내용도 반드시 철학에서 가장 중요한 역할을 했기 때문에 선택된 것이 아니다. 여기에 소개된 내용들은 이 책의 다른 부분에서 다룬 내용들을 보충하려는 의도에서 선택되어졌다. 이 장에서 소개된 철학자들과 다른 중요한 철학자들이 관련된 페이지와 차트를 찾아보려면 참조가 딸린 '연대표'를 보기 바란다.

1. 알렉산더(Alexander, Samuel: 1859~1938) 『시간과 공간 그리고 신성〈神性〉』(Space, Time, and Deity)

(1) 정신에 관한 이론—이멀전티즘(emergentism), 신(新)실재론 ■정신은 물질과 생명으로부터 진화하여 나왔다. ■진화는 더 낮은 단계의 요소들로 환원될 수 없는 참으로 새로운 것들을 산출한다. ■진화를 통해 등장한 것들은 (1) 그것의 요소 성분과는 다른 구조를 가지고, (2) 그 단계의 특유한 기능을 가진다. ■새로운 단계의 발생으로 나아가는 경향은 니수스(nisus, 분투)와 같은 것이다(베르그송의 '생명충동' 참

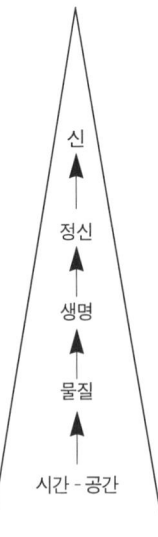

조). ■모든 단계 사이에는 지속적인 상호작용과 상호의존이 존재한다. 예를 들면, 뇌(생명)와 정신 사이의 관계(상호작용론, 38페이지)에서와 같다.

2. 아리스토텔레스(Aristotle of Stagira: B.C. 384~322) 저술 가운데 몇 가지를 소개하면, 논리학: 『오르가논』(기구), 물리학: 『물리학』, 형이상학: 『형이상학』(Metaphysica), 심리학: 『데 아니마』(De Anima, 영혼에 대하여), 윤리학: 『니코마코스 윤리학』, 정치학: 『정치학』, 수사학: 『수사학』, 미학: 『시학』(詩學)

(1) 지식에 관한 이론—합리주의 ■지식을 위한 방법으로서 논리학을 발전시킨다. ■플라톤과 달리, 지식의 대상이 이데아의 세계가 아니라 "이데아와 현상 간의 관계이다. 이것으로 지각된 것을 설명할 수 있는 개념적(이성적) 지식을 얻는다"(빈델반트). ■데모크리토스의 과학적 합리주의와 플라톤의 가치론적 합리주의를 결합시켰다. 유물론과 관념론 ■이데아 즉 형상들은 사물들 안에서만 존재한다. ■논리학은 일반적인 것(즉 이데아들) 혹은 존재와 감각으로 지각한 개별자들(즉 현상들)을 관련시키는 도구가 된다. ■"과학의 임무는 '감각을 통한' 개별적인 통찰이 (개념을 통한) 일반적인 통찰을 따라나오게 되는 논리적 필연성을 밝혀내는 것이다"(빈델반트). ■연역법의 구조는 삼단논법이다. 삼단논법은 두 개의 전제 명제가 참이라고 인정할 경우 세번째 명제가 도출

된다. ■연역법은 개별적인 것들의 보편원리를 드러내어 보여줄 수 있지만 보편원리 자체나 새로운 지식을 제공하지는 않는다. ■아리스토텔레스는 귀납법이나 조사를 통해서 개별적인 것들로부터 보편원리들을 뽑아낸다. ■"아리스토텔레스의 연구방식은 감각에 주어진 개별적인 것들로부터 … 보편적인 것으로 나아가는 것이다. 그리고 이 보편적인 것들에 의해서 개별적인 것들은 증명되고 설명되어질 수 있다"(빈델반트).

■아리스토텔레스는 연구의 개념들—제일원리들—을 개별적인 것들의 원인으로서의 실재에 관련시켰다. ■현대과학과는 달리, 아리스토텔레스의 과학은 사물들의 보편적, 형이상학적인 원인을 탐구하였다. ■현대의 비아리스토텔레스적 귀납법은 직관에 의한 확실한 보편 원리가 아니라 개연적인 원리에 도달하고 있다. 개연성이 아니라 확실성을 추구하는 것이 아리스토텔레스적인 과학과 지식이론의 특징이다.

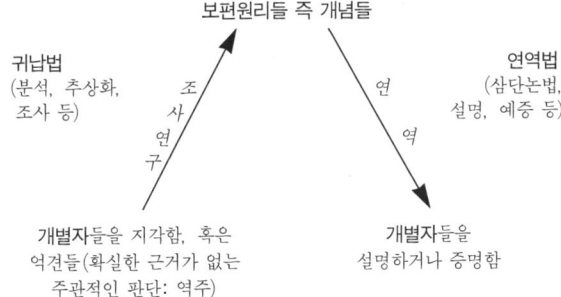

(2) 실재에 관한 이론—목적론, 아리스토텔레스주의, 생기론(vitalism) ■실재는 현상에서 드러나는 것이다: 그것은 형상과 질료를 포함한다. ■질료란 사물을 형성하고 있는 어떤 것이다. ■형상은 질료를 명(命)하고 구성시킨다. ■형상과 질료는 나누어질 수 없다: 형상이 있는 곳에 질료가 있다. 단 최초의 원인—부동의 원동자는 초월적인 순수형상으로서 예외이다. ■형상과 질료가 합해서 실체를 구성한다: 예를 들어 인간의 본질은 형상이고 인간의 물리적, 심리적인 요소는 질료이다. ■실체는(예를 들면 인간) 속성들 즉 '붉음'과 같은 보편적인 것을 가지고 있다. ■보편적인 것들('붉음' 따위)은 구체적인 개별 사물들 안에서만 존재한다—이 점에서 플라톤과 반대된다. ■실재에는 열 개의 범주가 있다. 여기에서 실체는 가장 기본적인 것이다. 왜냐하면 실체는 "어떤 대상의 속성이거나 일시적인 특성이 아니기 때문이다." 오직 실체만이 대상이다. 다른 모든 범주들 예를 들면 질('붉음' 따위)이나 양('x인치의 길이')과 같은 것들은 실체의 속성으로 보아야 한다. ■범주는 사유와 언어에만 적용되는 것이 아니라 실재에도 적용된다. ■형상과 질료는 상대적이다. 예를 들면 재목(lumber)은 목재(wood)의 형상이지만 동시에 집의 질료이기도 하다. ■질료는 형상으로 될 잠재력을 가지고 있다. ■형상은 현실적인 것이다. 예를 들어 도토리 하나는 그 자체로 현실적인 것이지만 동시에 떡갈나무의 잠재적인 형태이다. ■현실화나 변화는 원인에 의해 일어난다. ■원인 즉 변화의 요소들은 (1) 질료적인 것—사물의 한계, (2) 형상적인 것—얹게 된 형상의 모양, (3) 동력적인 것—변화를 낳는 힘, (4) 궁극적인 것—결과(엔텔레키〈질료가 형상을 얻어 완성하는 현실: 역주〉)나 현실화하려는 목표 ■모든 실재의 최초의 원인은 불변, 부동의 원동자(原動者) 즉 순수형상이다. ■실재는 영원하고도 목적론적인 과정이다. 이 과정을 통해 순수형상〈이성〉의 현실화를 위해 잠재적인 형태들이 현실성을 얻는다.

(3) 정신(영혼)에 관한 이론과 윤리학—기능주의, 행복주의 ■정신(영혼)은 "생명을 부여받은 자연적 신체의 가장 중요한 현실태"이다. 정신과 신체와의 관계는 시상(vision)과 눈과의 관계와 같다. ■신체의 엔텔레키는 신체의 타고난 본성이다. ■신체는 정신을 위하여 합리적인 존재로서 존재한다. ■정신은 자기 실현을 위하여 신체를 활동시킨다. ■최고 선은 능동적이고 순수한 이성을 발휘한다는 점에서의 자기 실현을 위한 활동이다. ■자기실현에 도달하는 것이 행복을 가져온다.

3. 어거스틴(Aurelius Augustinus: 354~430) 『고백록』, 『신의 도성』, 『삼위일체론』

(1) 실재에 관한 이론—절대적 유신론, 초자연주

의 ■실재는 존재이신 신이시다. ■존재는 선하다. 비존재가 악이다(플로티누스 참조). ■신은 인격성과 비인격성, 초월성과 내재성을 모두 지니고 있으며 전능하며, 완전한 뜻을 가지고 있다. ■따라서 "존재, 지식, 의지가 모든 실재를 포함한다. 신은 전지, 전능, 완전한 선으로 우주를 품고 있다"(빈델반트). ■존재이신 신은 현상에 실재성을 부여한다. ■궁극적인 인격(인격신론)으로서의 신은 완전한 의지를 발휘하여 무로부터 세계를 창조하고, 유지하며 완성시킨다. ■시간과 공간을 포함한 모든 존재들은 절대적으로 하나님의 뜻에 의존하고 있다. ■실재는 이중적이다(이원론). 존재, 선, 영원자로서의 신과 현상적이고, 의존적이며, 일시적인 그의 피조물이다.

4. 오스틴(Austin, John L.: 1911~1960) (영국 분석 법률학파를 성립시킨 공리주의 법철학자인, 존 오스틴〈John Austin: 1790~1859〉과 혼동하지 않도록 주의가 필요하다.) 저술 『철학논문』(Philosophical Papers, 엄슨〈Urmson〉과 바르녹〈Warnock〉이 편집), 『말로써 행하는 법』(How to Do Things with Words, 엄슨이 편집)

(1) 언어에 관한 이론—옥스포드 분석학파, 언어분석, 일상언어 철학 ■비트겐쉬타인 이상으로 신중하고 상세하며 정확하게 언어의 사용을 기술(記述)하였다. 특별히 철학에서 자주 오해하고 있는 언어사용을 구체적인 예를 들어 설명하였다. ■비트겐쉬타인과는 달리 철학적 분석의 목적이 철학적 난제들의 해소라고 생각하지 않았다. ■언어에 관해서 뿐 아니라 언어로부터 배워야 할 어떤 것들이 있다. 예를 들어 도덕적 책임에 관한 개념을 분석하는 것은 책임과 관련된 구체적인 상황 속에서 일상적으로 쓰이는 용어들의 다양성을 주목함으로써 풍부한 결실을 얻을 수 있다. ■예를 들어 어떤 사람이 특정행위에 대하여 그것이 '의도적이다' 혹은 '우연이다'라고 말하기를 원하는 것은 단지 언어적 관심에서 그런 것만은 아니다. 왜냐하면 언어는 매우 중요한 많은 기능들을 수행하기 위해 표현되기 때문이다(16,27페이지를 볼 것). 따라서 일상적으로 사용되는 관용어들은 단지 우연히, 임의로 사용되고 있는 것 같지 않다.

그것들이 계속 사용되고 있다는 사실은 그 용어들이 중요한 기능을 하고 있음을 암시한다. 스트로슨은 오스틴의 기술적 분석에 관한 관심을 더 발전시켜 기술적 형이상학으로 나아갔다. 기술적 형이상학은 세계에 대한 기본적인 요소들을 확인하기 위한 목적으로, 언어의 구조들을 밝혀낸다. 스트로슨의 진리의 정합설은 19페이지를 참조할 것.

5. 에이어(Ayer, Alfred J.: 1910~) 『언어와 진리와 논리』(Language, Truth and Logic), 『경험적 지식의 근거』(The Foundations of Empirical Knowledge), 『지식의 문제』(The Problem of Knowledge)

(1) 지식에 관한 이론—논리 실증주의, 현상론 ■지식에 관한 이론으로서의 에이어의 현상론에 대해서는 26페이지를 볼 것 ■에이어의 논리 실증주의의 성격과 발전에 대해서는 차트 23번을 볼 것

6. 베르그송(Bergson, Henri: 1859~1941) 『형이상학 입문』(Introduction to Metaphysics), 『창조적 진화』(Creative Evolution), 『도덕과 종교의 두 근원』(The Two Sources of Morality and Religion)

(1) 지식에 관한 이론—직관주의 ■"직관이라는 말은…그 대상을 성찰할 수 있고 그것을 무한히 확대시킬 수 있는 자기 의식적이 된 타고난 본능을 의미한다." ■직관은 지성이나 이성을 초월한다. 지성이나 이성은 단지 '본능과 직관 사이에 있는 중간역'에 불과하다. ■직관은 지식의 보다 우월한 원천이다. 왜냐하면 직관에 의해 인식자는 대상과 일체가 되거나 지적인 공감을 가지게 되기 때문이다. ■직관은 진행중인 과정으로서의 실재를 파악하기 때문에 우월한 인식방법이다. ■이성은 분석적, 점진적이며 정적(靜的)이다. 또한 형식적이다. 따라서 실재라는 유동적 흐름을 파악하지 못한다.

(2) 실재에 관한 이론—생기론(生氣論) ■직관에 의해 드러나는 실재는 지속(duration)으로서, 계속해서 움직이는 시간의 흐름이다. ■실재는 생명의 충동에 의해 움직인다. 생명의 약동(élan vital)은 무한한

독창성과 자유를 가지고 모든 방향으로 뻗어나간다. ■사물(공간 안에 있는 창조된 대상들)과 시간(창조하는 충동력)의 이원론 ■사물은 생명의 충동이라는 자유를 향하여 기계론에 대립된다.

7. 버클리(Berkeley, George〈주교〉: 1685~1753)
『인간 지식의 원리에 관한 논문』(*A Treatise Concerning the Principles of Human Knowledge*) 『힐라스와 필로누스의 세 편의 대화』(*Three Dialogues Between Hylas and Philonous*)

(1) 지식에 관한 이론—주관주의(22페이지를 볼 것)

(2) 실재에 관한 이론—주관적 관념론 ■실재는 지각자와 지각 내용이다. (존재하는 것은 지각되는 것과 지각하는 것이다.)

실재에 관한 버클리의 이론

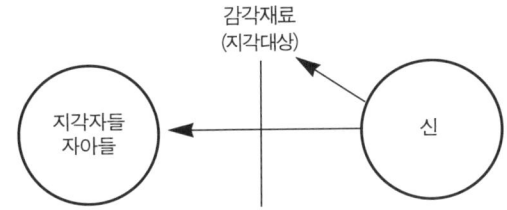

■개별적인 지각자들은 실재이지만 의존적인 영혼들이다. ■궁극적인 지각자는 신으로서, 그는 자연을 관념으로서 개별 지각자들에게 제공한다. ■실재는 삼중적이다. 즉 정신적인 내용으로서의 관념들과, 유한한 의식으로서의 능동적인 개별적 영혼들과, 궁극적인 정신적 원인으로서의 신이다.

8. 카르납(Carnap, Rudolf: 1891~) 『언어의 논리적 구문론』(*Logical Syntax of Language*), 『철학과 논리적 구문론』(*Philosophy and Logical Syntax*), 『의미와 필연성: 의미론과 양식 논리에 대한 연구』(*Meaning and Necessity: A Study in Semantics and Modal Logic*), 『개연성의 논리적 근거』(*Logical Foundations of Probability*), 『귀납적 방법의 연속』(*The Continuum of Inductive Methods*)

(1) 지식에 관한 이론—과학적 경험론, 물리주의
■비엔나 학파의 중요 멤버(차트 23과 17, 18, 27, 32페이지를 볼 것) ■직접 관찰한 것을 기록한 것, 즉 프로토콜 명제는 다른 모든 경험적 명제의 진리성을 판단하는 기준이 된다. 프로토콜 명제는 사실에 관한 다른 모든 명제들과 마찬가지로 상호주관적으로 검증가능해야 한다. 즉 물리적 사건에 속하는 것이어야 한다(물리주의). ■모든 과학자들은 동일한 물리적 세계를 탐구하고 있으며 비록 그들이 다른 용어를 사용하지만 그들은 동일한 언어를 말하고 있다(과학의 통일성과 경험주의적 실재론). ■카르납은 초기 비엔나 학파의 진리 대응설 즉 쉴릭의 진리론(19, 89페이지를 볼 것)을 거부하고 수정된 진리 정합설을 취하였다. 이것에 의하면 진리 여부의 기준은 사실과의 대응이 아니라 다른 명제들과의 정합성이다(19페이지를 볼 것).

(2) 언어에 관한 이론—이상 언어 이론, 형식주의 (차트 23과 29페이지를 볼 것) ■언어는 일관되게 그 자신의 구문 형식을 지니고 있다. ■어떤 문장이 마치 그것이 사실적인 것 즉 세계에 관한 것인 것처럼 오해되도록 구성된 명제를 표현할 때, 예를 들어 "장미는 가시가 있다"라고 주장하는 것처럼 "장미는 사물이다"라고 주장할 때 그 문장은 실질적인 양식 즉 구문론적인 양식 안에서 말해진다. ■문장을 형식적인 양식으로 번역함으로써 문장의 언어적 특성을 명백하게 한다. ■철학적 문장, 즉 형이상학적인 문장은 구문론적이다. 즉 실질적인 양식으로 표현되었기 때문에 오해를 낳는다(27, 28, 29페이지를 볼 것).

9. 크리시푸스(Chrysippus: 스토아 철학의 대표자: B.C. 282~209)

(1) 지식에 관한 이론—지식은 오직 지각으로부터 말미암는다.
■집단의 개념들(관념들)은 주관적이지만 그럼에도 불구하고 공통의 합리성으로서 모든 사람들에 의해 공유된다. 이래서 상식과 본유관념이 있게 된다. ■진리는 이성적인 사람들의 공통된 합의로서의 상식에 일치하는 것이다.

(2) 실재에 관한 이론—일원론, 목적론 ■실재는 단일하고 내적으로 연관된 세계 존재로서의 전체이다. 세계 존재는 "본원적인 힘"으로서 혹은 생명력의 원리로서 세계 속에 전개되어 있다(헤겔을 볼 것). ■그것은 '의도를 가지고 창조하고 인도하는 이성(로고스)이며… 모든 것을 다스리는 섭리'이다(빈델반트). ■이성(로고스)은 모든 것들을 필연성 내지는 운명으로 속박하고 있다(결정론). ■필연성으로서의 결정론은 목적론과 결합하여 섭리적인 인도가 된다.

10. 데모크리투스(Democritus of Abdera: B. C. 약 460~360)

(1) 지식과 실재에 관한 이론—원자론적 유물론, 기계론, 결정론, 대표적인 실재론, 환원주의 ■프로타고라스의 감각론과 소크라테스 이전의 합리론을 결합한 것 ■감각적 지각은 억견들을 낳고, 이성은 실재에 관한 지식을 준다. ■실재는 기본적인 성질(형태, 관성 등)을 가지고 있으면서 무한한 공간 속에서 재배열되고 있는 무수한 원자들이다. ■이성은 지각의 이차성질들(색깔, 맛 등)로부터 그것들의 지식을 도출해내야 한다. ■이성 그 자체가 운동하고 있는 사물들의 산물이다. ■정신—원자들은 대상들의 영상(작은 모사물)에 의해 '부딪힌다.' 이때 지각이 발생하며 이 지각으로부터 과학적 지식이 도출되어야 한다.

11. 데카르트(Descartes, René: 1596~1650) 『성찰』(*Meditation*), 『방법서설』(*Discourse on Method*)

(1) 지식에 관한 이론—합리론, 직관주의 ■지식의 목표는 확실성이다. ■확실성은 다음과 같은 것들로부터 얻게 된다. (1) 직관— '이성의 자연적인 빛'이 의심의 의지가 없는 확실성을 낳는다. (2) 연역— '확실성을 가지고 알려진 다른 사실들로부터의 모든 필연적인 추론'(20, 24, 25페이지를 볼 것) ■확실성을 얻기 위해서는 의도적인 회의가 필요하다(방법론적 회의론, 22페이지) ■이 의도적인 회의를 통해 의심할 수 없는 명백하고 필연적인 제일 원리에 도달하게 된다. 마치 기하학의 전개 방식처럼 이 제일 원리로부터 모든 필연적인 참된 지식들이 연역될 수 있다.

■데카르트의 방법은 단순한 의견으로부터 과학으로 나아가는 데 필요한 지침으로서의 네 가지 원칙을 낳게 하였다. (1) 어떤 것이라도 그것이 확실하고 불가피하게 그러한 것으로 확인되지 않을 때는 받아들이지 않는다. (2) 문제를 분석하여 해결할 수 있는 부분들로 환원시킨다. (3) 개별적인 것들을 체계화하여 일반적인 지식을 얻는다. (4) 지식이 완전한가, 반대의 경우는 없는가를 점검한다.

데카르트의 방법

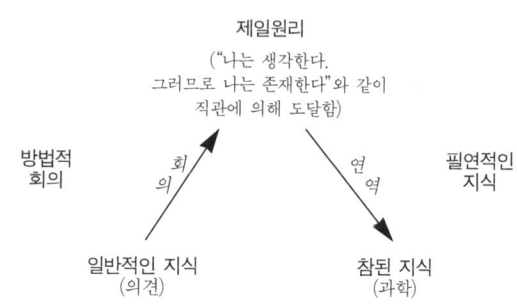

(2) 실재에 관한 이론—이원론 ■인간에게 있어서 실재란 두 가지 실체이다. 즉 (1) 물질, 즉 시간과 공간 속에 있는 연장체(延長體) (2) 정신, 즉 연장을 가지고 있지 않은 생각하는 영혼으로서 물질세계를 반영하는 것 ■신은 절대적 실체이며, 창조되지 않았고, 변함이 없으며, 완벽한 창조주이다. 그는 물질과 인간의 영혼을 창조하였다. ■의식의 내면적 세계인 정신은 자유로우며 신에 의해 움직여진다. ■공간 속에 있는 외적 세계로서, 물질은 기계와도 같은 세계를 구성하고 있다. 이 세계라는 기계장치는 최초의 원인인 신에 의해 움직여졌고 자연의 본래적 필연적인 법칙에 따라 계속해서 움직여지고 있다(결정론).

12. 듀이(Dewey, John: 1859~1952) 『어떻게 우리는 생각하는가』(*How We Think*), 『철학의 재건』(*Reconstruction in Philosophy*), 『인간성과 행위』(*Human Nature and Conduct*), 『경험으로서의 예술』(*Art as Experience*)

(1) 지식에 관한 이론—도구주의, 실험주의, 실용주의 ■안다는 것은 "경험하는 세계와의 계속적인 일

종의 상호작용이다. … 안다는 것은 결국 알려지는 것에 참여하고 관계하는 것이다." ■지식이란 가설적이면서 사태를 예견하는 기능을 가진다. "지식은 궁극적이거나 완성적인 것이 아니라, 매개적이고 도구적인 것이다." 왜냐하면 삶이란 적응을 위한 도구인 관념들을 끊임없이 새롭게 평가할 것을 요구하는 과정이기 때문이다(제임스와 피어스 참조). ■ "어떤 명제라도 참임을 보증하는 데 있어서는 실험이 요구된다." 실험이라는 방법이 지식을 얻는 방법이다. ■지식은 인간 공동체의 '축적된 경험'이며 미래의 경험에서 의미를 가진다는 조건으로 스스로를 정당화한다.

13. 프로이드(Freud, Sigmund: 1856~1940) 『정신분석 입문』(*General Introduction to Psychoanalysis*), 『문화와 욕구불만』(*Civilization and Its Discontents*)

(1) 정신에 관한 이론―프로이드주의, 심층심리학, 정신분석, 유물론 ■마음(자아)은 세 개의 밀접하게 상호작용하는 부분들로 구성된 역동적인 개체이다. (1) 이드(id)―무의식적인 추진력으로서 원래는 성적 본능이었다가 후에는 에로스(생명의 본능)와 아라크네(죽음의 본능)라는 두 개의 대립되는 충동과 관련된다. (2) 에고(ego)―자아의 의식하고 사고하는 활동으로서, 자기 자신의 만족만을 추구하며 타산적이고 이기적이다(심리학적 이기주의, 52페이지). (3) 슈퍼에고(Super ego)―잠재의식의 억압력, 즉 양심을 뜻한다. 이것은 어린 시절에 완전히 발달하게 되는데 사회의 도덕이 내면화된 것이다. 이것은 이드(어린이로서의)와 사회와의 갈등의 산물이다. ■에고, 즉 의식(일반적인 의미에서의 '마음')은 이드가 사회적, 물리적 환경과 대면하는 가운데 이드로부터 발달하여 나온다.

14. 헤겔(Hegel, Georg Wilhelm Friedrich: 1770~1831) 『정신 현상학』(*Phenomenology of Mind*), 『논리학』(*Science of Logic*), 『역사철학』(*Philosophy of History*)

(1) 실재에 관한 이론―절대적 관념론 ■실재는 절대 정신의 실현 혹은 전개이다. ■실재는 사유와 흡사한 어떤 과정이다. 이 과정은 변증법적(정-반-합)인 과정으로서 이 과정을 통하여 절대정신은 자신을 세계로서 객관화하고 세계 속에서 자신에 관한 지식을 발전시킨다. ■헤겔의 전체 체계는 세 개의 핵심적인 기초들 위에 구성되어 있다. 즉 관념-자연-절대정신이다. 즉자적(卽自的) 관념(정, 正)은 발전하는 것으로서 세계의 배후에 있는 혹은 세계에 앞서있는 역동적인 실재이다. 그것의 반(反)은 외화(外化)된 관념인 공간, 즉 자연이다. 자연은…인간으로 발전한다. 인간의 의식 속에서 관념은 자신을 의식하게 된다. 관념의 이러한 자기의식이 절대정신이다. 이것은 관념과 자연에 대한 반이다. 그리고 이 의식의 발전이 역사이다. … 역사는… '신의 자서전'이다. … 신의 실재이다(하르트만). ■역사를 통하여, 즉 인간의 삶과 인간이 구성한 집단들을 통해서, 절대정신은 자기의식과 자유라는 자신의 목표를 성취한다. ■인간과 인간의 성장하는 자아의식 그리고 자유를 통해서 절대정신은 자유로서의 자기 실현을 성취한다. 이로써 관념은 자기자신을 인식한다. ■이성에 적용되는 변증법은 사건에도 적용된다. ■사유와 사건의 모든 정(正)으로부터 필연적으로 그 대립물인 반(反)이 발생한다. ■이 대립은 합(合)에 의해서 해결된다. 합은 더 높은 실재 내지는 진리로서, 이 대립을 포함하면서 초월한다(마르크스 참조). ■절대정신은 전체로서의 변증법적 과정이다. ■ "이성적인 것이 현실적인 것이고, 현실적인 것이 이성적인 것이다." ■개별적인 개체들이나, 개별적인 사건들은 절대정신의 양상들로서만 실재이다.

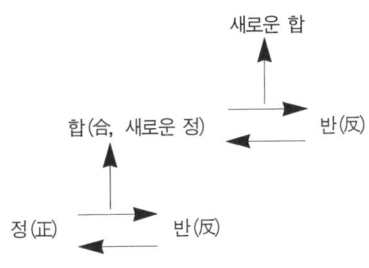

헤겔의 변증법

헤겔의 핵심적인 삼요소

	정(正) 관념 (즉자적 관념)	반(反) 자연 (외화된 관념)	합(合) 절대정신 (즉자대자적 〈卽自對自的〉관념)
구조: 근본적인 현현으로서	논리적 이성적 변증법	물리적 시간-공간	시간 ('살아온') 시간 혹은 자아의식의 시간으로서)
학문: 근본적인 분야로서	논리학	기하학	역사학

(2) 정신에 관한 이론─개인적인 정신들은 절대정신이 자신을 객관화한 것이며 인간의 자기의식 속에서 자신을 의식하게 되는 것이다. ■정신은 다음과 같은 방식으로 존재한다. (1) 주관적으로 앎과 추론함으로서 (2) 객관적으로 자연과 역사로서 (3) 절대적으로 관념으로서 존재한다. ■세계는 내면적인 실재이거나 외면적인 현상이 아니다: 내면적인 것이 외면적인 것이다. 정신이 신체이다: 자연은 시간과 공간 속에 객관화된 절대적 존재이다. ■자연은 가시적(可視的)인 절대정신이고 정신은 비가시적 자연이다. ■정신은 다음과 같이 전개된다. (1) 영혼(soul) 즉 자연에 의존하고 있는 정신 (2) 의식(Consciousness) 즉 자연에 대립되는 정신 (3) 절대정신(Spirit) 즉 인식과 지식에 있어서 자연과 일치를 이루는 정신 ■절대자는 (1) 먼저 자신을 개인 즉 영혼으로서 구체화한다. (2) 자신을 의식하되 신체가 아닌 다른 것 즉 의식 안에서 의식하게 된다. (3) 이후에 절대정신으로서의 자기의식을 발전시킨다. ■자기 의식에 있어서, 정신은 주관과 객관을 결합하여 절대정신 즉 실재가 된다. ■달리 말하자면, 영혼과 신체는 그들의 대립에 의해서 폐기된다. 그러나 다른 의미에서는 더 높은 수준인 절대정신이라는 합으로 결과됨을 통해 보존된다. 헤겔은 이 결과를 우연히 꼭 들어맞는 '지양' (止揚, aufgehoben)이라는 독일어로 표현하였다.

15. 하이데거(Heidegger, Martin: 1889~) 『실존과 존재』(Existence and Being), 『존재와 시간』(Being and Time), 『형이상학 입문』(An Introduction to Metaphysics)

(1) 실재에 관한 이론─실존주의적 현상학, 현상학적 존재론, 무신론■가장 근원적인 질문은 "존재의 의미는 무엇인가?"라는 물음이다. ■초기에 하이데거의 관심은 현존재(現存在) 즉 인간 실존의 현상학적 분석에 있다. ■후기에 그는 존재가 현존재에 우선하며 자신을 현존재 속에서 드러낸다고 보았다. 이것은 진리 즉 존재하는 모든 것의 의미가 '침입' 하는 것이다. ■현존재─'세계 내(內) 존재'로서의 인간─는 사물들과 같은 혹은 사물들 가운데 있는 하나의 실체라기보다는 관계들의 한 장(場)이라고 보았다. ■현존재는 그 특징으로서, '타락' 즉 소외된 상태(Verfallenheit)에 있다. 이것을 극복하는 것이 '진리'를 회복하는 것이다. ■인간이 그의 세계를 창조한 것이 아니다. 즉 세계에 의미를 부여한 것이 아니다. 오히려 "자신의 계시를 담고 있는 말과 그것을 듣게 된 귀를 창조한 것은 바로 존재 자신이다." ■ 그러나 존재는 전통신학적 의미에서의 신이 아니다. ■하이데거는 희랍어 아-레테이아(a-létheia: 진리)를 어원학적으로 풀이한다. 즉 '진리'를 '자신을 드러내는 숨겨진 존재'로서 설명한다. ■실존적 진리는 어떤 관념을 지적으로 파악하는 것이 아니라 실존에 대한 '개방'이다. ■누가 '진리를 안다' 라고 하기보다는 '진리 안에서 실존한다' 라고 해야 한다.

16. 홉스(Hobbes, Thomas: 1588~1679) 『레비아탄』(Leviathan), 『인성론』(Human Nature), 『국가론』(On the Body Politic), 『공민론』(On the Citizen), 『물체론』(On Body), 『인간론』(On Man)

(1) 실재에 관한 이론─자연주의, 기계적 유물론, 행동주의 ■존재하는 모든 것은 '물체' 이다. ■만약 신이 있다면 신 역시 '물체' 이다. ■갈릴레오와 데카르트가 물질 세계 즉 연장성을 가진 세계에 대해 주장한 기계론이 인간 사회에도 적용된다고 보았다. ■물

질적이지 않은 것은 없다(자연주의). ■모든 '물체들'은 동인(動因)에 영향을 받는다(기계론적 유물론). ■인간은 물리적인 힘 뿐 아니라 정서적으로 자신을 움직이는 힘에 의해 영향을 받는 유일한 '물체'이다(행동주의).

(2) 지식에 관한 이론—유명론, 합리주의(동시에 회의주의) ■신체적인 작용을 통해 생성된 감각들(환상이나 감각 표상들)과 이성이 지식을 형성한다. ■그러나 이성은 중세철학이나 데카르트 철학의 주장처럼 보편적 진리들을 조명해 주는 '빛'이 아니다. 또한 그것은 결코 정신의 활동도 아니다(정신이란 존재하지 않는다). ■이성은 인간 신체의 부수현상이다. 이로써 자연적 원인들을 인식하고, 이름을 붙이는 어떤 작용들과 상징적인 언급이 발생한다. ■비록 인간의 인식은 일반명칭들을 사용할 수 있지만 독립된 실체(예를 들면, 플라톤의 이데아)나 정신적 실체(예를 들면 아벨라드〈Abélard〉의 개념들)와 같은 보편자들은 존재하지 않는다(유명론). ■모든 사고는 환상이나 감각표상의 형태로 주어지는 외부적 힘(자극)에 대한 반작용(반응)으로서 일어난다. 사고는 이러한 부수현상의 연속이다. ■진리는 사실과의 대응에 있는 것이 아니라, 상징체계로서 말과 사고의 정합성에 있다. ■지식이란 어떤 객관적인 실재를 지적으로 파악하는 것이 아니라 언어 상징들을 일관성있게 성공적으로 구성한 것이다. ■지식의 목적은 인간의 본성을 포함하여, 자연을 지배하는 것이다. ■홉스는 합리주의자이며, 결정론자이지만 다음과 같은 점에서 회의주의적인 모습을 드러낸다. 인과율 예증의 객관성에 대하여 주저한 점, 그리고 다른 합리주의자와는 달리 이성을 형이상학적인 것으로 보지 않고 부수현상으로 본 점에서 그러하다. 예를 들면 데카르트에서와 같이 "나는 생각한다"라는 것이 없다.

(3) 윤리학, 심리학, 정치학 이론—자연주의, 심리적·윤리적 이기주의, 권위주의, 법률주의, 실증주의, 부수현상론 ■도덕적인 선, 악은 사람들이 추구하느냐 안하느냐의 여부에 달려있다. 욕구하는 것은 긍정적인 추구이고, 혐오하는 것은 부정적인 추구이다.

■"사람들이 욕구하는 것(즉, 선)은 그들이 사랑하는 것이며, 그들이 혐오하는 것(즉, 악)은 그들이 미워하는 것이다." ■법과 규율이 없이는 인간들은 '자연의 상태'에 있게 된다. 자연의 상태에서 "각 사람은 다른 모든 사람들에 대해 주장할 자신의 권리를 가진다." 즉 그가 욕구하는 것은 무엇이든지 그에게 있어서 '선'이다. ■사람들이 다투게 됨으로 인해 자연의 상태는 "고독하고, 험악하며 잔인한 상태이며 따라서 빨리 끝나버리고 만다." ■사람들은 합의에 의하여 법을 세우고 그에 따라 '다른 모든 사람들'에 대해 가졌던 각자의 권리를 절대권력에 넘겨준다. 절대권력은 무엇이 합법적인지, 도덕의 기준을 결정하고 그것을 강제한다. ■옳은 것은 법에 의해 결정되고 법은 권력에 의해 결정된다. ■사회와 도덕은 사람들이 자연의 상태 대신 이성적으로 선택한 것이다. 사람들은 배타적으로 자기 자신만의 유익을 추구하는데(심리적 이기주의) 그들은 절대권력과 강제하는 법이 있어야 자신들의 유익이 가장 잘 보훈된다는 것을 알게된다. 이것들 없이는 사회도 도덕도 성립할 수 없다.

17. 흄(Hume, David: 1711~1776) 『인간 오성(悟性)에 관한 연구』(*An Enquiry Concerning the Human Understanding*)

(1) 지식에 관한 이론—회의주의, 순수 현상론, 경험론 모든 지식은 감각적 지각작용으로부터 유래한다. ■지각 내용에는 다음과 같은 것이 있다. (1) 인상(impression), 즉 직접적인 경험 (2) 관념, 즉 인상의 모사물, 인상의 기억 ■인상은 (1) 관념보다 앞서고 더 생생하다. (2) 외부적인 감각재료 예를 들면 색깔 등에 대한 감각 (3) 내부적인 느낌 즉 감정에 대한 감지 (4) 기억이나 상상에 의해 모사되면 단순관념이 형성된다. ■단순관념들은 관념의 결합법칙에 따라 결합하여 복합 관념을 형성한다. 결합법칙에는 다음과 같은 것들이 있다. 유사성의 법칙—비슷한 관념들이 서로 결합한다. 근접성의 법칙—공간적으로나, 시간적으로 근접하여 있는 관념들이 서로 결합한다. 인과성의 법칙—관념들이 늘 연결되거나 순차적으로 일어날 때 인과적으로 결합한다. ■확실한 지

식은 특정한 인상으로 환원될 수 있는 관념으로 구성된다. ■인과율, 실체, 자아, 신과 같은 관념들은 인상으로 환원될 수 없다. 따라서 이것들은 편리를 위해 만들어진 문법상 하자없는 허구관념일 뿐이다. ■우리는 외부 세계를 알 수 없다. ■"의식에는 지각 내용 외에 어떤 존재도 주어지지 않는다. 따라서 우리는 대상과 지각 사이에 있는 원인과 결과의 관계를 결코 관찰할 수 없다."

18. 훗설(Husserl, Edmund: 1859~1938) 『순수 현상학과 현상학적 철학에 대한 관념』(*Ideas*), 『데카르트적 명상』(*Cartesian Meditations*)

(1) 실재와 지식에 관한 이론—초월적 현상학 ■철학은 '물(物)자체'에 대한 의미있는 의식적 경험의 구조에 대한 엄밀한 과학(현상학)이다(차트 24를 볼 것). ■그 기본적인 구조는 지향성(intentionality)이다. ■수의는 의식이 대상을 지향하는 만큼 '대상'에 기울여진다. 이 대상은 바로 '물 자체'의 '관념적 본질'이다. ■이 본질은 관념적인 실재(플라톤)도 아니고 심리학적인 실재(흄)도 아니다. ■초월적 현상학은 의식에 의해 지향된 본질과 그리고 대상을 지향하고 있는 의식에 관한 기술적 분석이다. 대상을 지향하는 것은 세계에 의미를 부여하는 것이다. ■'초월적 자아'라는 말은 의식이 지향성을 형성하는 것을 일컫기 위해 훗설이 사용한 용어이다. 그것은 칸트에서와 같이 형식적인 것이 아니라 구체적인 것이다. ■오직 하나의 세계만이 존재한다. 칸트에서와 같이 물 자체의 세계와 현상으로 나타나는 세계로 구분하지 않는다. ■대상(즉 세계)은 선험적 범주에 따라 의식에 의해 구성되는 것이 아니다. 대상은 생활세계 안에서 지향성에 의해 의식에 이미 결합되어 있다. ■세계는 의식에 자신을 나타내고 반대 급부로, 의식은 세계에 의미를 부여한다. ■데카르트에서와 같이 세계를 내다보는 '생각하는 존재'는 의식도 초월적 자아도 아니다. 생각하는 존재는 '생활—세계'에 몰두해 있으면서 세계를 지향하며 그것을 반성하는 활동 속에 내향적으로 자신을 의식하게 된다.

19. 제임스(James, William: 1842~1910) 『실용주의』(*Pragmatism*), 『다원적 우주』(*A Pluralistic Universe*), 『철저한 경험론』(*Essays in Radical Empiricism*), 『믿으려는 의지 및 기타 논문들』(*The Will to Believe and Other Essays*), 『진리의 의미』(*The Meaning of Truth*), 『종교경험의 다양성』(*The Varieties of Religious Experience*)

(1) 지식에 관한 이론—실용주의, 철저한 경험론 ■후기 실존주의자들과 같이 제임스는 철학자의 영역은 사색이 장려되는 추상적 관념의 세계가 아니라 실용주의적 방법이 적용되는 '구체적이고 개인적인 경험의 세계'라고 주장하였다. ■"실용주의적 방법은 끝없이 계속될 형이상학적 논쟁을 해결하는 방법이다." ■"구체적인 사실 속에서 그 자신을 특정하게 표현하지 않는 추상적인 진리에는 아무 중요성이 있을 수 없다." ■이것이 옳은지 저것이 옳은지를 따지는 형이상학적 논쟁은 어느 것이 개인에게 실질적인(즉 관찰 가능한) 결과를 주는지를 검토함으로써 해결된다. ■"진리란 신념의 방식 안에서 그 자신이 유용함을 증명하는 모든 것에 대해 붙이는 이름이다."(19, 20페이지 진리에 관한 이론을 볼 것). ■"진리는 발생하는 것: 진리란 되어지는 것, 사태에 의해 만들어지는 것이다."

(2) 실재에 관한 이론—다원론(多元論) ■실재는 꽉 짜여진 것이 아니라 느슨하게 연관되어 있는 우주(universe) 즉 '다원적 우주'(pluriverse) 속에서 경험되는 많은 '실재하는 것들'이다. ■이 실재하는 것들은 '실재하는 신'도 포함하며 '생성의 과정'의 부분으로서 외견상 서로서로 관련되어 있다. ■실재는 신을 포함해서 "완성되지 않았다." 즉 "완성되고 있는 중이다." ■의식은 하나의 실체가 아니라 경험 속에 있는 하나의 기능, 작용이다. ■"그 기능이 앎이다."(훗설과 현상론 참조).

20. 칸트(Kant, Immanuel: 1724~1804) 『순수이성 비판』(*Critique of Pure Reason*: 이론적인 과학과 이성에 관한 고찰), 『실천이성비판』(*Critique* of Practical Reason: 실천적인 이성 즉 도덕성에 관한 고찰), 『판단력 비판』(예술과 자연에 있어서의 미적, 목적론적 판단에 관한 고찰)

(1) 실재에 관한 이론―비판적, 선험적 관념론 ■ '사물 자체'로서의 실재 즉 누메나(noumena)는 알려질 수 없다. ■누메나는 자신을 알려질 수 있는 현상으로서 정신(의식)에 나타낸다(26페이지 현상론을 볼 것). ■현상은 정신과 감각재료가 결합한 산물이다. ■현상은 정신이 그것들을 시간과 공간 안에 정돈할 수 있기 때문에 가능하다. ■정신은 자신이 인과율의 원리에 따라 현상 내지는 경험으로서 시간과 공간 안에 정돈시킨 것들만을 인식한다. ■정신은 '사물 자체'를 알 수는 없다. ■정신은 현상만을 인식한다. 왜냐하면 정신은 현상을 가능케 하는 데 필요한 능력을 가지고 있기 때문이다. ■정신은 현상을 가능케 하고 인식할 수 있는 것으로 만들 뿐 아니라 현상을 한결같고, 보편적이고, 전할 수 있는 것으로 만드는 구성하고 통일하는 능력을 가지고 있다. ■누메나로서의 실재―자아를 포함해서―는 실천이성의 요구와 도덕적 필요에 의해 암시된 것처럼 고정되어 있지 않은 것일 수 있다. ■인간의 불멸성과 자유 그리고 신의 존재는 도덕적 필요를 위해 인정될 수 있다. ■그러므로 실재는 삼중적이다: (1) 누메나 즉 사물 자체 (2) 현상 즉 경험되는 것으로서의 사물 (3) 자아 즉 능동적으로 구성하는 선험적 존재 혹은 칸트의 표현에 따르면 '지각하는 선험적 단일개체' ■칸트의 '지각하는 선험적 단일개체'는 합리론자들(데카르트, 스피노자 등)의 실체 개념과 유사하다: 그것은 경험이 가능하기 위한 절대 필요한 조건 내지는 전제이다. ■주의: 칸트의 비판철학을 바르게 이해하기 위해서는 그것에 관하여 더 많은 독서가 필요하다.

21. 키에르케골(Kierkegaard, Søren A.: 1813~1855) 『공포와 전율』(Fear and Trembling), 『불안의 개념』(Concept of Dread), 『철학적 단편』(Philosophical Fragments), 『결론적인 비과학적 추론』(追論, Concluding Unscientific Postscript)

(1) 실재와 가치(윤리학)에 관한 이론―기독교 실존주의 ■ "개인은…이 시대와 모든 역사와 온 인류가 전체로서 통과해야 할… 범주이다." ■개별적으로 존재하는 개인이 가장 중요한 범주이다. ■실재하는 것은 헤겔에서와 같이 이성적이거나 보편적인 것이 아니라―개별적인 것이다. ■헤겔에 반대하는 키에르케골의 입장은 실존하는 개별적인 자아가 어떤 보편적 자아의 개념보다도 우선한다는 그의 이론에서 나타나고 있다. ■헤겔에 있어서, 개별적인 자아는 보편적 자아의 예증에 불과하였다. 보편적 자아에 의해 개별적인 것들은 자아 즉 자아로 여겨지는 어떤 것이 된다고 보았다. ■본질―보편적인 것으로 사유되어지는 것―은 실존 즉 개별적인 주체에 의해 구체적으로 살아있는 것보다 앞선다. ■헤겔에게 있어서 사유는 사물들의 보편적 본질이다: 키에르케골은 사유와 실존의 우선성을 뒤집었다. ■그에게 있어서, 사유하는 것은 행동하는 것과 같다. ■예를 들어 죽음에 대하여 심각하게 사유한다는 것은 죽음의 일반적 개념에 대해서가 아니라 자기 자신의 구체적 실존의 유한성을 받아들이고 경험하는 것이다. ■사람은 자기 자신의 죽음을 죽어야 한다는 것을 알아야 한다. ■개념적인 사유는 추상적이고 일반적이고 수동적인데 비해 실존적인 사유는 구체적이고, 개인적이고, 열정적이다. 즉 주관적이다. ■실존적인 '진리'는 주관적이다. 왜냐하면 그것은 궁극적인 관심과 관계있기 때문이다. ■주관성의 본질은 자유이다. ■자유는 단순히 형이상학적인 비결정론을 뜻하지 않는다. 그것은 선택을 의미한다. ■사람이 무엇이 되어야 할지는 무조건적인 행위나 믿음의 '도약'에 의해 자유롭게 선택되어야 한다. ■이 '도약'은 절대적인 존재―신의 인간 실존 속으로의 상호운동을 가져온다. 그리고 이 도약이 바로 믿음으로 사는 삶을 의미한다.

22. 쾰러(Köhler, Wolfgang: 1887~) 『형태심리학』(Gestalt Psychology)

(1) 정신에 관한 이론―정신은 경험과 행위 전체로 구성된 역동적인 구조이다. ■정신은 "뇌의 신경계에서, 의식의 경험내용과 구조적으로 일치하는 어

떤 것이다"(와렌, 동형이질론〈同形理質論〉). ■심리적인 현상들은 신경계 안에서 발생하고 상호작용한다(35페이지 물리학 부분 참조). ■'시간과 공간 속에서 경험되는 질서와 생리적 과정 속에 있는 기본적인 역동적 구조 사이에는 정신 생리학적인 일치'가 있다(패트릭). ■그러므로 정신은 신체의 형식 내지는 기능이다.

23. 라이프니쯔(Leibnitz, Gottfried Wilhelm: 1646~1716) 『단자론』(Monadologie)

(1) 실재에 관한 이론—유심론적 원자론(Spiritualistic atomism), 범심론(Panpsychism) ■실재는 수학과 논리의 법칙에 의해 지배받는 조화로운 전체이다. ■이 조화로운 전체는 역동적인 실체인 무수한 힘들이 현현한 것이다. ■힘은 '기계적인 세계의 근원'이다. ■공간은 힘들이 조화롭게 공존한 결과이다. ■힘의 기본 단위는 단자(Monad)이다. ■라이프니쯔는 브루노(Bruno)의 유심론적 원자(범심론)로서의 단자 개념을 발전시켰다. ■단자들은 '그 자체가 우주'이다. 즉 그 자신들 안에 '우주를 반영하고 있는' 실체들이다. ■단자들은 공간 안에 있는 것이 아니다. 오히려 그들의 개별적인 세계를 구성하고 형태짓는 공간들을 산출한다. ■따라서 공간은 상대적인 것이다(32, 34, 35페이지 상대성 이론). ■단자들은 무생물의 미소한 의식에서부터 인간의 완전한 자기 의식에 이르기까지 완벽한 다양성을 가지고 있다. ■어떤 두 단자도 정확히 꼭 같지는 않다. 설령 그렇다고 한다면 그것은 동일한 단자이다(식별 불가능한 것들의 동일성 법칙). ■돌로부터 신(神)에 이르기까지 연속되는 단자들의 배열에서 결한 부분이란 없다(연속성의 법칙). ■신은 가장 근원적이면서 최고의 단자이다—단자 중의 단자이다. 즉 순수 힘 내지는 활동이다. ■각 개의 단자들은 내적 필연성에 의해 진행한다. 즉 '과거에 의해 충전되고', '미래를 잉태한다.' ■모든 현상 가운데 정신과 물질의 예정된 조화가 있다. ■인간은 모든 것을 포괄하는 하나님의 신적 목적에 따라 '가능한 최상의 세계' 속에서 조화롭게 작동하는 '신적 도구'로서 기능한다.

24. 로크(Locke, John: 1632~1704) 『인간 오성론』(Essay Concerning Human Understanding)

(1) 지식에 관한 이론—대표적인 실재론, 영국 경험론 ■마음은 태어날 때 백지상태이다. 그 위에 경험(인상)들이 새겨지고 그것은 단순 관념들을 낳는다. ■단순관념들은 내성(內省)에 의해 결합되어 복합관념이 된다. ■인과, 실체 등과 같은 추상적인 관념들과, 논리적인 함의들조차도 단순관념들로 환원될 수 있다. ■경험으로부터 독립하여 있는 보편적이고, 필연적인, 즉 선험적, 본유적인 관념들이란 존재하지 않는다(13, 25, 26페이지를 볼 것). ■어떤 성질들—연장, 모양과 같은—은 모든 인식자들에게 객관적인 제일성질로 나타난다. ■이 성질들은 맛이나 색깔과 같은 주관적 성질(제이 성질)들을 발생시킨다.

25. 마르크스(Marx, Karl: 1818~1883) 『포이에르바하 테제』(Theses on Feuerbach), 『반 뒤링론』(Dühring's Revolution)—엥겔스(Friedrich Engels: 1820~1895)와의 공저

(1) 실재에 관한 이론—변증법적 유물론 ■실재는 운동으로 표현되는 바, 모든 사물 속에 있는 근본적인 투쟁의 양상이다. ■이 투쟁은 변증법적 대립으로서, 진보적인 자기변질을 가져온다. ■인간 사회 역시 이 과정을 반영한다(헤겔 참조). ■이 과정에는 세 개의 기본적인 법칙이 관련되어 있다(엥겔스). ① 투쟁의 법칙—모든 실재는 대립물의 불안정한 통일과 상호침투이다. ② 변화의 법칙—양적 변화는 질적 변화를 가져온다. ③ 부정의 법칙—변화는 초기의 모순이나 대립물들을 종합한다. 즉 정과 반을 종합한다. 그리고 이것은 다시 새로운 모순과 새로운 종합을 낳는다.

26. 메를로 퐁티(Merleau-Ponty, Maurice: 1908~1961) 『지각의 현상학』(Phenomenology of Perception), 『행위의 구조』(The Structure of Behavior)

(1) 실재에 관한 이론—실존주의적 현상학, 실존주

의, 인본주의 ■철학은 현상학이다. ■"참된 철학은 세계를 보는 법을 다시 배우는 것이다." 즉 구체적인 상황 속에서 세계의 '부인할 수 없는 현존'을 완전히 인식하게 되는 것이다. ■"나는 세계를 대면함에 의해서만 나 자신을 대면한다." ■구체적인 일련의 관계로서의 '세계 내 존재'는 존재보다 앞서고(하이데거에 반대), 순수의식보다 우선한다(싸르트르에 반대). ■세계의 의미는 인간에 의해 창조되는 것(싸르트르)이 아니고 존재 자체에 의해 드러나는 것(하이데거)도 아니다. 그것은 주어져 있는 구체적 세계 속에 애매모호하게 얽혀 있다. ■모든 것이 무의미하다고 말할 수 없는 것과 마찬가지로 모든 것이 의미있다고 말할 수도 없다. ■의미는 각기 구체적이면서도 애매한 상황 속에서 해명되어야 한다.

27. J. S. 밀 (Mill, John Stuart: 1806~1873)
『윌리엄 해밀턴 경의 철학의 검토』(*Examination of Sir William Hamilton's Philosophy*)

(1) 지식에 관한 이론—현상론 ■물질, 인과율과 같은 관념들은 그것이 예를 들어 '감각 가능성'이라고 현상학적으로 해석될 때에 인정된다. ■신에 대한 지식은 세계에 관한 지식(감각 재료들로부터)으로부터 추론함으로써 가능하다. ■자연의 균일성은 감각 재료의 원인으로서의 세계에 관한 지식을 가능케 한다.

(2) 실재에 관한 이론—"물질은 감각의 영속적인 가능성이다." ■실재는 독립적인 정신적 실체이거나 독립적인 물질적 실체가 아니라 현실적인 감각들과 가능적인 감각들의 복합이다. ■정신적, 물질적 실체들은 감각 재료들로부터 구성된다. ■감각재료는 주관적인 정신(관념론에서와 같이)과 객관적인 세계(실재론에서와 같이)에 속한다. ■실재론은 변함없는 인과법칙에 의해 요구된다(결정론).

28. G. E. 무어 (Moore, George Edward: 1873~1958)
『윤리학 원리』(*Principia Ethica*), 『철학적 연구』(*Philosophical Studies*)

(1) 지식과 실재에 관한 이론—신(新)실재론 ■비록 지각은 감각재료들의 복합체를 물리적 대상으로 인식하지만, 감각할 수 있는 것들(즉 감각재료들의 복합체)로서의 실재는 지각과는 독립적으로 존재한다. ■로크의 객관적인 제일 성질과 주관적인 제이 성질은 이제 감각재료는 객관적인 것이고 대상들은 주관적인 것이라는 의미에서 거꾸로가 된다. ■무어의 실재론은 밀의 현상론에 접근하고 있다. 밀의 현상론에서 물질은 '지각의 영속적인 가능성'이다(아래를 볼 것).

(2) 가치에 관한 이론(가치론과 윤리학으로서)—선(善)은 정의내릴 수 없는 개념이라는 주장과 자연주의적 오류 논증 ■'선'의 개념을 쾌락이나 그 밖의 어떤 것이라고 정의하게 되면 그 참 의미를 상실하게 된다. 예를 들어 '노란색'을 어떤 파장이라고 환원하여 정의하게 되면 '노란색'에 대해 경험하는 어떤 정의할 수 없는 성질은 놓쳐버리게 된다. ■윤리적인 용어를 비윤리적인 용어로 대체하려는 시도는 자연주의적 오류를 낳는다. ■선(Good)이란 "그 자체를 정의할 수 없는 사유의 많은 대상들 가운데 하나이다. 왜냐하면 그러한 대상들은 궁극적인 것들로서 그것들에 관련하여 다른 정의될 수 있는 것들이 정의되기 때문이다." ■선(Goodness)이란 독특하고, 환원될 수 없는 속성이다. ■가치는 인간 상황에 독특한 경험의 정의할 수 없는 성질들을 포함한다(44, 53, 54페이지를 볼 것).

29. 니체 (Nietzsche, Friedrich: 1844~1900)
『비극의 탄생』(*The Birth of Tragedy*), 『선과 악을 넘어서』(*Beyond Good and Evil*), 『도덕의 계보』(*Genealogy of Morals*), 『짜라투스트라는 이렇게 말했다』(*Thus Spake Zarathustra*), 『권력에의 의지』(*The Will to Power*)

(1) 가치에 관한 이론(윤리학으로서)—자연주의, 허무주의, 무신론적 실존주의 ■서구인들은 두 개의 큰 악에 의해서 타락하여왔다. 그 하나는 주지주의적(主知主義的) 철학이고 또 하나는 기독교에서 가르친 연약함에 대한 숭배이다. 이 두 가지는 인간의 자연적인 기백을 부정한다. ■가치의 재평가 내지는

가치의 전도(顚倒)가 필요하다. 동정 대신에 경멸과 냉담; 이웃사랑 대신에 이기주의와 무자비. ■그 이유는? "삶이란 정확하게 권력에의 의지이기 때문이다. … 이것은 전 역사의 기본적인 사실이다." ■그러나 이 가치의 재평가는 '자유로운 영혼들' 즉 초인(超人)만을 위한 것이다. ■모든 평범한 사람들은 하나의 '다리(bridge)' 내지는 초인이 능가해야 할 어떤 것에 불과하다. ■새로운 도덕은 '선과 악을 넘어서', '일반 대중'의 가치관을 넘어선다. 일반 대중은 타고난 탁월함에 대한 그들의 적개심을 관습적인 도덕의 형태로 미화시킨다. 이 관습적인 도덕은 탁월한 덕성을 '악'이라 하고 대중 자신들의 연약함을 '선'이라고 규정한다. ■이타주의는 대표적인 '노예적' 이상(理想)이다. ■새로운 도덕은 힘과 능력의 타고난 덕성들을 실현시킨다. ■"귀족적인 사람은… 자신이 가치의 결정자라고 생각한다"(싸르트르 참조).

30. 퍼스(Peirce, Charles Sanders: 1839~1914) 『논문집』(*Collected Papers*)

(1) 지식에 관한 이론―실재론, 실용주의 ■실용주의적 방법이란 과학적 방법이라고 번역하는 것이 더 정확하다(14, 15, 16페이지를 볼 것). ■지식은 사실상 제임스의 생각보다는 좀더 사회적이며 검증도 좀더 공적(公的)인 것이다. ■지식에 관한 이론은 기호 내지는 기호에 관한 이론에 관련되어 있고 실재적인 것이다(31페이지를 볼 것). ■지식은 절대로 완전히 검증될 수 없고 절대적인 확실성을 얻을 수가 없다. 이것이 허위주의의 원리이다.

(2) 실재에 관한 이론―다원론, 과정철학(process philosophy) ■실재는 다양성을 가진 과정인데 이 과정은 무한한 가능성을 가지고 있으며 현실적으로는 이 가능성을 조금씩 실현하고 있다. ■물질은 감각을 통하여 '원초적인 사실'(brutal fact)로써 직접적으로 인식된다. ■경험론적인 형이상학이나 현상학적인 형이상학이 타당하며 이러한 형이상학은 모든 현상들의 세 가지 보편적인 양상들을 밝히는 것을 목표로 삼는다. 그 세 가지 양상들은 특성(quality), 사실(fact), 법칙(law)이다. ■이것들에 대해 퍼스는 제일, 제이, 제삼의 범주라고 이름을 붙였다.

31. 페리(Perry, Ralph Barton: 1876~1957) 『현대의 철학적 경향』(*Present Philosophical Tendencies*), 『가치 일반론』(*General Theory of Value*)

(1) 정신에 관한 이론―정신은 세 가지 요소로 구성되어 있다. 생물학적인 관심, 적응하려는 행위, 지적 내용이 그 요소들이다. ■정신의 의미는 그것을 내부로부터 보느냐, 외부로부터 보느냐에 따라 달라진다. ■"내성적으로 관찰된 정신은… 자연과 사회 속에서 관찰된 정신과 다르다."

(2) 실재에 관한 이론―신(新)실재론 ■실재는 중립적인 재료들이다. "이것들은 독립적으로 주어지며 이것들에 대하여 관념들이 형성된다. … 실재는 사유와 무관하다. 사유는 그 대상을 드러낼 수는 있지만 그 대상을 형성시키거나 창조하지는 않는다." ■실재는 다양한 실체들(entities)과 관계들(relations) 등으로 구성된다. 이것들은 논리적이거나 물질적인 것으로서, 의식에 직접적으로 주어진다.

32. 플라톤(Plato, Aristocles: B.C. 427~347)
대화록의 일부 내용들: •제1(소크라테스적) 시기: 『변명』(*Apology*), 『메노』(*Meno*), 『프로타고라스』(*Protagoras*), 『유티프로』(*Euthyphro*), 『고르기아스』(*Gorgias*) •제2 시기: 『향연』(*Symposium*), 『파에도』(*Phaedo*), 『국가론』(*Republic*), 『파이드로스』(*Phaedrus*), 『파르메니데스』(*Parmenides*), 『테아테투스』(*Theatetus*). •제3, 제4 시기: 『소피스트』(*Sophistes*), 『티마이오스』(*Timaeus*), 『법률론』(*Laws*)

(1) 지식과 실재에 관한 이론―이성주의, 직관주의, 이데아론, 이원론, 플라톤적 관념론, 플라톤적 실재론, 전통적 관념론 ■플라톤은 데모크리토스와 마찬가지로 프로타고라스의 지식에 관한 지각이론에서부터 출발한다. ■이성과 직관은 지각되는 현상 속에서 보편적인 것, 즉 이데아, 실재의 형상들을

발견해 낸다(이성주의와 직관주의). ■지식은 세 단계를 걸쳐 발전한다. 이 각 단계들은 영혼의 발전 정도 삼단계에 대응한다. ① 억견(doxa) — 감각으로부터 직접적으로 나온 의견이나 단순한 신념, ② 오성지(悟性知, dianoia) — 이성적, 추론적인 인식, ③ 이성지(理性知, noesis) — 이데아에 대한 직접적인 직관 ■지식의 대상은 다음과 같다. ① 실재로 존재하는 것, 즉 존재, 본질(우시아, ousia), 이데아 내지는 형상들 ② 덕(德) — "덕은 바른 지식을 통해서만 획득되고 지식은 참된 존재를 인식하는 것이다"(빈델반트). ■지식에 관한 플라톤의 이론은 국가론 제6권에 '분할된 선'의 비유를 통해 가장 잘 정리되어 있다. ■소크라테스의 도덕보편 개념 관념들은 존재론적 지위를 얻게 된다. 즉 실재의 기초가 된다(소크라테스를 볼 것). ■이데아는 ① 영원하고 완전하다. ② 실재한다. "참 실재의 '형상들'로서 그것을 아는 것이 덕을 형성시킨다. 형상들은 유(類) 개념들이다"(빈델반트). ③ 현상세계의 사물들에 의해 암시되고 모방되고 접근된다. ④ 이성과 직관에 의해 파악된다. ⑤ 객관적인 존재이다 — 정신이나 인식자로부터 독립하여 존재한다. 이 점에 있어서 현대 관념론과 대조된다(24페이지, 플라톤적 실재론으로서의 객관주의를 볼 것). ⑥ 존재, 덕, 미, 진리에 관해서 서열을 이루고 있으며 좀더 높고 보편적인 이데아들 아래에 있고 그것들은 다시 선이라는 절대 보편적 이데아에 참여하고 있다. ⑦ 궁극적인 목표인 선의 이데아를 향하여 배열되어 있다(목적론). ⑧ 인식할 수 있는 관념들이다. 이 관념들은 끊임없는 현상의 흐름을 형성한다. 즉 현상으로 나타난다. ⑨ 전생의 회상 내지는 기억을 통하여 영혼(정신)에 드러난다. ■두 개의 근본적인 실재가 있다. ① 독립적으로 실재하는 이데아들 ② 이데아에 의존하여 실재하는 현상들. 여기에 한 가지 더 창조자 내지는 행위자 신을 들 수 있다. 신은 이데아에 따라 세계를 조성한 존재이다. ■현상들은 영원하고 실재하는 이데아의 세계에 유사한 시·공의 세계를 형성하고 있다.

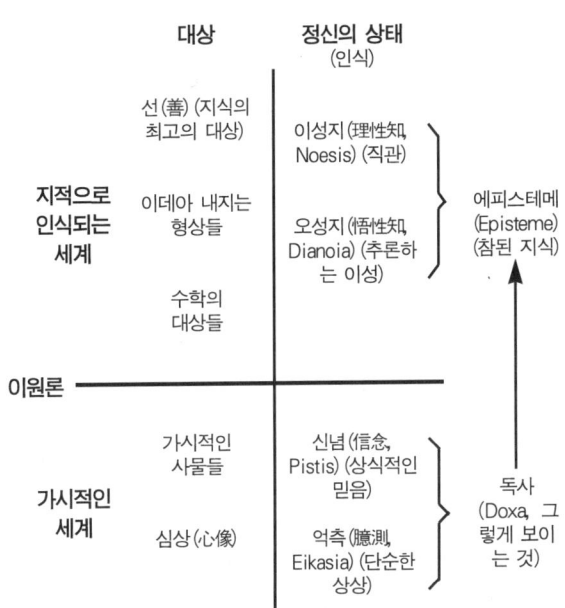

플라톤의 분할된 선(線)의 비유

(2) 정신(영혼)과 가치에 관한 이론(윤리학) — 유심론, 자아실현, 영혼불멸설 ■영혼(정신)은 선재(先在)하고 불멸한다(영혼불멸설 — 파이돈). ■영혼(정신)은 현상(생성물)인 실체를 이데아(존재)에 연결시킨다. ■영혼(정신)은 신체에 생명과 지식을 가져온다. ■영혼(정신)은 세 가지 기능에 의해서 이 연결을 이룬다. ① 욕정 — 충동 내지는 감각적인 욕망(에피티미아, epithymia) — 배에서 나온다. ② 기개 — 야망 내지는 기백있는 열정(티모스, thymos) — 가슴에서 나온다. ③ 이성 — 통찰 내지는 인식(노에시스, noesis) — 마음에서 나오며 자신의 근원인 불멸하는 이데아의 세계를 동경하고 그것에 상응한다. ■영혼(정신)은 마차에 비유된다. 욕정과 기개라는 두 마리의 말이 이성의 인도에 따라 마차를 끌고 있다. ■영혼의 세 가지 기능은 다음에 연관되어 있다. ① 세 종류의 지식(앞의 그림을 볼 것) ② 이상적인 국가에 있는 세 계급들(국가론) ③ 교육의 본질과 목적(국가론) ■사회의 조화는 영혼의 기능이 이루는 조화와 흡사하게 연관되어 있다. ■이 기능들이 이상적인 조화를 이룬 상태가 정의(正義)이다(국가론). ■궁극적 선(summum bonum)은 정의이다(아리스토텔레스를 볼 것). ■정의는 영혼의 지혜에 의해 인도되는 기개

의 용기와 욕정의 절제를 통해 얻어진다. ■지혜란 선을 동경하고 찾으며(에로스, eros) 마침내 그것에 대해 지식(에피스테메, episteme)을 갖는 것을 말한다(향연).

33. 플로티누스(Plotinus: 205~207) 『에네아데스』(Enneads, 아홉 벌)

(1) 실재에 관한 이론―신(新)플라톤주의, 신비주의, 유출설(流出說) ■실재는 일자(一者)이다. 이 일자로부터 모든 존재가 유출되어 나왔으며 모든 존재들은 일자로 되돌아가고자 한다. ■유출은 일자의 본성에 의한 것이다. ■유출은 관념들로부터 시작하며 이 관념들은 존재물들을 구성하여 존재(일자)와 비존재를 연결시킨다. ■관념들은 영혼들을 유출하고, 영혼은 다시 신체와 물질들을 유출한다. ■물질들이 다양한 물리적 존재들로 나타남으로써 유출은 다하게 된다. 물리적 존재들은 일종의 부정적 존재들이며 본질적으로 비존재 즉 존재(Being)의 결핍이다. ■영혼들은 개별적이고 신체를 살아있게 한다. ■영혼들은 세계 정신에 참여한다. ■영혼의 궁극적인 운명은 물질(비존재)을 벗어나서 일자(존재)에로 돌아가는 데 있다.

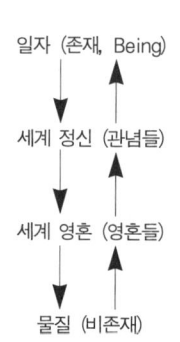

신플라톤주의의 유출설

일자 (존재, Being)
↓↑
세계 정신 (관념들)
↓↑
세계 영혼 (영혼들)
↓↑
물질 (비존재)

34. 프로타고라스(Protagoras of Abdera: B.C. 약 480~410)

(1) 지식에 관한 이론―감각론, 상대주의, 회의주의, 현상론 ■모든 정신적인 활동은 지각으로 구성되어 있거나 지각으로 환원될 수 있다. 지각은 인식자의 운동과 알려지는 사물의 운동의 산물이다. ■알려지는 것은 감각 재료이지 독립적으로 존재하는 대상들이 아니다. ■알려지는 것은 인식자에 따라서 그리고 지각되는 순간에 따라서 상대적이다. ■그러므로 "인간은 만물의 척도다. 그 만물들은 있는 그대로의 사물들과 있는 그대로가 아닌 사물들이다." ■제이성질(예를 들면 색깔이나 맛 등)은 주관적이다(데모크리토스, 갈릴레오, 로크 참조).

35. 럿셀(Russell, Bertrand: 1872~1970) 『외부세계에 대한 우리의 지식』(Our knowledge of the External World), 『사물의 분석』(Analysis of Matter)

(1) 실재에 관한 이론―논리적 원자론 ■실재하는 것은 시간과 공간 안에서 발생하는 다양한 사건들과 이러한 사건을 형성하는 추상적, 논리적 관계들이다. ■심리적인 사건은 물질적인 사건으로부터 구분되지 않는다. ■감각재료들은 대상과 마음에 모두 관계한다. 감각재료들이 물리적인 것으로 구성한 것이 대상이며 마음은 감각재료들을 심리적인 것으로 지각한다. ■감각재료는 주관적인 것이다. 즉 그것들은 지각되고 있지 않을 때에 존재하지 않는다. ■그러나 "우리 자신과 감각 재료들 외에 대상들이 실재로 존재한다. 대상들은 우리가 그것들을 지각하지 않을 때에도 존재한다." ■이런 대상들은 물리적인 존재와 같은 것이라기보다는 '지각되는 대상들' 혹은 '논리적인 구성물들' 이다(22, 24, 25, 26, 28페이지를 볼 것).

36. 라일(Ryle, Gilbert: 1900~) 『마음의 개념』(The Concept of Mind), 『딜레마』(Dilemmas)

(1) 언어에 관한 이론―분석이론의 옥스포드 학파, 일상언어 철학, 행동주의 ■"철학적인 논증들은 … 마음에 대한 우리의 지식을 늘리려는 의도가 아니라, 이미 우리가 가지고 있는 지식의 논리적인 지리(地理)를 교정하려는 의도로 주장된다." ■교정을 필요로 하는 한 개념의 '논리적인 지리' 는 '기계 속에 있는 영혼의 교리' 라는 '공적인 독단' 이다. 즉 역사상 마음과 신체에 대한 데카르트의 신념이다(앞에 나오는 '데카르트' 를 볼 것). ■이 '독단' 은 일상적인 언어적 표현, 예를 들면 '마음' 이나 '신체' 라는 표현에 대한 잘못된 분석에서 말미암는다. ■특별한 오류는 '범주 오해' 라고 하는 것인데 그 내용은 '통용어에 있어서 서로 다른 범주에 속하는 사실들을 같은 범주에 속한 것처럼 취급하는 것' 이다. 즉 "어떤 개념들을 그것들이 속하지 않은 논리 유형에 귀속시키

는 것이다"(29페이지 럿셀의 유형이론을 볼 것). ■ 마음 ― 신체의 문제에 있어서 라일은 다음과 같이 주장한다. 마음에 대해 말하는 모든 진술들은 실제로는 현재의 신체적 행동에 관한 진술이거나 혹은 예견되는 신체적 행동에 관한 가정적인 진술이다.

37. 산타야나(Santayana, George: 1863~1952) 『회의론과 동물적 신앙』(*Scepticism and Animal Faith*), 『존재의 여러 영역』(*Realms of Being*)

(1) 실재에 관한 이론 ― 비판적 실재론 ■ 실재는 본질을 통해 알려지는 다양한 물질적 존재들이다(플라톤을 볼 것). ■ 본질은 관념적으로 가능한 사물의 양상 내지는 형상이다. ■ 정신을 포함한 물질적 존재들이 본질을 담고 있다. ■ 정신은 물질적 존재들이 아니라 본질들을 직관한다. ■ 물질적 존재들은 '동물적 신앙'에 의해서 인정되어야 한다.

38. 싸르트르(Sartre, Jean-Paul: 1905~) 『자아의 초월』(*The Transcendence of the Ego*), 『구토』(*Nausea*), 『정서론』(*Theory of the Emotions*), 『존재와 무』(*Being and Nothingness*), 『변증법적 이성비판』(*Critique of Dialectical Reason*), 『실존주의는 휴머니즘이다』(*Existentialism Is Humanism*)

(1) 실재에 관한 이론 ― 실존주의적 현상학, 실존주의, 무신론 ■ 싸르트르는 '현상학적 존재론'(존재와 무〈無〉)를 전개시켰다. 이것은 의식에 대한 내성적인 분석에 집중하는 것으로서, 이에 따르면 '무엇에 대한 의식'은 '무엇에 대한 의식' 속에 내성적으로 함축 내지는 반영되고 있는 '자기 의식'과 구분된다. ■ 있는 그대로의 존재로서의 세계는 단독적인 존재(인간: 역주)의 의식작용을 통해 구성되고 의미를 부여받는다. ■ 자기를 의식하게 된다는 것은 자신이 아닌 어떤 것에 대한 의식 이전의 전(前)반성적 의식을 반성하는 것이다. ■ 의식의 대상이 되는 '자아'는 반성을 행하는 주체가 아니라 반성을 통해 나타나는, 고의로 만들어지는 대상이다. ■ 그것은 본질적으로 무(無)이다. ■ 비록 세계는 객관적인 존재이지만 그 자체와 그 구조는 인식 작용을 통해 모든 의미를 창조하는 인식자에 의해 부여된다. ■ 데카르트의 '실체적인 자아'라 하고 칸트나 훗설이 '초월적 자아'라고 부른, 선재(先在)하는 인간 본질은 존재하지 않는다(차트 3). ■ 존재를 본질로 하는 신(神) 역시 존재하지 않는다. ■ 오직 인간만이 존재하는데 그의 의식은 본질이 없는 실존, 즉 무이다. ■ 실존이란 일상적인 의미에서의 '존재한다는 사실'과는 다르다. ■ 실존은 의식이며, 의식은 무이다. ■ "(의식의) 실존은 본질에 앞선다." ■ 본질 즉 의미는 선택되어야 한다. ■ 의식은 단독으로 자신의 행위 즉 선택을 통해 자신을 선택해야만 한다. 이것은 자유를 의미한다. ■ 그러나 자유는 의식이 세계와의 관계 속에서 작용할 때만 존재한다. ■ 인간은 "자신의 목표에 의해 자신을 규정할 때에만, 즉 자신의 미래를 자신이 선택할 때에만 존재한다.

39. 쉴릭(Schlick, Moritz: 1882~1936) 『윤리학의 제문제』(*Problems of Ethics*), 『보편 인식론』(*Allgemeine Erkenntnisslehre*)

(1) 지식에 관한 이론 ― 과학적 경험론 ■ 비엔나 학파의 창시자 ■ 선험적 종합 지식을 부인했다(차트 23과 13페이지를 볼 것). ■ 철학이란 근본적으로 논리적 분석이라고 보았다. ■ 논리학과 수학의 분석적, 선험적 성격을 강조하였다(13페이지). ■ 경험적, 사실적 지식과 관계적, 논리적 지식을 구분하였다. ■ 지식의 범위를 경험적 지식과 논리적 지식으로 제한한다. ■ 개량된 진리 대응설을 주장하였다(경험적 실재론).

40. 쇼펜하우어(Schopenhauer, Arthur: 1788~1860) 『의지와 표상으로서의 세계』(*The World as Will and Idea〈or Representation〉*)

(1) 실재에 관한 이론 ― 주의(主意)주의적 관념론 ■ 실재는 맹목적이고 비이성적인 의지이다. 이 의지는 인간과 세계 현상으로써 자신을 객관화한다. ■ 이 의지가 칸트의 '물(物) 자체'이다. 그러나 이것은 내성과 직관을 통해 알려질 수 있다(26페이지). ■ 인간에게 있어서 의지는 자기 의식적이며, 구성에

의하여 표상으로서의 현상세계를 자신에게 나타낸다. ■이 세계는 인과법칙에 의해 질서지워져 있다. 인과법칙은 현상을 이해하는 데 필요하다. ■정신은 의지의 자기 표현으로서 자기 의식적이며 존재의 양상들을 이해할 수 있다. 존재의 양상들을 통해 의지는 자신을 객관화한다. ■현상들은 다양하게 나타난다. 그러나 실제로 그것은 하나의 보편 의지가 나타난 것이다. ■현상은 질서있고 좋은 것처럼 보인다. 그러나 사실은 비이성적이고 사악한 의지를 숨기고 있다.

(2) 미학 이론 — 자신을 자신에게 표상하는 의지로서의 세계는 다음과 같은 단계들을 통해 전개한다. ① 관념들이 객관화를 특정사물들에 제한시킨다. ② 최종적인 객관화로서 인간의 의식과 그 표상으로서의 현상세계가 나타난다. ■일상적인 인식은 의지의 작용이다. ■관념을 인식하는 것은 이 작용을 앞서서 의지를 의지 자신과 그것의 관념 내지는 한계에 대면케 한다. 따라서 관념에 대한 인식은 더 이상 의지를 객관화시키지 않는다. ■예술은 표상을 꿰뚫고 관념에까지 이르며 이로써 실재를 드러낸다. ■비극은 의지의 맹목성과 필연성을 보여준다. ■음악은 가장 자유롭고 많은 것을 드러내는 예술이다. 왜냐하면 음악은 의지 자체를 드러내기 때문이다.

41. 소크라테스(Socrates: B.C. 약 470~399)

(1) 지식에 관한 이론 — 합리주의 ■실재에 관해서 확실한 지식을 얻지 못한다고 생각한 점에서 소피스트들(프로타고라스 등)과 일치한다. ■그러나 도덕적 인식은 가능하다. "덕은 지식이다." 그리고 덕이 존재한다. ■도덕적 인식은 보편적이다(도덕적 절대주의). ■이성에 대해 열려있는 보편 원리들은 모든 특정한 관념들이 일치하고 있는 그러한 도덕적 개념들이다(87페이지를 볼 것). ■소크라테스의 방법은 문답법과 귀납법이다. 보편적인 것들은 개별자들로부터 도출되는데 이것은 동일한 것들 가운데 있는 차이들과 차이있는 것들 가운데 있는 동일한 것들을 발견함으로써 된다(87페이지를 볼 것).

고대 철학에서의 소크라테스의 영향

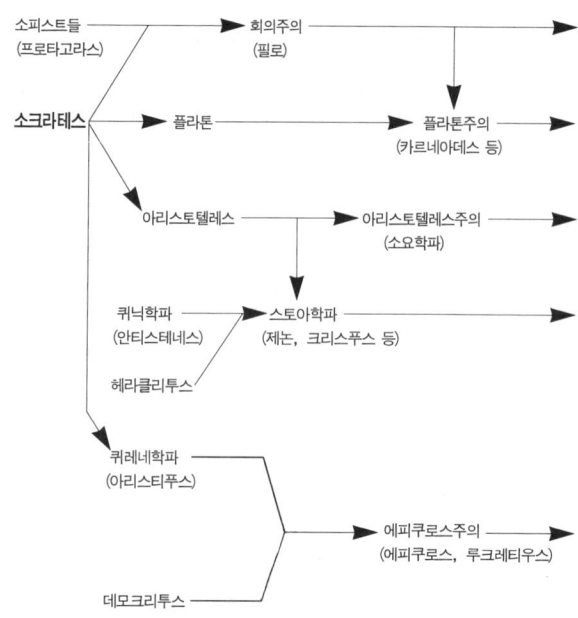

42. 스펜서(Spencer, Herbert: 1820~1903) 『제일원리』(*First Principles*)

(1) 실재에 관한 이론 — 진화주의(Evolutionism) ■세계는 물질과 운동, 힘으로 구성된 거대한 진화과정이다. ■"물질과 운동 그리고 힘은… 그 자체로는 궁극적인 실재들이 아니다. 그러나 그것들은… 지식의 한계를 나타낸다." 그것들은 알 수 없는 어떤 것의 양상들이다. ■물질, 운동 그리고 힘의 재분배는 상대적으로 불확정한 동질의 상태에서 상대적으로 이질적인 물질의 통합과 분화로 진행한다. ■진화의 원리는 우주론에서부터 문화에 이르기까지 존재의 모든 국면에 적용된다. ■진화의 근원 — 알 수 없는 어떤 것 — 에 관한 지식을 획득할 수 없다(불가지론).

43. 스피노자(Spinoza, Baruch〈Benedict〉: 1632~1677) 『기하학적으로 증명된 윤리학』(*Ethics Based on Geometry*), 『신학-정치론』(*Theologico-Political Treatise*)

(1) 실재에 관한 이론 — 일원론, 범신론 ■실재는 무한한 실체인 신이다. ■"신이라는 말은 절대적으로

무한한 존재—무한한 속성들을 가진 실체를 가리킨다." ■인간의 입장에서 볼 때 두 가지 속성만이 인식 가능하다: 의식(정신)과 연장(물질)(78페이지 데카르트주의 참조) ■정신과 신체, 사유와 행동은 각각 병행한다. 물리적인 사건의 인과적인 계기(繼起)는 관념의 논리적인 계기와 병행한다(병행론, 39페이지를 볼 것). ■신과 우주는 하나이다(범신론). ■신은 창조주가 아니라 우주 속에 내재하는 원인이다. ■모든 사건들은 상호 의존적이며 필연적이다(결정론). ■"관념과 의지를 가진 정신들의 끝없는 연속이 의식(정신)의 양상들인 것과 마찬가지로 각기 구분된 형상과 운동을 가진 물체들의 끝없는 연속 전체는 연장(물질)의 양상들이다"(빈델반트). ■스피노자의 일원론은 관념론과 유물론을 조화시키려는 시도이다.

44. 토마스 아퀴나스(St. Thomas Aquinas: 1224~1274) 『신학대전』(*Summa Theologica*), 『대이교도대전』(*Summa Contra Gentiles*)

(1) 지식에 관한 이론—아리스토텔레스적 실재론, 전통적 실재론 ■다른 것의 도움없이 이성(理性) 혼자만으로는 세계나 신을 알기에 충분하지 않다. ■세계에 관한 지식에는 경험, 신에 관한 지식에는 계시라는 '주어지는' 요소가 필요하다. ■토마스 아퀴나스는 먼저 경험되지 않은 것은 지성 속에 존재하지 않는다고 주장한 점에서 아리스토텔레스를 따르고 있다. ■그러나, 아리스토텔레스와는 대조적으로, 아퀴나스는 인간이 초자연적인 목적을 위하여 창조되었으며 따라서, 계시없이는 자연적인 지식이 불완전한 것과 마찬가지로 인간도 이 세상에서 그 자신만으로는 불완전하다고 주장하였다. ■물질적인 대상들은 실재이며 작용하고 있다. 그것들은 단지 존재할 뿐만 아니라 지성(정신)이 지각할 수 있는 지각 대상을 산출한다. ■지성(마음) 역시 실재하며 작용하고 있다. 그것들은 단지 존재할 뿐만 아니라 본질의 즉 사물 내지는 실체의 형상(관념)을 추출해 낸다. ■지성은 실재하는 독립적인 사물들을 알아가기 위해 경험을 도구로 사용한다. 다시 말해서 지성은 감각적 인상들과 개념들 즉 개별자들로부터 추출해낸 보편 관념들을 도구로 사용하여 사물들을 알아간다. ■예를 들어 '원형'(roundness)과 같은 개념들은 사물들 속에서 뿐만 아니라 정신 속에서도 보편적이며 이로써 객관적인 지식이 가능하게 된다.

(2) 실재에 관한 이론—절대적 유신론, 토마스주의, 아리스토텔레스주의, 스콜라철학, 초자연주의 ■철학의 임무는 아리스토텔레스적 의미에서의 형이상학적인 것이다. 그것은 구체적인 존재 세계에서 시작해서 그것들의 존재, 어떻게 그것이 존재하는가, 그것의 존재 조건들이 무엇인가를 탐구하는 것이다. ■세계는 신에 의하여 무로부터 창조되었다(어거스틴으로부터). 그에게 있어서만 본질 즉 실체는 존재와 일치한다(초자연주의). ■신은 순수행위(Pure Act)이다. 즉 우연한 존재가 아니라 필연적인, 존재 그 자체이다. ■본질과 존재는 모든 유한한 존재물들의 형이상학적인 두 구성원리이다. ■존재없이는 본질이 있을 수 없고, 본질없이는 존재가 있을 수 없다. ■인간을 포함한 세계는 다양한 실재하는 사물들(실체들 내지는 본질들)의 서열 체계이다. 다양한 등급 가운데서 사물들은 행위(act)와 잠재력(potency)을 겸비하고 있다. 신만이 순수행위 즉 행위 그 자체이다(아리스토텔레스주의). ■그러나 신은 단순한 철학적 최고원리가 아니다. ■신은 기독교의 인격신의 속성들과 신비들을 가지고 있다(인격신론). ■"존재(existence)는… 본질이 아니며, 본질의 부분도 아니다. 그것은 행위로서, 본질(즉 예를 들면 특정인물과 같은 실체)은 그 행위에 의해 존재(being)하게 된다"(코플스톤〈Copleston〉).

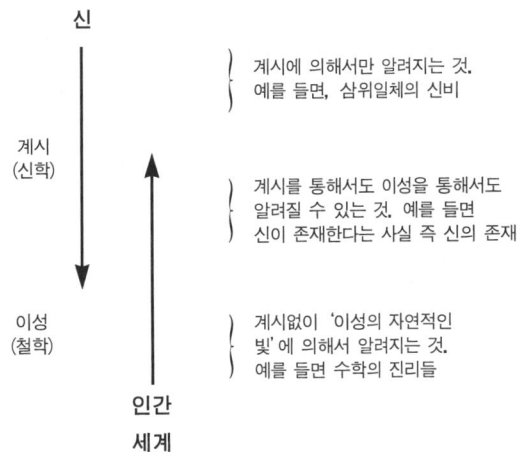

45. 틸리히(Tillich, Paul: 1886~1965) 『존재에의 용기』(The Courage to Be), 『새로운 존재』(The New Being), 『조직신학』(Systematic Theology, 전 삼권)

(1) 실재에 관한 이론—종교적 실존주의, 관념론 ■모든 존재자(existence)는 존재(Being)에 근거하고 있다. 그러나 인간 존재(human existence)는 존재로부터 소외되어 있다. ■"인간은 자기 존재(his being)의 근거로부터 소외되어 있고 다른 존재들(other beings)과 자기 자신으로부터도 소외되어 있다." ■싸르트르는 인간의 의식이 존재하는 모든 것들 즉 있는 그대로의 존재로부터 실존적으로 소외되어 있다고 보았고 의식은 그 자체로 무(無)라고 하였으나 틸리히는 존재의 근거로부터 예를 들면 인간 관계를 포함한 모든 존재하는 것들의 근거로부터 실존적으로 소외되어 있다고 보았다. ■그는 소외로부터 생겨나는 비존재(nonbeing)의 많은 위협들에도 불구하고 존재하려는 용기를 가져야 한다고 주장하였다. ■목표는 새로운 존재이다. 그것은 존재에 대한 개방과 수용의 관계 속에서 일어난다. ■새로운 존재는 소외된 것들을 화해시키는 능력으로서의 '존재의 능력'을 드러내는 '사랑' 가운데서 발견된다. ■실존적인 소외는 예를 들면 궁극적이지 않은 것에 대한 궁극적인 관심에 의해 생겨난다. ■궁극적인 관심은 절대적인 '존재의 근원' 그 자체에 대하여 불러일으켜져야 한다. ■따라서 예를 들면 인격적인 존재이면서 다른 존재들과 나란한 수준인 인격신에 대한 관심은 존재 그 자체에 대한 관심이 아니다. ■그러한 관심은 소외를 영속시킬 뿐이다. 왜냐하면 오직 존재 그 자체만이 모든 존재하는 것들의 근원으로서 그것들을 초월하기 때문이다. 그리고 사랑으로 드러나는 존재 그 자체에 대한 관심만이 새로운 존재를 낳을 수 있기 때문이다.

46. 파이힝거(Vaihinger, Hans: 1852~1933) 『의제(擬制) 철학』(The Philosophy of As-If)

(1) 지식에 관한 이론—의제주의(fictionalism), 회의주의, 실용주의 ■모든 추상적인 관념들은 유용한 허구들로서 생존의지의 도구로서 기능한다. ■지식은 감각의 세계 속에서 방향을 잡고, 예견하고 지배하기 위해 필요한 수단이다. ■"우리의 개념적인 세계는 실재 세계의 산물이기 때문에 그것은 실재 세계의 반영이 될 수 없다." ■지식은 실재를 드러내지는 않고 다만 우리가 실재에 대처할 수 있도록 도울 뿐이다.

47. 화이트헤드(Whitehead, Alfred North: 1861~1947) 『과정과 실재』(Process and Reality), 『과학과 현대 세계』(Science and the Modern World), 『사상의 모험』(Adventures in Ideas)

(1) 실재에 관한 이론—유기체론, 과정철학, 실재론 ■화이트헤드는 플라톤주의, 실재론, 범심론(汎心論), 상대성 물리학의 요소들을 결합시켰다. ■원래 화이트헤드는 실재론자였다("나는 세계 속에 있다. 세계는 내 안에 있는 것이 아니다."—1925년). 후에 그는 다소 관념론적으로 변하였다("나는 세계 속에 있고, 세계는 내 안에 있다."—1933년). ■실재는 '정신들'을 형성시키고 서로를 '인식'하는 상호 감각적인 영역들로 구성된 '상호밀접한 관계가 있는 사건들의 과정 내지는 조직으로 표현된다. ■사건들은 발생될 때 경험의 형상들 내지는 '영원한 대상들'에 의해 구성된다(플라톤 참조, 63페이지 신에 대한 화이트헤드의 입장을 볼 것).

48. 위즈덤(Wisdom, John: 1904~) 『다른 정신들』(Other Minds), 『철학과 심리분석』(Philosophy and Psychoanalysis), 『역설과 발견』(Paradox and Discovery)

(1) 언어에 관한 이론—캠브리지 분석학파, 치료적인 철학적 분석(therapeutic philosophical analysis), 언어분석 ■철학이란 개념적 치료작업이다. 그러나 그것이 단순히 언어의 '마력'(비트겐쉬타인)에 의해 혼란을 겪고 있는 철학자가 그것으로부터 탈출하는 것을 의미하는 것은 아니다. ■"철학적인 논쟁을 순전히 언어적 차원에서 다루는 것은 때때로 적절하지 않다." ■역설들로 인해 혼란에 빠진 철학

자들은 세계에 관하여 심각하게 다루어져야 할 무엇인가를 인식할 것이다. ■문제는 단지 언어의 잘못되고 혼동된 사용에 있는 것이 아니다. 왜냐하면 엉터리처럼 보인다고 말해지는 것이 사실은 언어습관에 의해 가리워지고 관심을 벗어났던 세계의 어떤 특징에 대해 주의를 요구하고 있는 것일 수 있기 때문이다. ■그러나 "'물질(혹은 정신)은 존재하지 않는다'와 같은 철학이론들은…역설이다. 철학적 의문들은 (과학적) 의문이 아니며 (논리적) 문제도 아니다. 다만…수수께끼일 뿐이다." ■세계의 본질에 관한 철학자들의 의견들은 우리에게 "새로운 것들을 보임으로써가 아니라 오래된 것들을 새롭게 보임으로써" 유익한 제안이 될 수 있다. ■"철학적 답변은 진실로 말로만 하는 건의사항(Verbal recommendation)이다." ■형이상학적인 진술로서의 철학적 답변은 (단순히) 넌센스가 아니라 (논리실증주의 참조, 16, 17, 46, 64페이지) 의미심장한 '넌센스'이다. "위즈덤은 그렇다고 말하는 것이 아니라 그렇다고 보는 것을 강조한다"(뉴웰, Newell). ■비록 형이상학적인 진술이 그 자체로는 사실적인 진술이 아니지만 그렇다고 해서 그것이 단순히 정서적인 가치만을 가지는 것도 아니다. 그것들은 우리가 사실을 새로운 방법으로 볼 수 있도록 도와준다. ■추론 역시 단순한 경험적 귀납이거나 연역에 그치는 것이 아니라 논리적인 예증이다. 그러나 실제적인 사용에서는 특정한 경우들을 언급하거나 비교하는 것이다. ■"추론은 그것이 유사한 것들을 새롭게 이해하도록 이끌거나 새롭게 이해함에 의해 유래된 것일 때에야 유효한 것이다."

49. 비트겐쉬타인(Wittgenstein, Ludwig: 1889~1951) 『논리철학논고』(*Tractatus Logico-Philosophicus*), 『철학적 탐구』(*Philosophical Investigations*), 『푸른 책과 갈색 책』(*The Blue and Brown Books*)

(1) 언어에 관한 이론 — ('논고'에 나타나는 초기 비트겐쉬타인) — 논리적 원자론 ('탐구'에 나타난 후기 비트겐쉬타인) — 언어분석, 일상언어철학 ■『논리철학논고』에 나타난 논리적 원자론의 입장에서의 비트겐쉬타인의 철학과 철학에의 접근에 관해서는 16, 27, 28, 29 페이지를 볼 것 ■그가 논리적 원자론을 버리고 일상언어 철학을 전개한 것에 관해서는 차트 23을 볼 것

제 6 장

연 대 표

"v"표시가 있는 철학자들은 5장에 나오는 철학자들이다.
숫자는 차트 번호를 가리킨다.

    탈레스(Thales: c. 600 B.C.) **8, 16**
    아낙시만드로스(Anaximander: c. 611~547 B.C.) **8**
    피타고라스(Pythagoras: c. 600 B.C.) **1, 2, 4, 5, 16, 22**
    아낙시메네스(Anaximenes: c. 550 B.C.) **8, 16**
    헤라클리투스(Heraclitus: c. 500 B.C.) **1, 2, 8, 14, 16, 19, 20**
    파르메니데스(Parmenides: c. 500 B.C.) **1, 2, 8**
    아낙사고라스(Anaxagoras: c. 500~428 B.C.) **1, 2, 12, 16**
    엘레아의 제논(Zeno of Elea: c. 475 B.C.) **1, 2**
    레우시푸스(Leucippus: c. 475 B.C.) **3, 12**
    엠페도클레스(Empedocles: c. 490~435 B.C.) **12, 16**
v 프로타고라스(Protagoras: c. 480~410 B.C.) **1, 2, 3, 13, 16, 17, 19**
v 소크라테스(Socrates: c. 470~399 B.C.) **1, 2, 4, 8, 11, 15, 16, 17, 19, 20, 21, 22**
v 데모크리토스(Democritus: c. 460~360 B.C.) **1, 2, 3, 12, 17, 19**
    안티스테네스(Antisthenes: c. 444~360 B.C.) **8, 20, 22**
v 플라톤(Plato: 427~347 B.C.) **1, 2, 4, 5, 7, 8, 9, 11, 14, 15, 16, 17, 19, 20, 21, 22**
v 아리스토텔레스(Aristotle: 384~322 B.C.) **2, 3, 8, 9, 11, 14, 15, 17, 19, 20, 22, 23**
    피로(Pyrrho: c. 360~270 B.C.) **1, 13, 19**

키티움의 제논(Zeno of Citium: c. 350~258 B.C.) **8, 20, 22**
에피쿠루스(Epicurus: 342~270 B.C.) **1, 2, 3, 12, 17**
아르케실라우스(Arcesilaus: 316~241 B.C.) **1, 4, 5, 13, 19**
v 크리시푸스(Chrysippus: 282~209 B.C.) **2, 8, 15, 20**
카르네아데스(Carneades: 214~129 B.C.) **1, 4, 5, 13, 18, 19**
파나에티우스(Panaetius: c. 180~111 B.C.) **8, 20, 22**
키케로(Cicero: 106~32 B.C.) **8, 20**
루크레티우스(Lucretius: 95~52 B.C.) **3, 12, 17**
필로(Philo: born c. 20 B.C.) **4, 11, 22**
세네카(Seneca: 4 B.C.~A.D. 65) **8, 20, 22**
아에네시데무스(Aenesidemus: c. A.D. 50) **13, 19**
에픽테투스(Epictetus: c. A.D. 60) **8, 20, 22**
마르쿠스 아우렐리우스(Marcus Aurelius: 121~180) **8, 18, 20**
알렉산드리아의 클레멘트(Clement of Alexandria〈Christian〉: c. 150) **4, 22**
터툴리안(Tertullian〈Christian〉: c. 155~222) **22, 24**
오리겐(Origen〈Christian〉: c. 185~254) **4, 5, 22**
v 플로티누스(Plotinus: 205~270) **2, 4, 5, 9, 14, 16, 20, 22**
섹스투스 엠피리쿠스(Sextus Empiricus: c. 300) **1, 13, 19**
v 어거스틴(St. Augustine: 354~430) **2, 4, 5, 8, 9,**

11, 15, 16, 20, 21, 22, 24
보에티우스(Boethius⟨Christian?⟩: 480~524) 20
스코투스 에리게나(Scotus Erigena⟨Christian⟩: c. 800~877) 2, 4, 9
아비세나(Avicenna: 980~1036) 9, 11, 15
안셀름(St. Anselm: 1033~1109) 4, 5, 11
로셀리누스(Roscellinus: c. 1050~1122) 12, 13
아벨라르(Abélard: 1079~1142) 12, 13, 22
살리스베리의 존(John of Salisbury: c. 1115~1180) 4, 5
아베로에(Averroes: 1126~1198) 11
마이모니데스(Maimonides: 1135~1204) 11
알베르투스 마그누스(Albertus Magnus: 1206~1280) 2, 11, 22
로저 베이컨(Roger Bacon: c. 1214~1294) 12
보나벤투라(St. Bonaventure: 1231~1274) 4, 5, 9
v 토마스 아퀴나스(St. Thomas Aquinas: 1224~1274) 2, 5, 11, 14, 15, 22
마이스터 에크하르트(Meister Eckhart: c. 1250~1329) 2, 4, 9, 24
둔스 스코투스(Duns Scotus: c. 1274~1308) 2, 5, 11, 21, 22
윌리엄 오캄(William of Ockham⟨Occam⟩: c. 1349) 1, 2, 5, 11, 12, 13, 21, 22
뷔리당(Buridan: c. 1297~1358) 12, 13
레오나르도 다 빈치(Leonardo da vinci⟨이탈리아⟩: 1452~1519) 12
마키아벨리(Machiavelli⟨이탈리아⟩: 1469~1527) 18
루터(Luther⟨독일⟩: 1483~1546) 4, 5, 22
몽테뉴(Montaigne⟨프랑스⟩: 1533~1592) 1, 13, 17, 19
브루노(Bruno⟨이탈리아⟩: 1548~1600) 14
프란시스 베이컨(Francis Bacon⟨영국⟩: 1561~1626) 1, 2, 12, 13, 14, 18
갈릴레오(Galileo⟨이탈리아⟩: 1564~1641) 1, 12
v 홉스(Hobbes⟨영국⟩: 1588~1679) 1, 2, 3, 12, 15, 17, 18, 19
v 데카르트(Descartes⟨프랑스⟩: 1596~1650) 1, 2, 3, 6, 10, 15, 16, 20, 21, 24
파스칼(Pascal⟨프랑스⟩: 1623~1662) 22, 24

v 스피노자(Spinoza⟨Dutch Jewish⟩: 1632~1677) 5, 6, 10, 11, 15, 20
v 로크(Locke⟨영국⟩: 1632~1704) 1, 2, 3, 6, 10, 12, 13, 14, 16, 17, 18
말브랑슈(Malebranche⟨프랑스⟩: 1638~1715) 6, 16, 24
뉴톤(Newton⟨영국⟩: 1642~1727)
v 라이프니쯔(Leibni⟨t⟩z⟨독일⟩: 1646~1716) 1, 2, 6, 10, 12, 14, 16
볼프(Wolff⟨독일⟩: 1679~1754) 6, 14, 16
v 버클리(Berkeley⟨영국⟩: 1685~1753) 1, 5, 10, 12, 13, 16, 17, 21, 22, 23
조셉 버틀러(Joseph Butler⟨영국⟩: 1692~1752) 21, 22
볼테르(Voltaire⟨프랑스⟩: 1694~1778) 19
요나단 에드워드(Jonathan Edwards⟨미국⟩: 1703~1788) 5
라메트리(Lamettrie⟨프랑스⟩: 1709~1751) 3, 12
리드(Reid⟨스코틀랜드⟩: 1710~1796) 16, 21
v 흄(Hume⟨스코틀랜드⟩: 1711~1776) 1, 3, 6, 10, 13, 14, 17, 19, 23
엘베티우스(Helvetius⟨프랑스⟩: 1715~1771) 17, 18
콩디약(Condillac⟨프랑스⟩: 1715~1780) 12
홀바흐(Holbach⟨독일⟩: 1723~1789) 3, 12
v 칸트(Kant⟨독일⟩: 1724~1804) 1, 2, 6, 7, 10, 14, 15, 16, 20, 21, 22, 23, 24
팰레이(Paley⟨영국⟩: 1743~1805) 17, 21, 22
벤담(Bentham⟨영국⟩: 1747~1832) 17, 18
피히테(Fichte⟨독일⟩: 1762~1814) 6, 7, 10
맨느 드 비랑(Maine De Biran⟨프랑스⟩: 1766~1824) 6, 21, 24
쉴라이어마허(Schleiermacher⟨독일⟩: 1768~1834) 5, 22
v 헤겔(Hegel⟨독일⟩: 1770~1831) 2, 6, 7, 10, 12, 16, 18, 24
제임스 밀(James Mill⟨스코틀랜드⟩: 1773~1836) 17
쉘링(Schelling⟨독일⟩: 1775~1854) 7, 10, 24
헤르바르트(Herbart⟨독일⟩: 1776~1841) 15
해밀톤(Hamilton⟨스코틀랜드⟩: 1788~1856) 7, 21
v 쇼펜하우어(Schopenhauer⟨독일⟩: 1788~1860) 2, 3, 6, 7, 10, 14, 16, 21, 24

쿠쟁(Cousin〈프랑스〉: 1792~1867) **6**
꽁트(Comte〈프랑스〉: 1797~1857) **1, 3, 12, 13, 17, 19**
페흐너(Fechner〈독일〉: 1801~1887) **3, 15**
에머슨(Emerson〈미국〉: 1803~1882) **9**
포이에르바하(Feuerbach〈독일〉: 1804~1872) **18, 19, 24**
v 존 스튜어트 밀(John Stuart Mill〈스코틀랜드〉: 1806~1873) **1, 3, 13, 14, 17, 18, 21, 23**
다윈(Darwin〈영국〉: 1809~1882) **3, 12, 13, 15, 17, 18, 19**
v 키에르케골(Kierkegaard〈덴마크〉: 1813~1855) **5, 21, 22, 24**
라베송(Ravaisson〈프랑스〉: 1813~1900) **7**
르누비에(Renouvier〈프랑스〉: 1815~1903) **6, 7, 21**
로체(Lotze〈독일〉: 1817~1881) **5, 6, 7, 10, 14, 15, 16, 20**
v 마르크스(Marx〈독일〉: 1818~1883) **3, 12, 18, 19, 24**
엥겔스(Engels〈독일〉: 1820~1895) **12, 18**
v 스펜서(Spencer〈영국〉: 1820~1903) **12, 13, 17, 18**
분트(Wundt〈독일〉: 1832~1920) **1, 3, 6, 7, 15, 16**
핵켈(Haeckel〈독일〉: 1834~1919) **3, 12**
그린(Green〈영국〉: 1836~1882) **10, 16, 20, 21**
시지위크(Sidgwick〈영국〉: 1838~1900) **17, 21, 23**
마하(Mach〈독일〉: 1838~1919) **1, 13, 23**
v 퍼스(Peirce〈미국〉: 1839~1914) **1, 14, 23**
v 제임스(James〈미국〉: 1842~1910) **1, 2, 3, 5, 7, 12, 14, 15, 24**
v 니체(Nietzsche〈독일〉: 1844~1900) **3, 4, 16, 17, 18, 19, 21, 24**
브래들리(Bradley〈영국〉: 1846~1924) **7, 10, 16, 20, 23**
보운(Bowne〈미국〉: 1847~1910) **5, 7, 10, 20, 22**
보쌍퀘(Bosanquet〈영국〉: 1848~1923) **10, 16, 20**
프레게(Frege〈독일〉: 1848~1925) **23**
v 파이힝거(Vaihinger〈독일〉: 1852~1933) **7**
마이농(Meinong〈독일〉: 1853~1920) **6, 14, 15, 21, 23**
포앙카레(Poincaré〈프랑스〉: 1854~1912) **1, 23**
로이스(Royce〈미국〉: 1855~1916) **7, 10, 16, 20, 24**
v 프로이드(Freud〈오스트리아〉: 1856~1940) **3, 16, 18, 19, 24**
뒤르켕(Durkheim〈프랑스〉: 1858~1917) **3, 13, 16, 19**

페아노(Peano〈이탈리아〉: 1858~1932) **23**
v 베르그송(Bergson〈프랑스〉: 1859~1941) **2, 6, 7, 9, 14, 15, 21, 24**
v 훗설(Husserl〈독일〉: 1859~1938) **3, 6, 14, 15, 24**
v 듀이(Dewey〈미국〉: 1859~1952) **1, 3, 14, 15, 17, 18**
v 알렉산더(Alexander〈영국〉: 1859~1938) **2, 14, 15, 21**
v 화이트헤드(Whitehead〈영국-미국〉: 1861~1947) **2, 4, 7, 14, 15, 21**
v 산타야나(Santayana〈스페인-미국〉: 1863~1952) **2, 3, 4, 12, 14**
크로체(Croce〈이탈리아〉: 1866~1952) **7, 10**
프리차드(Prichard〈영국〉: 1871~1947) **21, 23**
v 럿셀(Russell〈영국〉: 1872~1970) **1, 2, 3, 13, 14, 19, 23**
v 무어(G. E. Moore〈영국〉(1873~1958) **1, 2, 13, 14, 17, 21, 23**
호킹(Hocking〈미국〉: 1873~) **10**
쉘러(Scheler〈독일〉: 1874~1928) **6, 7, 14, 21, 24**
카시러(Cassirer〈독일〉: 1874~1945) **7, 10**
v 페리(Perry〈미국〉: 1876~1957) **2, 3, 14, 18, 19**
로스(Ross〈영국〉: 1877~1940) **21**
마르셀(Marcel〈프랑스〉: 1877~) **5, 11, 22, 24**
v 쉴릭(Schlick〈오스트리아〉: 1882~1936) **13, 19, 23**
마리탱(Maritain〈프랑스〉: 1882~) **2, 11, 14, 22, 24**
루이스(c. I. Lewis〈미국〉: 1883~) **1, 14**
v 틸리히(Tillich〈독일-미국〉: 1886~1965) **5, 22, 24**
브로드(Broad〈영국〉: 1887~) **14, 21, 23**
v 쾰러(Köhler〈독일〉: 1887~) **3, 15**
v 비트겐쉬타인(Wittgenstein〈오스트리아〉: 1889~1951) **1, 13, 15, 19, 23**
v 하이데거(Heidegger〈독일〉: 1889~) **5, 14, 24**
v 카르납(Carnap〈오스트리아〉: 1891~) **3, 19, 23**
v 라일(Ryle〈영국〉: 1900~) **3, 13, 15, 23**
v 위즈덤(Wisdom〈영국〉: 1904~) **13, 19, 23**
v 싸르트르(Sartre〈프랑스〉: 1905~) **3, 14, 19, 24**
v 메를로퐁티(Merleau-Ponty〈프랑스〉: 1908~ 1961) **3, 4, 24**
v 에이어(Ayer〈영국〉: 1910~) **1, 13, 19, 23**
v 오스틴(J. L. Austin〈영국〉: 1911~1960) **13, 19, 23**

차 트

차트 1. 주관론적인 인식이론들
차트 2. 객관론적인 인식이론들
차트 3. 정신에 관한 자연주의적 이론들
차트 4. 플라톤적 이원론
차트 5. 종교적 이원론(어거스틴주의)
차트 6. 데카르트적 이원론
차트 7. 칸트주의(이원론)
차트 8. 일원론: 스토아철학
차트 9. 일원론: 신비주의
차트 10. 일원론: 관념론
차트 11. 일원론: 아리스토텔레스주의
차트 12. 다원론: 유물론적 원자론
차트 13. 다원론: 현상론과 회의론
차트 14. 다원론: 현대 실재론
차트 15. 정신에 관한 기능주의 이론
차트 16. 정신에 관한 영적 이론
차트 17. 쾌락주의
차트 18. 자연주의: 힘의 윤리학
차트 19. 자연주의: 윤리적 회의주의, 주관주의, 상대주의
차트 20. 윤리적 합리주의
차트 21. 윤리적 직관주의: 객관론
차트 22. 종교적 윤리설
차트 23. 분석철학
차트 24. 실존주의와 현상학

주관론적인 인식이론들

(사물 그 자체는 알려지지 않는다.)

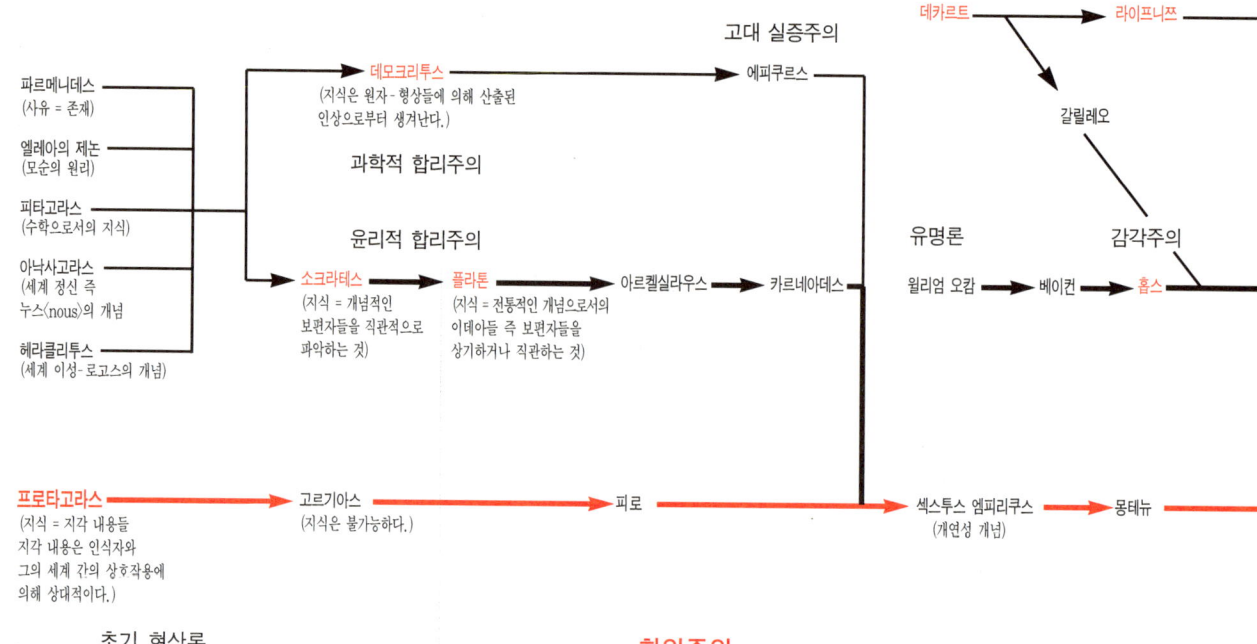

　인식의 문제는 모든 시대 철학자들의 관심과 주의를 끌어온 문제였지만 르네상스 이후 근대철학의 대두와 더불어서 특별히 전문적으로, 절실하게 다루어지게 되었고 데카르트 이후에는 철학의 관심이 인식론에 집중하게 되었다. 인식의 문제가 이처럼 중대 관심사가 된 것은 다양한 과학의 발전에 힘입은 것이다. 상식적인 세계관이 더 이상 상식이 되지 못하고 과학이 세계에 대한 확실한 인식과 지배를 추구하게 됨에 따라 추구되고 있는 지식의 본질과 지식을 획득하는 방법에 관해 의문들이 제기되었다. 실험적 방법이 발전하고 다양한 형태의 경험론이 대두함으로써 인식의 원천과 진리의 본질에 관한 이론들은 큰 영향을 받게 되었다.

　전통적으로, 서양 철학에서는 직관론자들과 관념론자들의 인식론이 강세를 보여왔으나 20세기에 와서는 이것들이 전체적으로 쇠퇴하고 다양한 형태의 실재론이 등장하였다. 실용주의, 현상론, 실증주의, 분석철학 등이 그러한 실재론에 해당한다(21~30페이지를 볼 것). 이것들 가운데서 가장 최근에 등장하였고 아마도 가장 큰

영향력을 끼치고 있는 것은 다양한 종류의 분석적 인식론들이다. 실증주의는 논리학, 과학, 언어분석의 발전을 경험론의 전통과 결합시킨 것이다. 이것은 논리실증주의로 가장 잘 알려져 있다. 역사적인 발전이라는 관점에서 볼 때 논리실증주의는 주로 흄의 현상론(bold)과 회의론의 산물이다(차트 23을 볼 것).
　회의주의는 전체로서의 지식의 가능성과 사물에 대한 즉각적인 이해로서의 지식의 가능성을 모두 부정한다. 대신에 회의주의는 개별적인 지각 내용들의 중요성을 강조한다. 많은 형태의 회의주의가 있는데 그것들은 모두 어떤 점에 있어서 지식을 불신하거나 지식의 범위를 흄이 '지각들의 흐름'이라고 부른 것에 제한시킨다(22, 80, 81,82페이지를 볼 것). 서양 회의주의의 최초의 위대한 대변자는 소피스트인 프로타고라스(Protagoras)였다. 현대 회의주의는 논리실증주의와 다른 형태의 분석철학 등과 관련을 맺고 있다(차트 23을 볼 것).
　대륙의 합리주의는 직관을 강조하는 데 반해 영국 철학의 전통은 순전히 경험론적 인식론을 발전시켜왔다. 경

차트 1

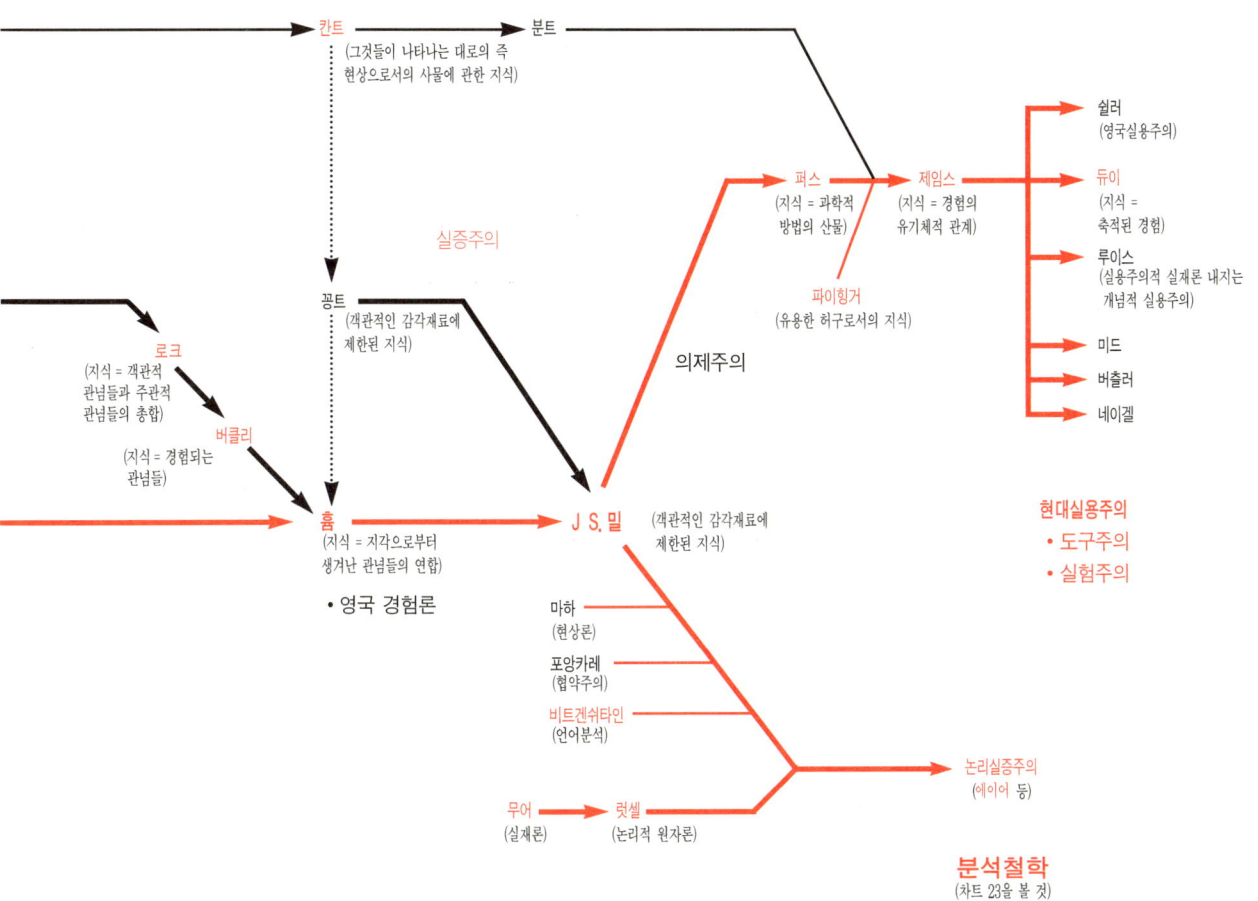

험론적 인식론은 윌리엄 오캄의 유명론(唯名論)과 프랜시스 베이컨(Francis Bacon)의 철학으로까지 거슬러 올라갈 수 있다. 칸트에 있어서도 역시 이 전통은 근대 인식론을 위한 영감의 중요한 원천이 되었다. 흄 이후 영국 경험론은 실용주의, 실증주의, 현상론, 분석철학 등의 현대 경험주의 학파들로 발전하였다(차트 23을 볼 것).

이러한 종류의 인식론은 모두 인식의 대상이 지각 내용이나 감각 재료 등 경험을 통해 주어진 것들로부터 만들어진다고 주장한다. 사물들은 우리에게 나타나 보여지는 것으로서의 사물들이다(칸트, 82, 83페이지를 볼 것). 사물들은 논리적인 구성물이다(럿셀, 에이어, 26~30페이지를 볼 것). 실체를 지칭하는 용어들은 유용한 개념일 뿐이다(제임스, 26페이지를 볼 것).

객관론적인 인식이론들

(인식자로부터 독립되게 존재하는 실재를 인식하는 것이 지식이다.)

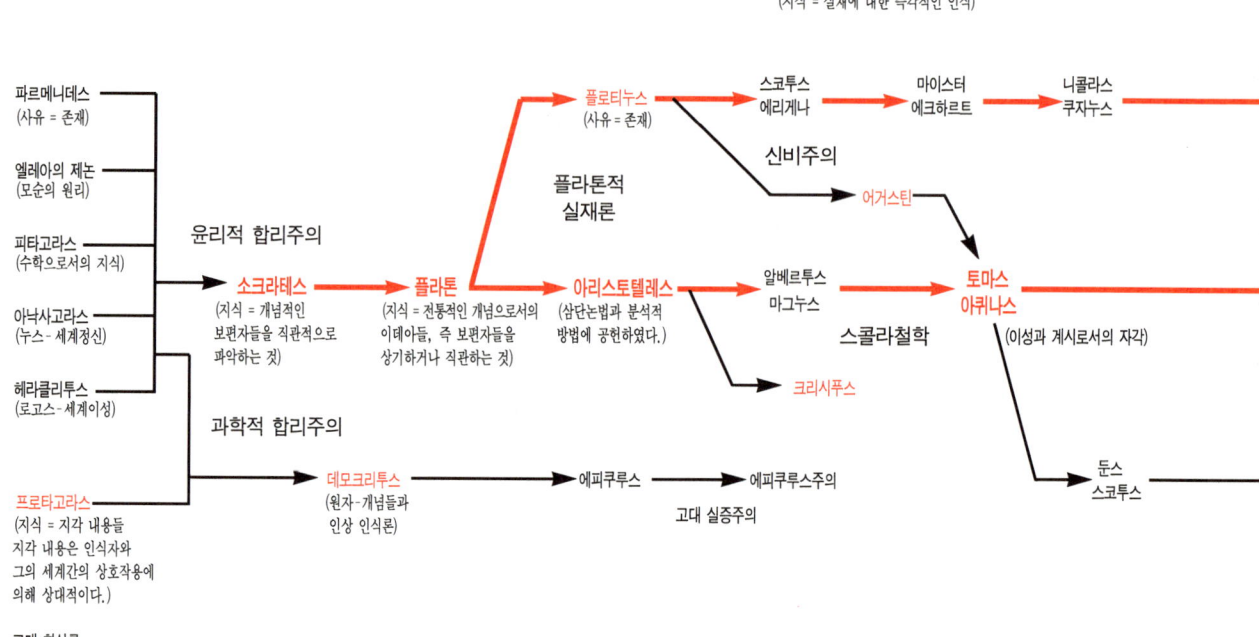

역사적으로 나타난 다양한 객관론적 인식이론들은 서로 동일하지는 않지만 상당히 유사성을 가지고 있다. 그래서 가장 최근 형태의 객관론도 오래된 객관론의 변형이거나 세련된 형태로서, 인식에 관한 의문에 대하여 예전과 비슷하게 답변하고 있다. 인식론의 역사를 통해 볼 때 네 가지의 객관론적 흐름을 찾아볼 수 있다: 직관주의, 아리스토텔레스-토마스주의, 객관적 관념론, 현대 실재론이 그것들이다(22, 23페이지를 볼 것). 네 가지 모두 형이상학적 인식론이다.

직관주의는 실재란 즉각적으로 감각 내지는 인식할 수 있는 것으로서 파악된다고 본다. 합리주의와 신비주의는 모두 직관주의에 호소하고 있다. 실재를 즉각적으로 파악한다는 의미에서의 직관은 통찰 과정 속에서의 최종적인 산물일 수도 있고(플라톤의 경우에서와 같이) 아니면 단순히 인식자가 인식자로서의 역할에 따라 심리학적으로 기능하는 방식을 의미할 수도 있다(심리학자 융의 경우에서와 같이). 신비주의의 인식론으로서의 직관주의는 인식자를 실재와 직접적으로 연결시킨다. 실재를 안다는 것은 그것과 연합하는 것이다: 인식자와 그의 세계는 하나가 되는 것이다(3장 실재에 관한 이론을 볼 것). 서양의 직관주의는 파르메니데스와 플라톤에 그 기원을 두고 있으며 베르그송과 같은 사상가들에게서 종결되고 있다(76, 87페이지를 볼 것). 그것은 또한 대륙 합리주의의 인식론적 기초를 형성하고 있다.

객관론적 관념론은 대륙 합리주의에 그 기원을 두고 있다. 데카르트와, 칸트를 거치는 그의 추종자들은 과학에 의해 탐구되고 있는 세계에 관한 지식을 획득하는 데 있어서 사유의 과정과 정신의 역할을 강조하였다. 예를 들면, 그들은 어떤 지식은 자명하고 정신에 있어서 생득(生得)적인 것이라고 믿는다. 즉 선험적인 것, 경험에 의하지 않고 알려지는 것이라고 믿었다. 이 지식은 모든 지식의 기초를 형성한다. 또한 세계는 합리적인 것이기

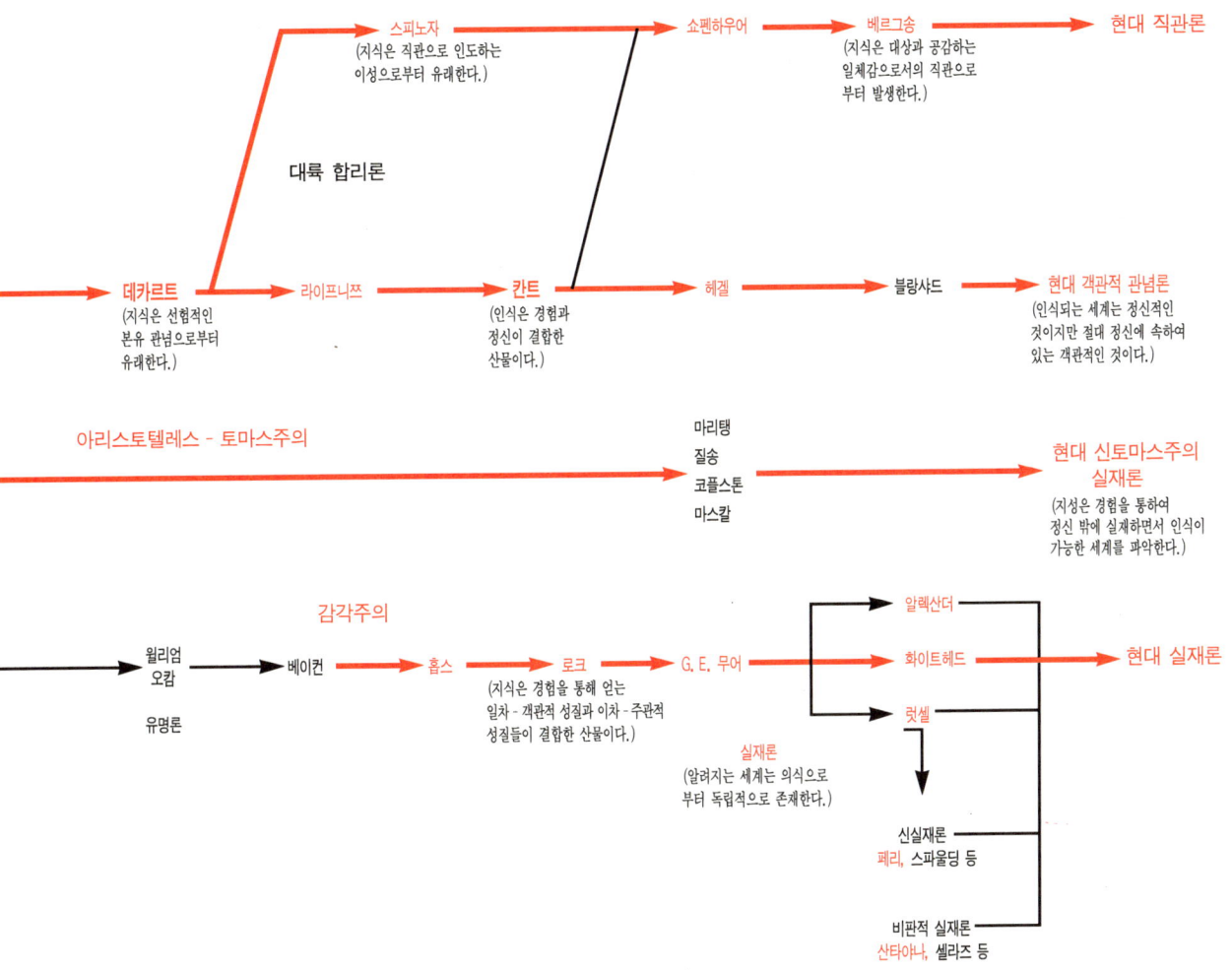

때문에 인간이성은 그것에 접근할 수 있다.
　아리스토텔레스 - 토마스주의는 아리스토텔레스의 인식론과 형이상학에 뿌리를 두고 있다. 이것은 토마스 아퀴나스에 의해 발달한 것으로, 대부분의 스콜라 철학의 인식론으로서 중세 후반에 융성하였다. 그리고 현대 토마스주의 철학에서 부활되어 다시 주장되고 있다. 토마스주의는 경험이란 지성으로 하여금 인식가능한 실재를 파악할 수 있게 하는 매개라고 믿는다. 실제로 존재하는 사물들이 실제로 인식되어지는 것이다(91페이지를 볼 것).
　현대 인식론으로서 인식론적 **실재론**은 당시에 풍미하고 있었던 관념론 특히 헤겔주의에 반박하여 미국의 윌리엄 제임스(William James)와 영국의 무어(G. E.

Moore)가 반론을 폄으로써 시작되었다. **현대 실재론**은 플라톤의 실재론과 구분된다. 현대 실재론은 플라톤의 이데아가 아니라 물질적인 대상들과 관계들의 독립적인 실재를 가르치기 때문이다. 실재론적 인식론에는 매우 다양한 형태들이 있다. 상식적인 실재론과 같이 가장 극단적인 경우에서부터 가장 약하게는, 인식에 있어서 정신이 더 큰 역할을 한다고 보는 비판적 실재론에 이르기까지 다양하다. 일반적으로, 인식론적 실재론은 객관적인 물질 혹은 실체, 과정, 사건들로 구성된 중성적인 세계가 인식자로부터 독립적으로 존재한다고 믿는 입장이라고 규정될 수 있다.

정신에 관한 자연주의적 이론들

(정신은 독립적인 존재가 아니며, 영적인 존재도 아니다.)

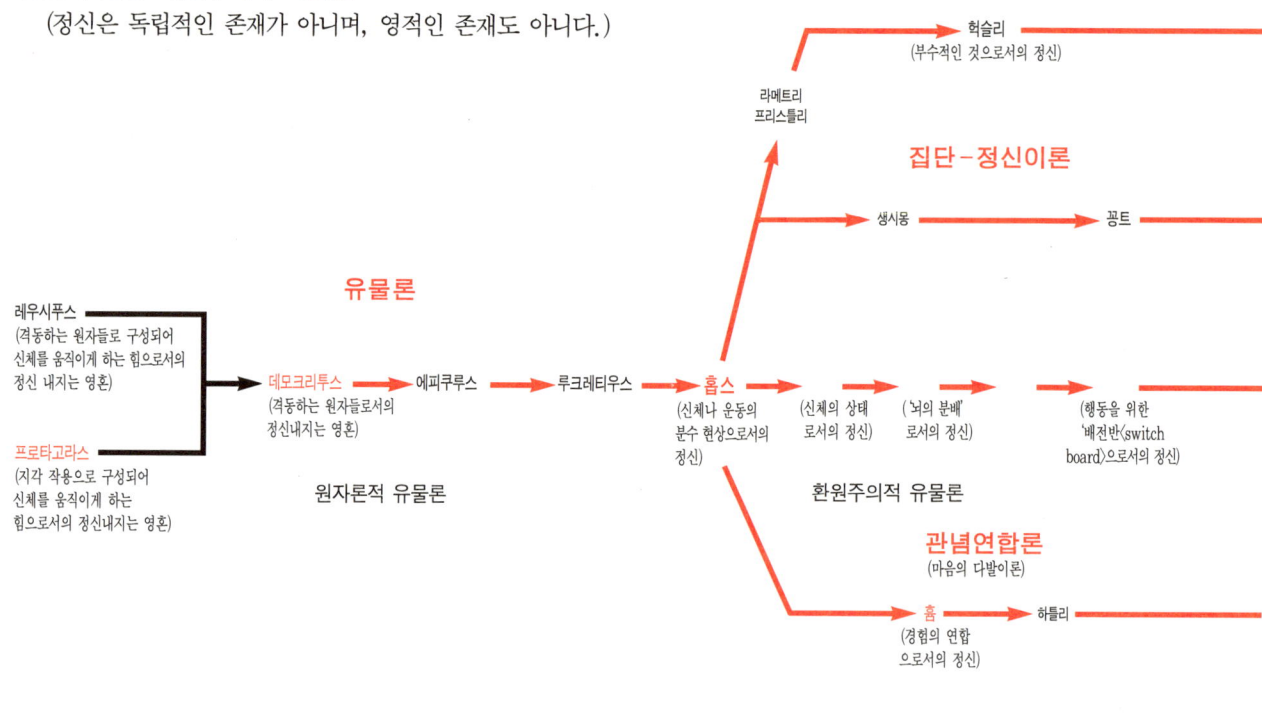

정신에 관한 여러 자연주의적 이론들은 정신이 실체로서 존재하지 않는다고 보는 점에 있어서 대체로 일치한다. 한편 데카르트(차트 16을 볼 것)는 정신을 실체로 보았고 아리스토텔레스(차트 15번 볼 것)도 정신을 능동적인 이성적 원리라고 보았었다. 특징적인 자연주의적 이론으로는 부수현상론이 있는데 이에 의하면 정신은 신체적인 행동의 부수적인 산물이며 따라서 결코 인과적으로 행위에 앞서는 것이 아니다(38, 80페이지를 볼 것).

다양한 형태의 행동주의는 오늘날 대부분의 자연주의적 이론이 가지고 있는 성격을 잘 드러내고 있다. 기계론적 행동주의나 형이상학적 행동주의는 실재에 관하여 유물론적 입장을 취하는 일종의 형이상학적 일원론이다. 그러나 대부분의 현대적 형태의 행동주의는 비기계론적이고 비형이상학적이며, 그 주장하는 바는 정신에 관한 모든 용어들이 실제로는 관찰 가능한 어떤 종류의 행동이나 어떤 방식으로 행동하는 경향에 관한 용어로 대치될 수 있다는 것이다. 대부분의 심리학은 이같이 방법론적이고 비형이상학적인 의미에서 행동주의적이다. 이러한 견해를 철학적으로 잘 표현한 사람은 라일(Ryle)이다. 그는 '기계 속의 유령'(신체 속의 정신 내지는 영혼을 비유적으로 표현한 것: 역주)을 부인하고 정신에 관한 모든 진술들은 관찰 가능한 방식으로 행동하는 어떤 경향에 관한 진술들로 환원하려고 시도함으로써 유명해졌다(88페이지를 볼 것). 근래에 등장한 이러한 종류의 분석이론과 행동주의 이론들은 동일이론으로 전개될 수 있다. 동일이론에 따르면 비록 사실상 정신은 바로 물질이라는 형이상학적인 주장을 하지는 않지만 정신에 관한 용어들은 물리적인 것에 관한 용어들로 대치될 수 있다고 본다.

대부분의 자연주의적 이론들은 홉스(Hobbes)에 그 기원을 두고 있다. 홉스는 자연주의적 이론들의 탁월한 선구자였다(80페이지를 볼 것). 행동주의와 부수현상론에 대조되는 중요한 자연주의 이론은 집단-정신이론과 정신분석이론이다. 집단-정신이론은 정신의 문제를 사

차트 3

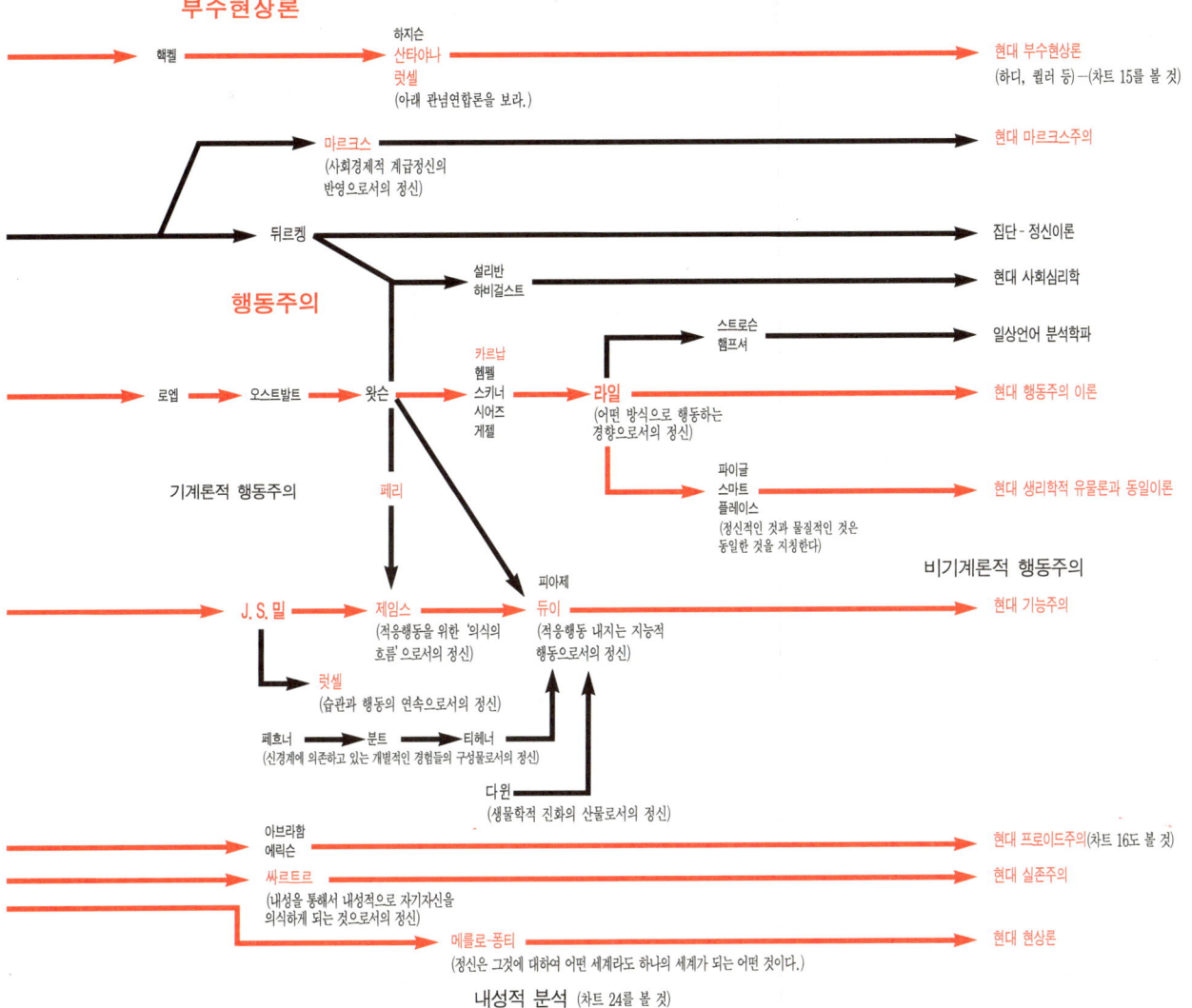

회학적으로 접근한다. 뒤르껨(Durkheim)과 마르크스(Marx)는 인간이 사회적인 존재라고 보았기 때문에 개인의 정신은 자신이 속하여 있는 집단이나 계급의 기대와 신념을 반영하고 있다고 믿었다(61, 84페이지를 볼 것). 정신분석 이론들은 대개 프로이드(Freud)나 그의 제자들과 관련이 있고 니체(Nietzsche)와 쇼펜하우어(Schopenhauer)와 같은 철학자들에게 그 기원을 두고 있다. 이같은 철학자들은 의지나 무의식에 우선적인 중요성을 두었다(79, 84~90페이지를 볼 것). 그들은 홉스와 마찬가지로 인간은 근본적으로, 독립하여 존재하는 합리적인 세계에 관한 정확한 지식을 얻을 수 있는 합리적인 존재가 아님을 발견하였다.

현대 철학에 있어서 정신의 문제에 대한 특이한 접근 가운데 하나는 실존주의의 성찰적인 분석이론과 현상학이다. 이 둘은 모두 훗설(Husserl)로부터 파생된 이론들

이다. 훗설은 정신이 의식 속에서 발생하며 경험에 의미를 부여하는 작용을 한다고 보았다(82페이지를 볼 것). 의식의 작용은 그것이 의식하고 있는 바에 대하여 의미를 부여하고 그것은 '어떤 것'(Something)으로 규정함으로써 의식하고 있는 바를 '지향한다'. 싸르트르(Sartre)는 정신을 거울의 비유를 통해 설명한다. 즉 정신은 우리가 '어떤 것'(Something)을 의식하는 작용 속에서 의식하는 '자아'라고 본다(89페이지를 볼 것). 정신은 경험에 앞서 존재하는 어떤 것으로서 경험의 근거를 이루고 있는 것이 아니라 우리에 의해 지향된 의미 깊은 구성요소로서 경험 속에서 발생하는 것이다. 우리는 다만 우리가 우리의 행위와 경험 속에서 '반영'될 때에만 우리 '자신'을 발견할 수 있을 뿐이다. 우리는 타인들에게는 '대상'이 될 수도 있겠지만 우리 자신에게는 직접적으로 대상화되지 않는다(차트 24를 볼 것).

차트 ●103●

플라톤적 이원론
(실재는 영적인 것이다.)

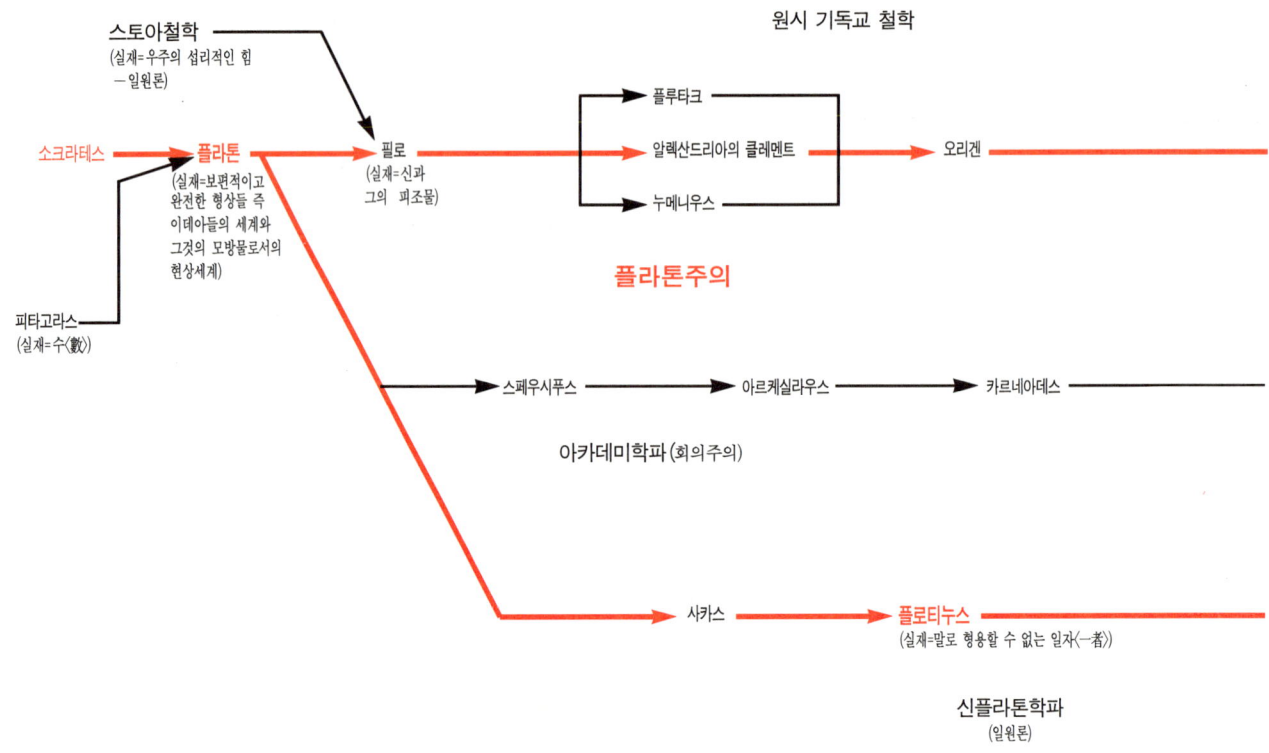

    우리의 사유와 경험은 세계를 이해할 때 정신과 물질, 선과 악, 실재와 현상 등 두 개의 대립하는 것들로 세계가 구성되어 있다고 보는 이원론적인 태도를 취하는 경향이 있다. 이러한 널리 유포되어있는 경향에 반대하는 또 다른 경향이 있는데 그것은 반성적인 사색을 통해서 세계의 현상적인 다양성 속에서 통일성을 찾아내려는 경향이다. 그러므로 우주론적 이원론은 때때로 그 상위(上位)에 있는 절대적인 실재, 예를 들면 신이라든지, 플라톤의 경우 선의 이데아 등에 종속적인 것으로도 설명된다(86, 87페이지를 볼 것). 그러나 일반적으로는 정신과 물질, 이 세상과 저 세상 등의 이원론적 구분이 더 쉽게 이해되고 있다.

    서양철학에서, 플라톤주의는 이원론의 대체적인 골격들을 확립하였으며, 이후에 어거스틴에 의해 어거스틴주의라는 기독교적 형태로 변하였다. 그리고 13세기에는 아리스토텔레스주의에 의해 도전받고 마침내 그 지배적인 위치를 상실하게 되었다. 그러나 르네상스, 프로테스탄트 종교개혁, 근대유럽의 과학혁명은 플라톤주의(내지는 어거스틴주의)의 영향력을 부활시켰다. 플라톤주의는 이원론적인 관념론의 형태로나 혹은 신비주의의 모습으로 지속되어왔다.

    플라톤주의의 특징은 인생을 영적인 관점에서 본다는 것과 인간의 정신이 절대적인 진리를 발견할 수 있는 능력을 지니고 있는 것으로 높이 평가된다는 점이다. 플라톤주의는 서양의 이원론과 관념론의 기원이 되었으며 기독교 신학과 기독교 철학의 성격과 주제에 있어서 끊임없이 영향을 끼쳐왔다.

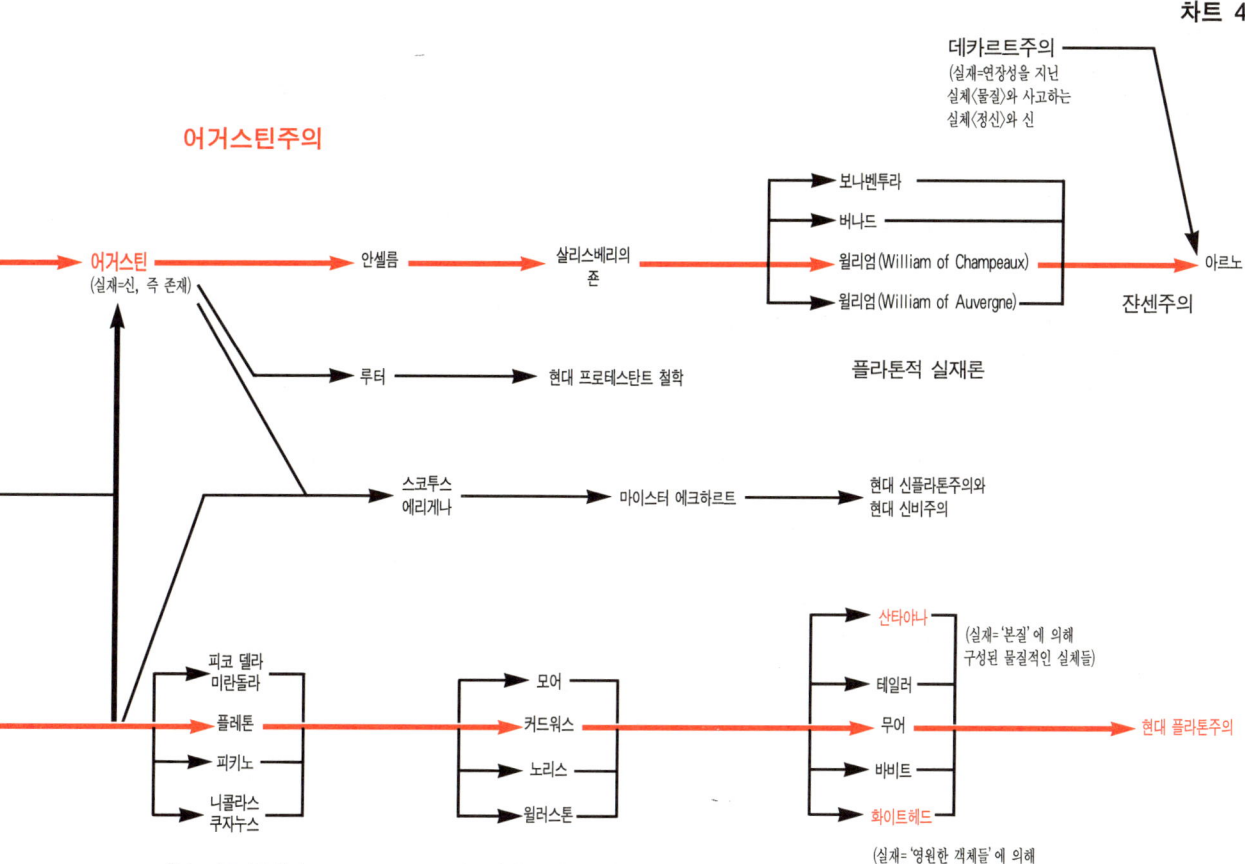

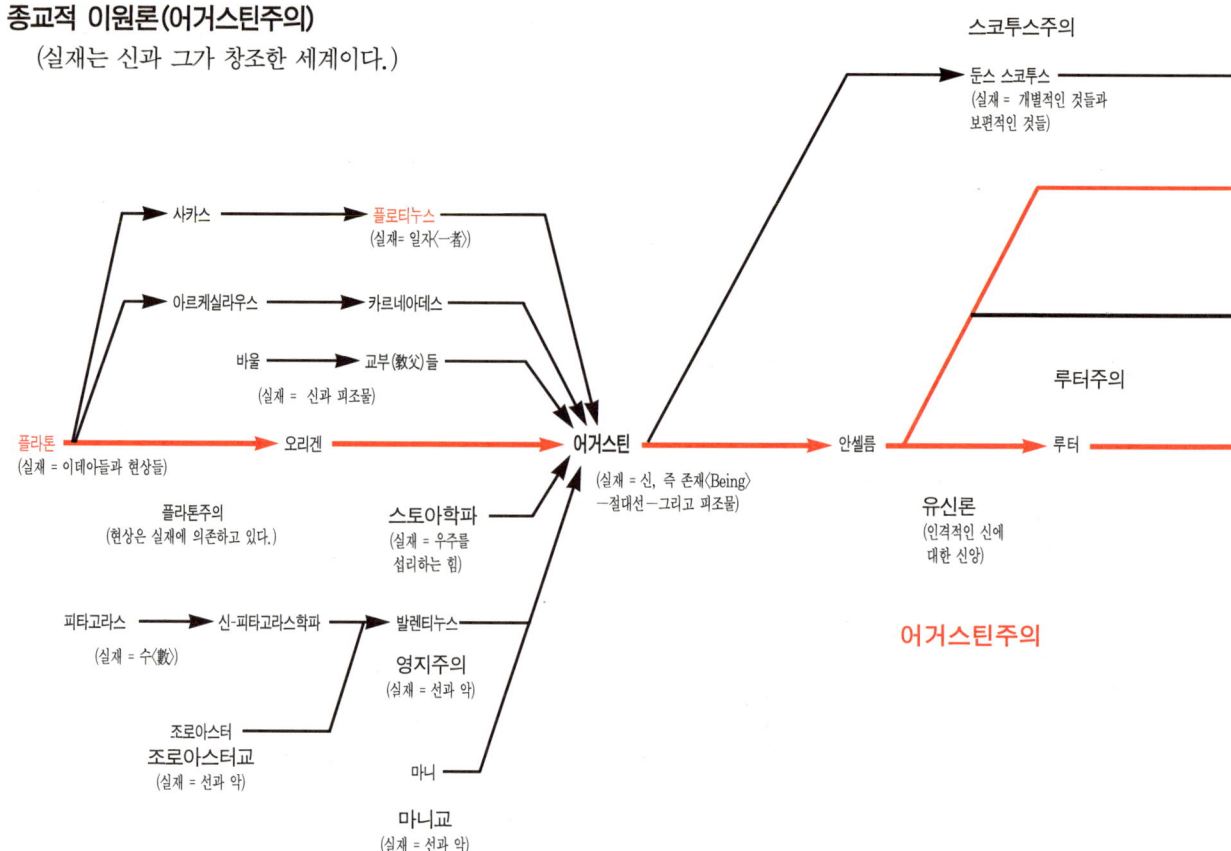

종교적 이원론(어거스틴주의)
(실재는 신과 그가 창조한 세계이다.)

어거스틴은 여러 가지 철학 사상들을 플라톤주의와 결합시켜 오늘날까지 계속되고 있는 종교적 형태의 이원론을 산출하였다. 그는 플라톤의 사상에 플로티누스의 신플라톤주의와 바울의 기독교를 융합하였다. 그는 또한 아카데미 학파의 회의주의와 마니교의 영향을 받았다. 마니교는 빛과 선의 세력과 어둠과 악의 세력간의 투쟁을 가르쳤다(75페이지를 볼 것).

어거스틴주의는 서양 사상사에서 언제나 중요한 지위를 차지했지만 13세기를 거치는 동안에는 토마스주의에 그 자리를 양보하였다. 그러나 프로테스탄트 종교개혁으로 다시 부활하여 기독교 복음주의와 다양한 형태의 기독교 철학으로서 오늘날까지 계속되고 있다. 실재에 관한 이론으로서, 어거스틴주의의 특징으로는 명백한 이원론과 종교적인 성격을 들 수 있다. 비록 어떤 부류의 기독교 실존주의와 현대 급진신학 가운데서는 신이 죽었다는 주장까지 있지만 어거스틴주의에 있어서 신의 존재는 실재에 있어서 가장 중요한 사실이다.

차트 5

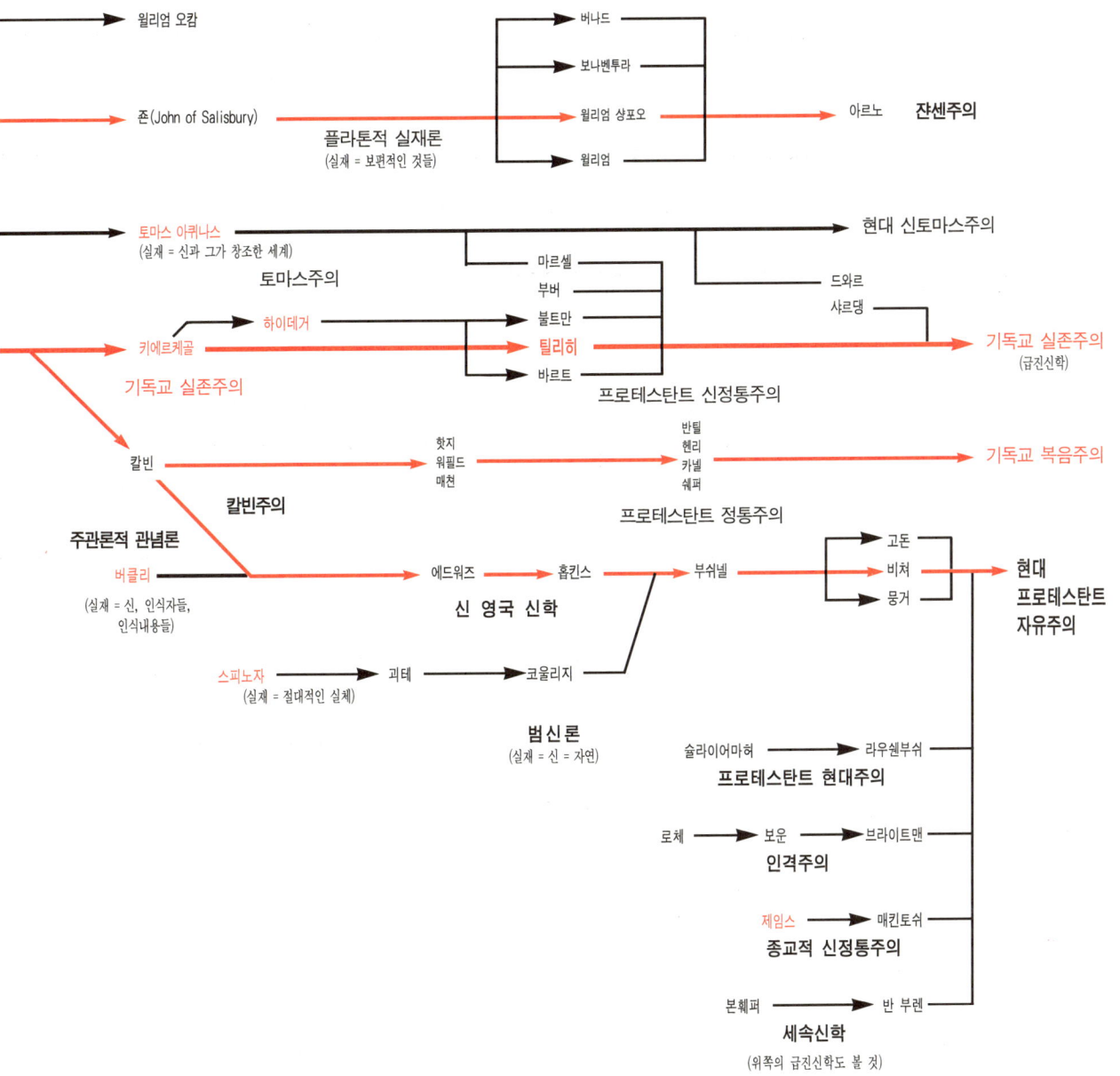

데카르트적 이원론
(실재는 정신과 물질이다.)

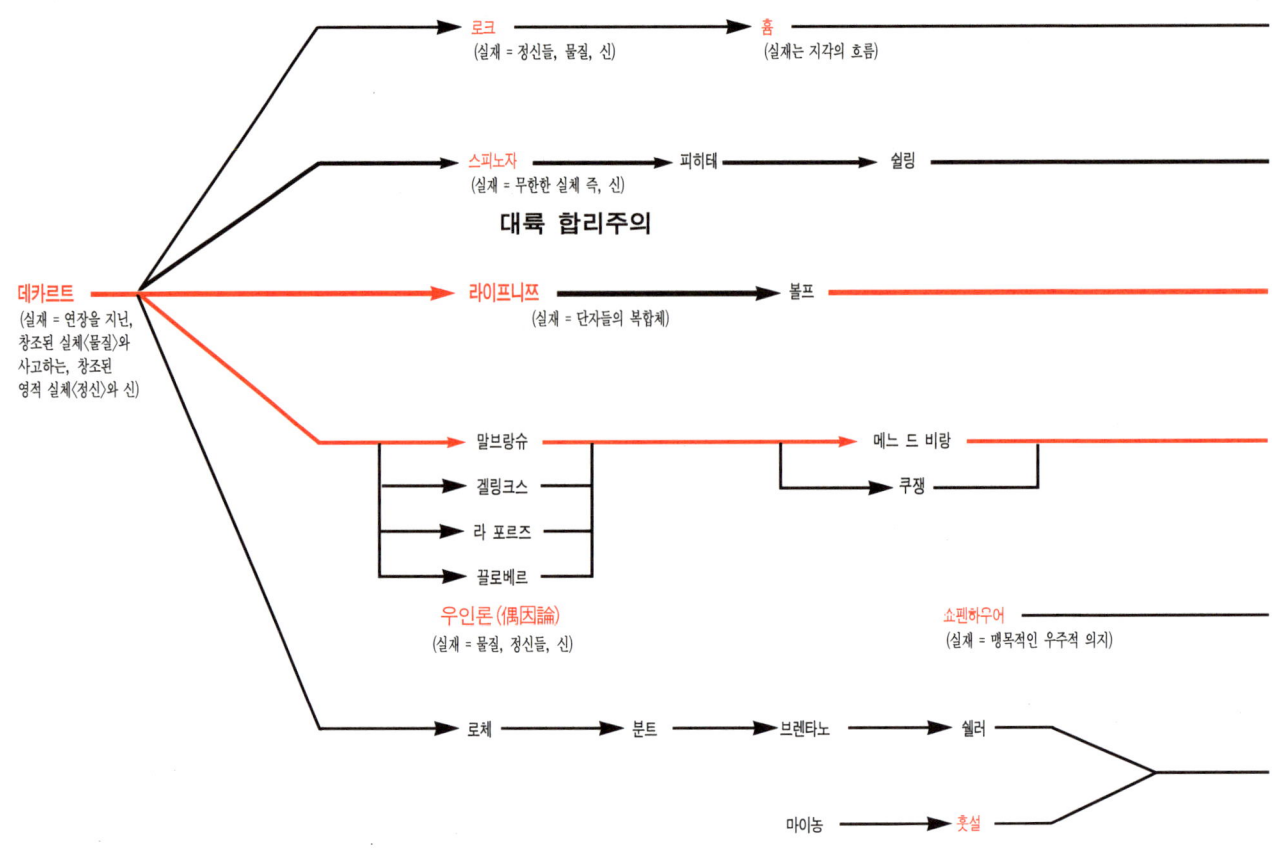

데카르트가 일으킨 혁명은 여러 가지 면에서, 근대 세계의 정신을 불러일으켰다. 현대 이원론에서 그것이 종교적인 것이 아닌 경우에는 대개가 데카르트주의에 속한다. 데카르트의 이원론은 정신적인 것 혹은 영적인 것을 물질적인 것 혹은 과학적인 것과 구별하는 대중적인 철학이다. 이것은 과학과 종교가 거리를 두고 병존할 수 있도록 한다는 점에서 장점을 가지고 있다(78페이지를 볼 것).

데카르트의 혁명적인 철학이 중요성을 가지는 이유는 그 철학으로 말미암아 근대 과학혁명이 일어날 수 있었다는 사실에 있다. 이것의 부분적인 이유는 데카르트가 세계는 방법적 회의에 의해 훈련된 이성에 의해 발견되어질 수 있는 거대한 수학적 체계라고 설명하였기 때문이다. 영적인 것을 물질적인 것들로부터 분리함으로써, 데카르트는 새로 등장한 과학이 질서정연한 물질세계의 기계적 구조를 탐구할 수 있도록 하였다. 왜냐하면 물질세계는 더 이상 섭리하는 신의 간섭이나 자연의 예측할 수 없는 불규칙성에 의해 방해받지 않고 탐구될 수 있는 대상으로 설명되었기 때문이다. 데카르트에 의해 신은 질서정연한 세계와 그 세계를 파악할 수 있는 (인간)정신들을 창조한 우주적인 제작자로 이해되었다. 또한 데카르트는 정신에서 불확실한 지식들을 제거함으로써, 하나의 제일원리로부터 연역하여 세계에 대하여 알 수 있는 모든 지식들로 나아갈 수 있다고 믿었다. 비슷한 신념을 지닌 다른 합리

차트 6

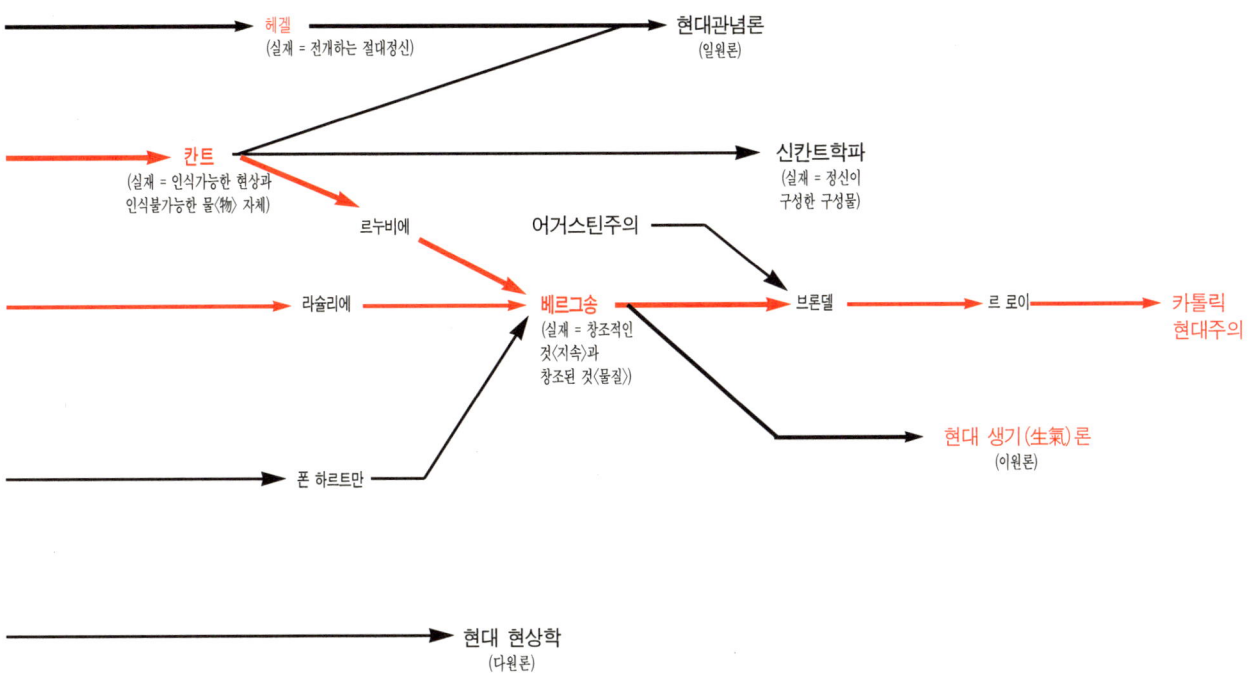

주의자들의 지지를 얻음으로써 데카르트는 예기치 않게 과학혁명을 촉발시킨 철학자가 되었다.

　데카르트주의는 데카르트 철학의 이원론으로부터 파생한 많은 철학들에게 영향을 주었다. 대륙 합리론이라고도 알려져있는 데카르트주의는 스피노자에게서 일원론으로 나타났고 스피노자와 칸트를 거치면서 헤겔의 일원론적 관념론으로 발전하였다. 말브랑슈의 우인론(偶因論)과 이후에 나온 베르그송의 이원론적 형이상학인 생기론(生氣論, Vitalism)도 데카르트로부터 파생된 것이다. 현대 현상학 역시 데카르트주의의 한 표현이다(차트 24를 볼 것).

차 트 ●109●

칸트주의(이원론)
(실재는 영적인 영역을 포함한다.)

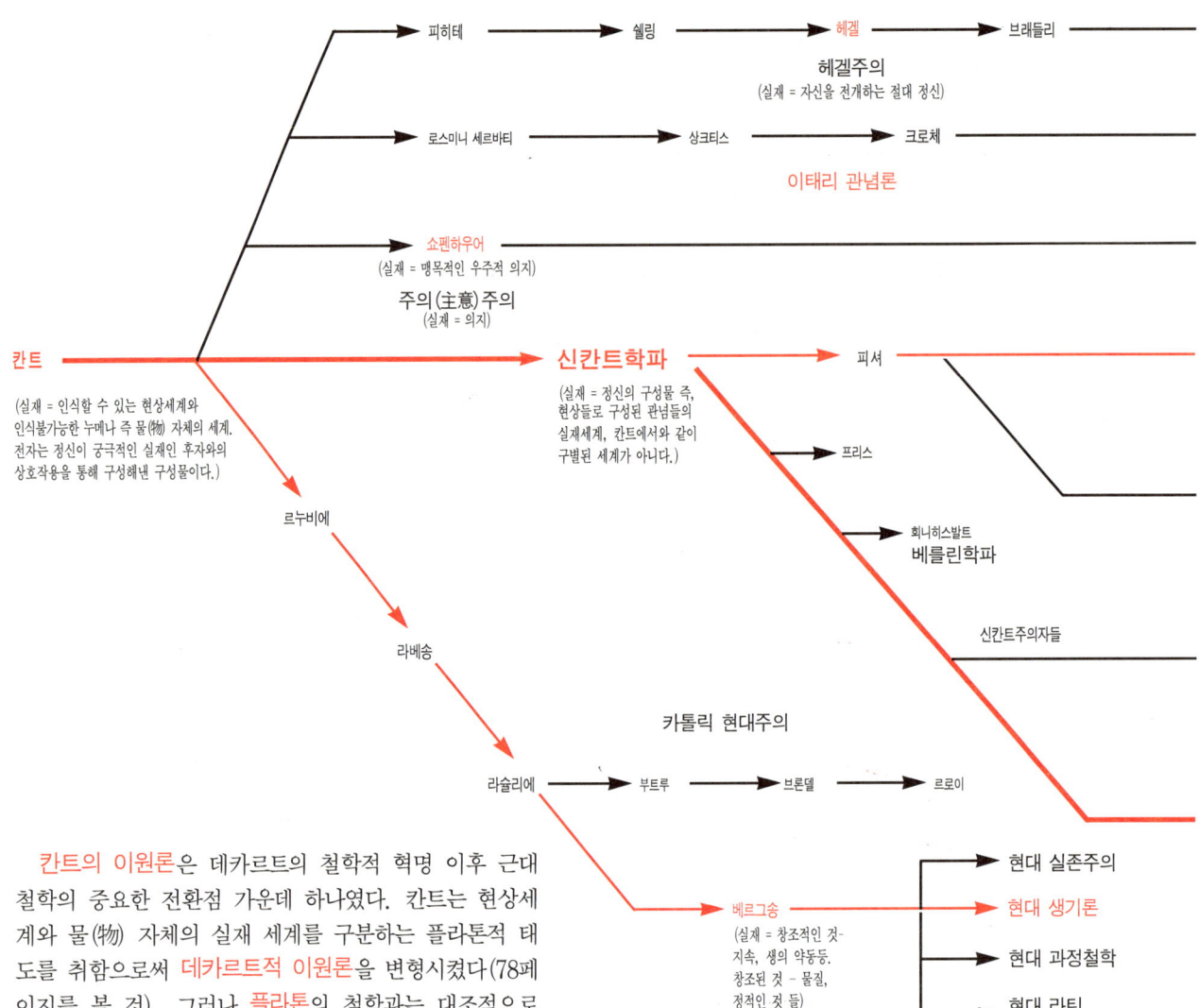

칸트의 이원론은 데카르트의 철학적 혁명 이후 근대 철학의 중요한 전환점 가운데 하나였다. 칸트는 현상세계와 물(物) 자체의 실재 세계를 구분하는 플라톤적 태도를 취함으로써 데카르트적 이원론을 변형시켰다(78페이지를 볼 것). 그러나 플라톤의 철학과는 대조적으로 칸트의 이원론은 근대 철학의 회의주의적 경향에 따라 물(物)자체의 실재세계에 대한 개념적인 지식을 얻을 가능성을 부정하였다. 이에 반하여 플라톤은 현상세계 뒤에 있는 실재 세계가 철학적이고 과학적인 탐구의 대상이 된다고 보았다. 칸트 이후의 철학들은 두 부류로 나뉜다. 즉 칸트처럼 물 자체의 실재세계에 관한 지식이 불가능하다고 보는 입장과 플라톤처럼 그 지식을 얻기 위해 시도하는 입장이 있다.

칸트의 영향은 상당하였는데 그의 철학은 실재에 관한 이원론적 이론들을 고무하였을 뿐만 아니라 관념론적 일원론과 다원론에 대해서도 자극을 주었다. 칸트를 통하여 데카르트주의는 지속적인 영향을 미쳤는데 특별히 베르그송(Bergson)에게 그러하였다. 베르그송은 그 영향을 받아 20세기 형이상학적 이원론자들 가운데 중요한 한 인물이 되었다(76페이지를 볼 것).

칸트의 철학은 프로테스탄트 자유주의에 대해서도 큰 영향을 끼쳤다(차트 22를 볼 것). 칸트는 과학의 대상인 현상세계에는 자유가 없다(즉 결정론적인 체계로 되어 있다: 역주)고 주장하였으나 자유나 도덕적, 영적 가치들은 물 자체의 세계에 속할 수 있다는 가능성을 암시하였다. 이 뿐만 아니라 그는 비록 일반적인 의미에서의 지식이 실재에 대하여 적용될 수는 없지만, 그럼에도 불

차트 7

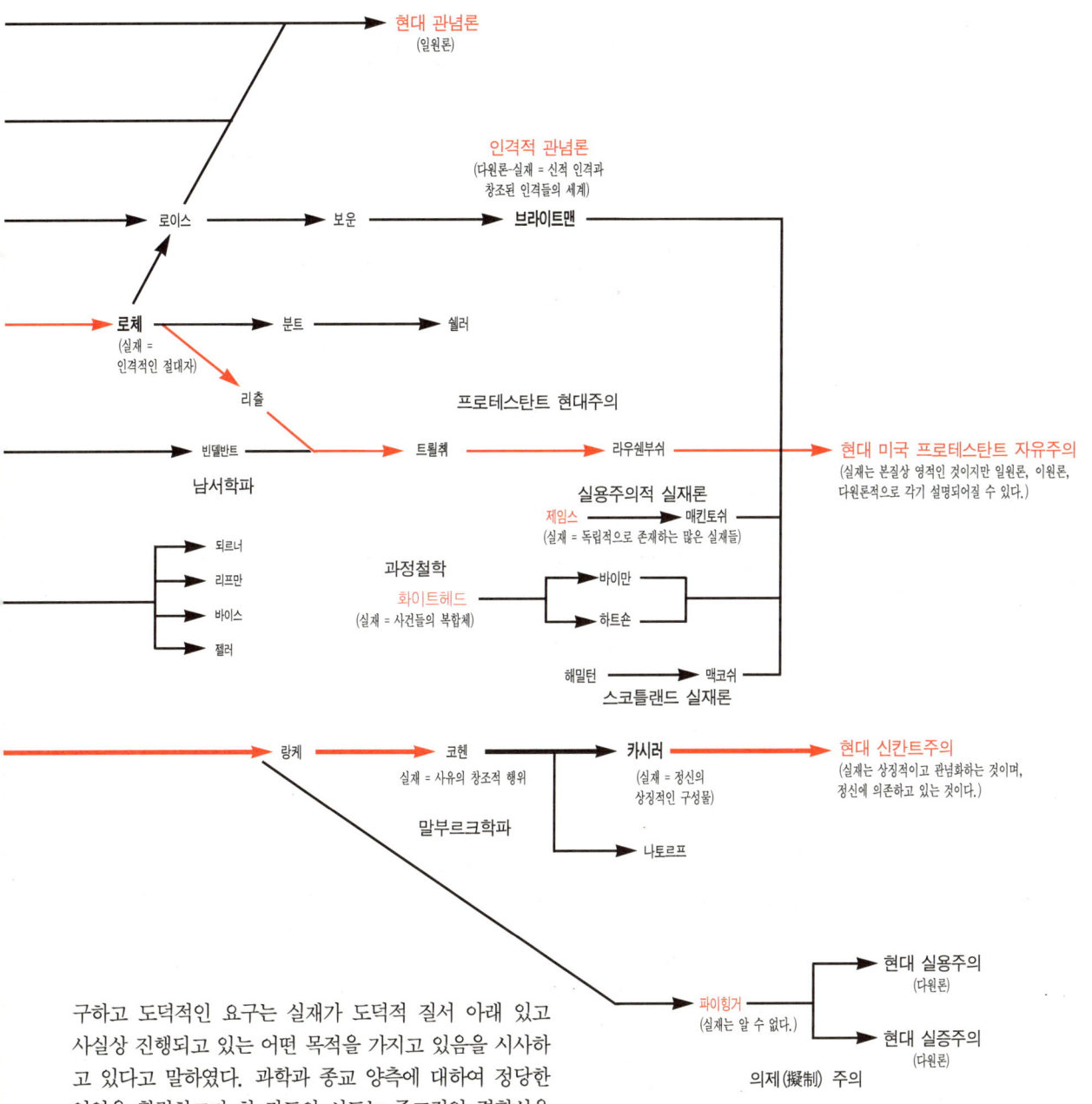

구하고 도덕적인 요구는 실재가 도덕적 질서 아래 있고 사실상 진행되고 있는 어떤 목적을 가지고 있음을 시사하고 있다고 말하였다. 과학과 종교 양측에 대하여 정당한 영역을 확립하고자 한 칸트의 시도는 종교적인 경향성을 지닌 사상가들의 호응을 받았고 윤리문제에 강조점을 두는 프로테스탄트 자유주의 철학에 큰 영향을 주었다.

신칸트학파로 알려져있는 칸트의 추종자들은 칸트의 물 자체의 세계를 사실적인 실재세계로 보지않고 한계를 설정하는 개념으로 간주한다. 신칸트학파의 관념론은 칸트적인 이원론을 거부하고 실재는 사유의 모든 내용들—현상세계, 물자체의 세계—을 포용하고 있는 정신이 구성한 구성물이라고 본다. 그리고 그들은 정신이 관념화된 상징적 세계에 있다고 본다. 현대 신칸트학파의 사상은 에른스트 카시러(Ernst Cassirer)의 철학에서 잘 나타나고 있다.

차 트 ●111●

일원론: 스토아철학

(실재는 목적을 가진 어떤 힘〈섭리:역주〉이다.)

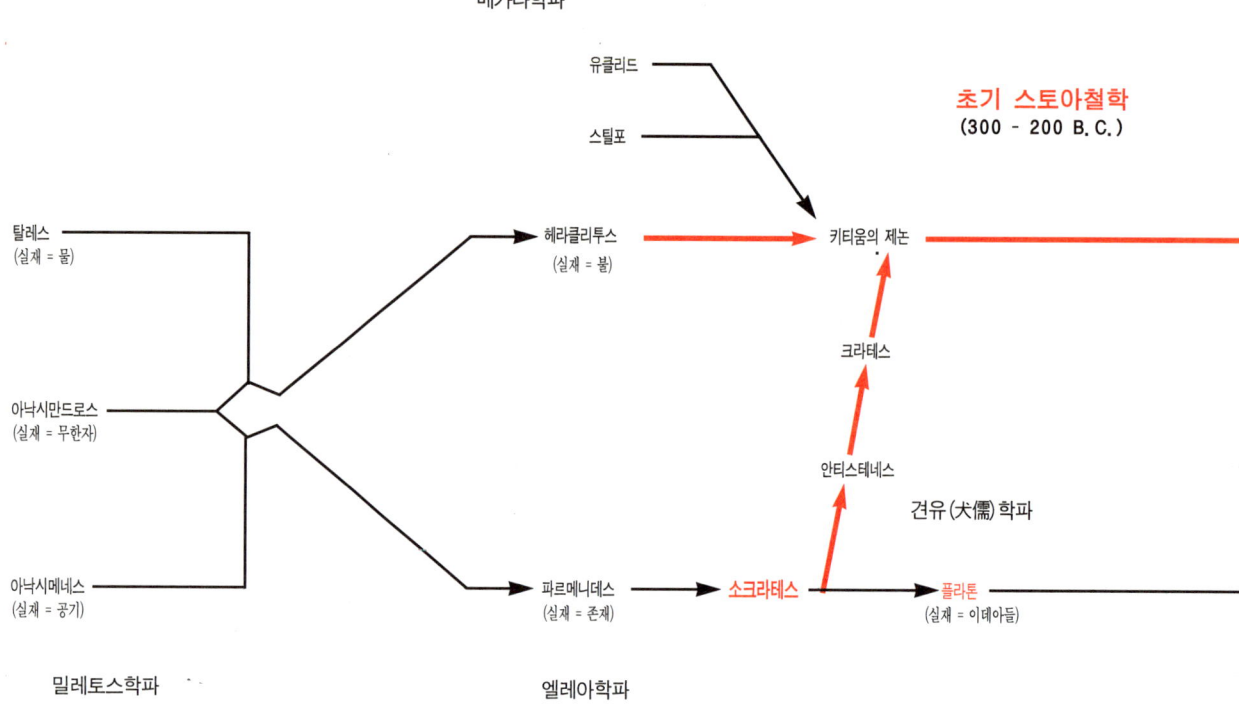

"플라톤이 말한 것처럼, 인간의 정신 속에는 다양성 속에서 통일을, 다수 가운데서 일자를 찾아내려는 끊임없는 경향성이 있다. 그래서 예로부터 철학자들은 존재에 있어서 하나의 기본적인 어떤 형태를 발견하고자 하는 강렬한 희망을 품어왔다. 이 기본적인 요소들이 다양하게 나타남으로써 우리의 경험세계를 형성한다고 설명하고 싶은 것이다"(패트릭). 실재는 하나라고 보는 형이상학 이론으로서, 일원론은 비록 경험에는 거스릴 수 있지만 이성이 요구하는 바 세계의 통일성을 간단하게 설명해 줄 수 있다.

고대 철학에서 파르메니데스는 모든 것을 포괄하는 존재에 대하여 언급하였다. 그 존재란 모든 공간과 사유를 점하고 있으며 변화하지 않는 것이다. 한편 헤라클리투스는 실재는 변화하는 것이라고 가르쳤다. 그는 실재란 생명원리 즉 로고스에 의해 진행되는 일종의 과정이라고 보았다. 그의 일원론은 단일성을 필연적이고 보편적 법칙을 가지고 있는 구조나 원리로 해석하였다. 이러한 사상들이 스토아철학의 기초를 형성하고 있다. 스토아철학은 그리스-로마 세계에서 수백년간 융성하였으며 초기 기독교와 서양 철학에 심대한 영향을 끼쳤다. 고대 세계의 중요한 사상적 흐름으로서, 스토아철학은 실재에 관한 다양한 이론들을 집대성하였다. 스토아철학의 주요한 사상들은 헤라클리투스와 견유(犬儒)학파로부터 온 것이다. 스토아철학의 창시자는 일반적으로 키티움의 제논(Zono of Citium〈Cyrus〉: 340~265 B.C. 엘레아의 제논과 동명이인〈同名異人〉임: 역주)으로 생각되어진다.

초기 스토아철학은 제논, 클레안테스, 크리시푸스 등에 의해 발전하였다. 크리시푸스는 스토아철학을 체계적으로

차트 8

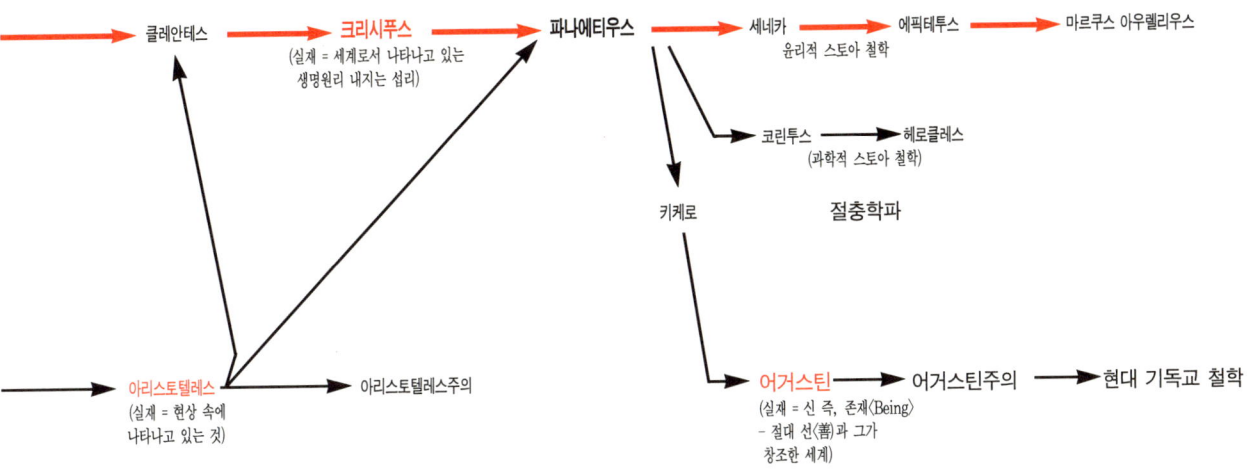

정형화하였다(77페이지를 볼 것). **중기 스토아철학**은 파나에티우스(180~110 B.C.)가 스토아철학을 로마에 소개함으로써 생겨났다. **로마 스토아철학**에 이르러 스토아철학은 절정에 도달하였다. 초기 스토아철학과는 달리 파나에티우스의 스콜라철학은 실재에 관한 문제 대신 윤리적인 문제에 관심을 기울였다. 실재에 관한 스토아철학 이론들은 상당히 절충되어졌다. 로마시대에 스토아철학은 더욱 종교적인 성격을 띠게 되었다. 스토아철학 자체보다 더 절충적인 입장을 취하긴 하였지만 키케로는 스토아철학의 많은 사상들을 신봉하였다. 그의 글들을 통해 **어거스틴**은 스토아철학의 영향을 받았다. 여러 가지 면에서 스토아철학은 기독교와 유사하다. 스토아철학은 결국 기독교에 그 자리를 넘겨주었지만 기독교 사상에 지속적인 영향을 끼쳤다.

일원론: 신비주의

(실재는 신적인 근거이다.)

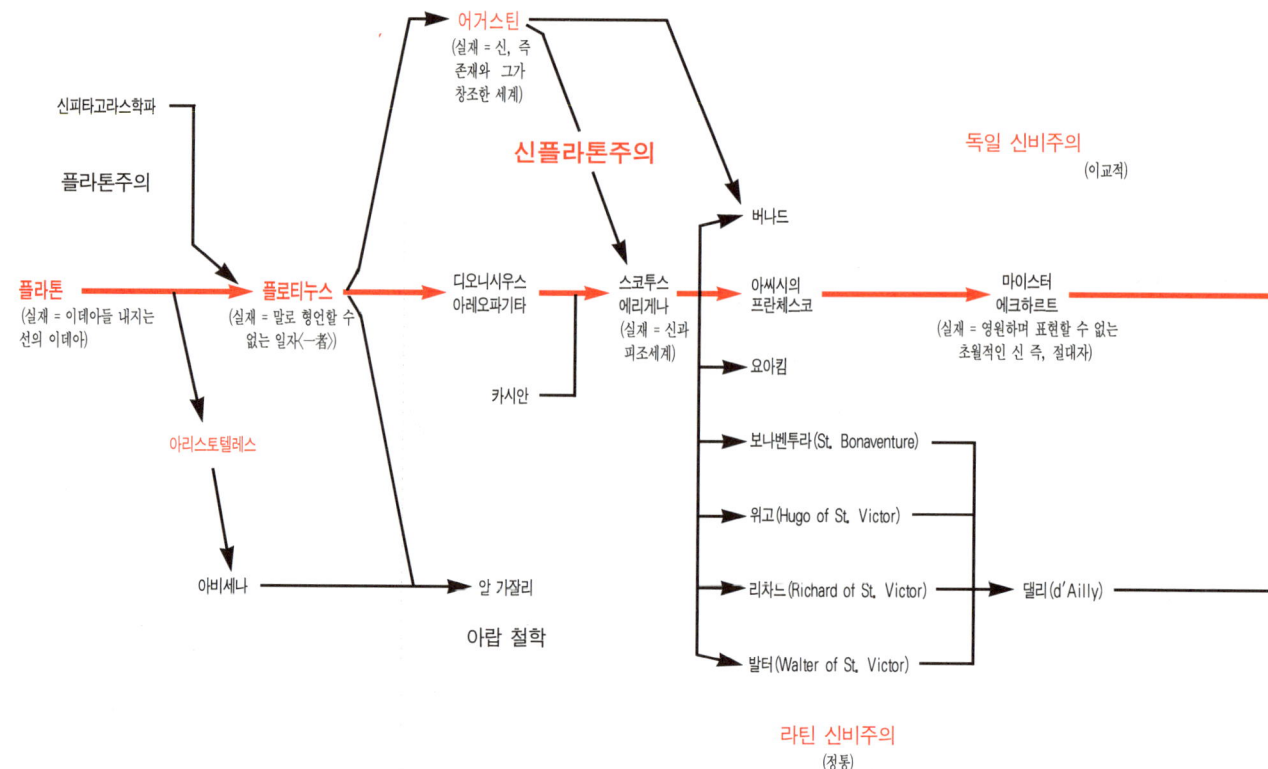

신비주의는 가장 일원론적인 철학이다. 그러나 그것은 형이상학의 다른 모든 범주들(63페이지를 볼 것)을 넘어설 뿐만 아니라 일원론이라는 범주 자체마저도 넘어서려고 시도한다. 다른 일원론들은 실재란 하나의 실체 혹은 하나의 정신이 다양한 형태를 취한 것이라고 보는데 반하여 신비주의는 단일, 불변, 존재(Being)라는 식의 묘사를 피하고 오직 부정적인 용어를 통해서만 실재를 설명한다. 말로 설명할 수 없는 일자(一者)나 신 혹은 근거(Ground)에 대해 이런 저런 속성이 있다고 설명하는 것은 적절하지 않다고 본다. 왜냐하면 실재란 이 모든 것을 속성으로 취하면서도 실상 이 모든 것 중 어느 것도 속성으로 취하지 않는 그 어떤 것이기 때문이다.

신비주의는 일반적으로 네 가지 내용을 담고 있다.

(1) 현상 세계의 모든 양상들은 "신적 근거(Divine Ground)의 현현이다. 모든 개별적 실재들은 이 신적 근거로부터 자신의 존재를 가지게 되며 이 근거를 떠나서는 존재할 수 없다"(헉슬리).

(2) 이 신적 근거는 추론과 직관에 의해 알려질 수 있다. 그것에 관한 지식은 인식자와 인식되는 사물을 하나로 결합시킨다.

(3) 인간은 현상적인 자신 뿐 아니라 영적인 자아를 가지고 있다. 이 영적인 자아가 진정한 자아이며 그것은 우주적 자아(Cosmic Self)와 결합할 수 있다.

(4) 인생의 목표는 실재에 관한 이 지식을 가지는 것과 그 실재와 하나가 되는 데 있다.

서양철학 속에 있는 신비주의의 흐름은 플라톤과 특별히 플로티누스에게 그 기원을 두고 있다. 플로티누스의 신플라톤주의는 서양 신비주의(88페이지를 볼 것)의 주요한 근원을 이루고 있다. 동양의 영향도 상당하다. 중세를 통하여 "신비주의는 그림자처럼 스콜라 철학에

차트 9

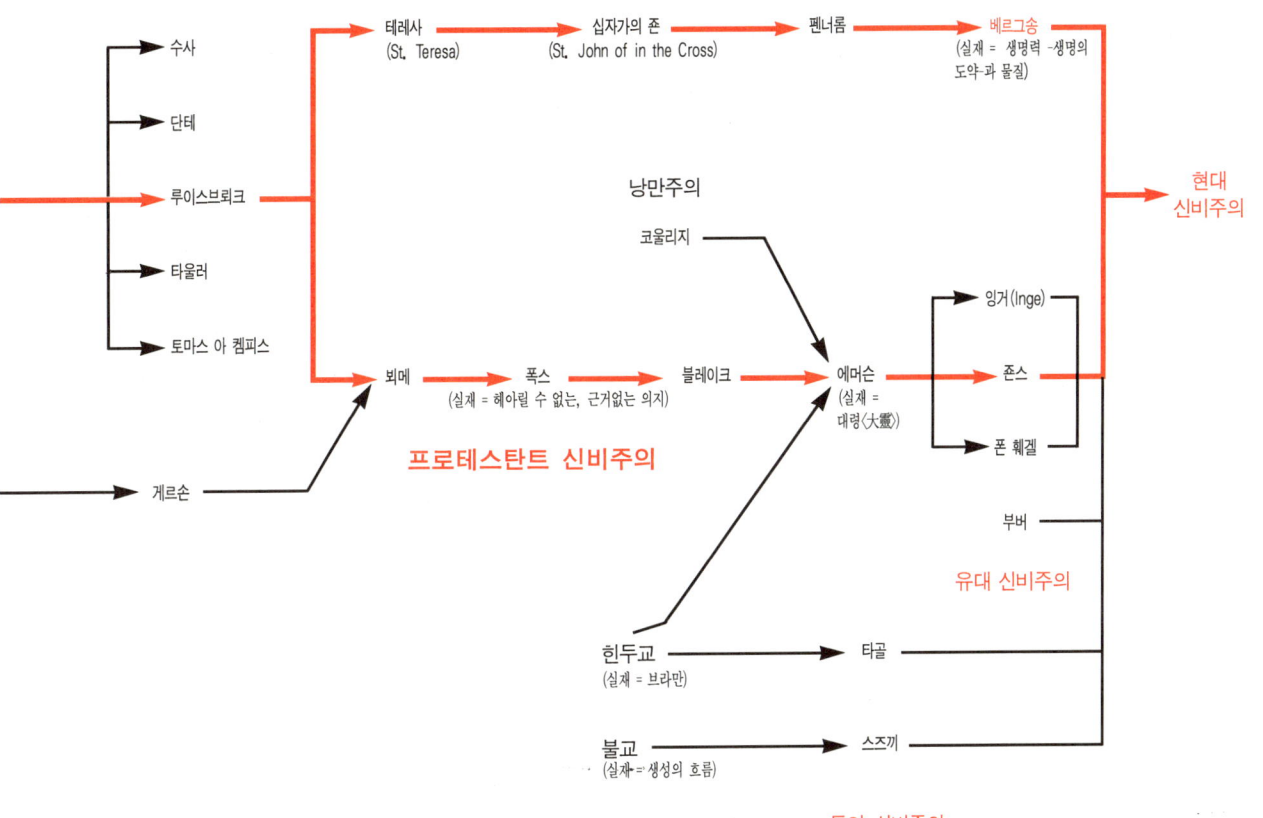

붙어다녔다"(우드). 14세기를 지나는 동안 신비주의는 두 가지 형태로 나누어지게 되었는데, 하나는 정통신학과 교회를 지지하는 것이었고 또 다른 하나는 마이스터 에크하르트의 경우처럼 신플라톤주의와 이단적인 경향을 가지고 있다. 정통 일신론에 대립되는 주된 이단은 범신론이었다. 신비주의는 종교에서 뿐 아니라 철학과 과학적 사고에 있어서도 큰 영향을 주었다. 근대에 들어오기 직전에 신비주의는 프로테스탄트적 흐름과 카톨릭적 흐름으로 다시 나누어졌다. 19세기와 20세기를 지나는 동안 동양의 신비주의가 다시 영향력을 발휘하게 되었다. 오늘날 신비주의는 다양한 철학적 형태 속에서 나타나고 있다.

일원론 : 관념론
(실재는 정신이다.)

17세기를 지나는 동안에 데카르트주의는 실재를 정신적인 것과 물질적인 것으로 구분하였다. 이 이원론은 실재란 정신적인 것이거나 아니면 물질적인 것이지 그 양자 모두는 아니라는 일원론을 유발시켰다. 스피노자는 데카르트적 이원론을 극복하여 실재에 관한 일원론적 이론을 발전시켰는데 그의 일원론은 이제까지 나온 가장 조적으로 실재론은 '외부의 것을 내부로' 받아들인다는 입장에서 실재에 접근하고 있다. 관념론에서 실재란 자아가 지니고 있는 인식이라는 관점에서 이해된다. 인간은 어떤 의미에서 전체로서의 실재가 된다. 그러므로 관념론은 실재를 의식, 관념, 사유의 관점 혹은 인격으로 해석한다. 인간에게 실재로서 다가오는 것은 무엇이든지

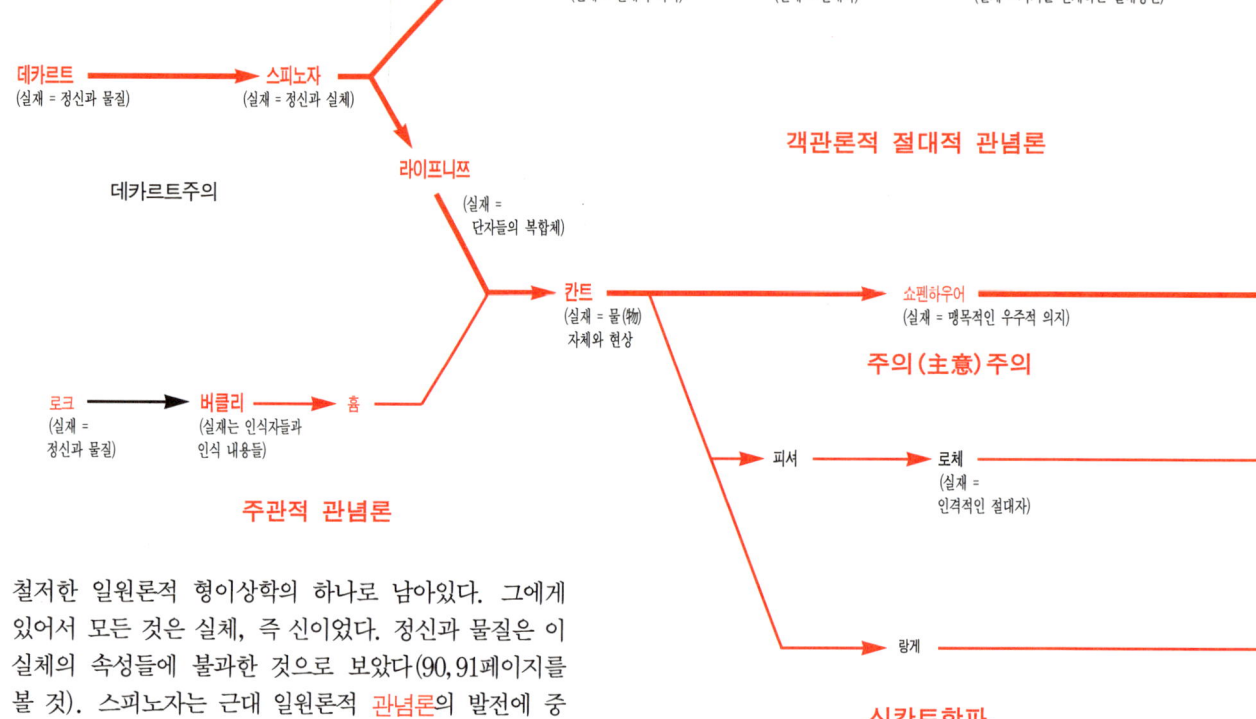

철저한 일원론적 형이상학의 하나로 남아있다. 그에게 있어서 모든 것은 실체, 즉 신이었다. 정신과 물질은 이 실체의 속성들에 불과한 것으로 보았다(90, 91페이지를 볼 것). 스피노자는 근대 일원론적 관념론의 발전에 중요한 영향을 끼쳤다. 예를 들면 헤겔이 그의 영향을 받은 것이 분명하며, 19세기 독일의 관념철학도 스피노자로부터 많은 것을 배워왔다.

근대 관념론은 다양한 형태를 취하고 있는데 일원론이나 이원론, 때로는 다원론의 형태로도 나타난다. 관념론의 가장 보편적인 형태는 서양철학과 동양철학을 막론하고 일원론으로 나타난다. 그리고 이러한 관념론적 일원론은 다른 많은 발달된 이원론이나 다원론과 마찬가지로 범주들을 초월하여 신비주의의 형태로 나아가는 경향이 있다.

관념론은 실재를 정신이 만들어 낸 것이라고 본다. 관념론은 실재를 자아의 관점에서 즉 '내부의 것이 외부로 나타난 것'으로 보면서 실재에 접근한다. 이와는 대

그에게 있어서의 실재이다. 그는 그 실재의 한 부분이며, 그의 관념은 그것에 관한 그의 사유 안에 포함된다.

역사적으로 볼 때 실재에 관한 이론으로서 여섯 가지 형태의 관념론을 들 수 있다.

(1) 플라톤적, 고전적 관념론: 이원론적이며 가치론적이다 ― 가치중심적이다(86, 87페이지를 볼 것).

(2) 버클리적, 주관적 관념론: 실재에 관한 다원론적 이론이다(77페이지를 볼 것).

(3) 칸트적, 비판적 관념론: 플라톤의 관념론과 마찬가지로 이원론적이고 가치론적이지만 동시에 회의주의적이다(82, 83페이지를 볼 것).

차트 10

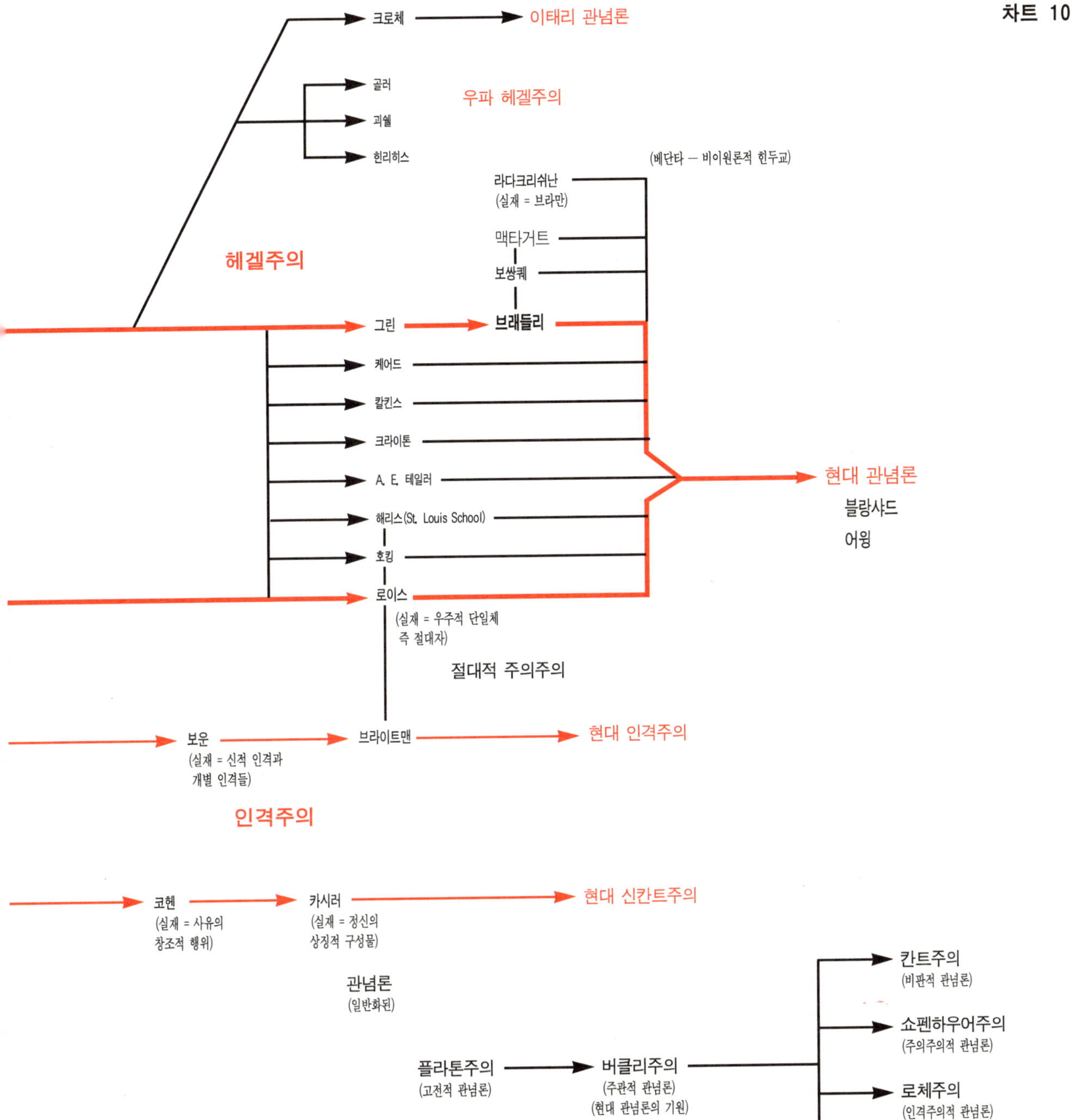

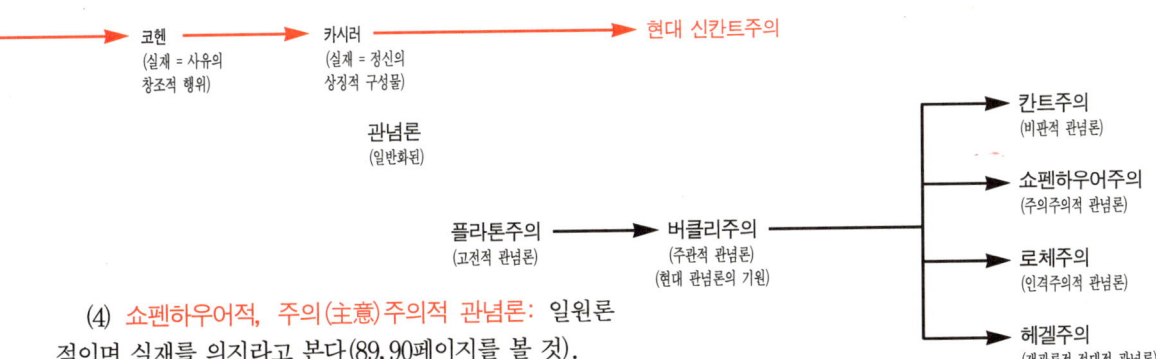

(4) **쇼펜하우어적, 주의(主意)주의적 관념론**: 일원론적이며 실재를 의지라고 본다(89, 90페이지를 볼 것).

(5) **로체적, 인격주의적 관념론**: 다원론적이며, 실체를 인격의 특성으로 해석한다(차트 16을 볼 것).

(6) **헤겔적인 객관론적, 절대적 관념론**: 두드러지게 일원론적, 논리적, 역사적이다(79, 80페이지를 볼 것).

이러한 형태들은 서양철학에서 뿐 아니라 인도와 중국 철학에서도 나타난다. 이 형태들이 서로 배타적인 것은 아니지만 실재에 관한 문제에 있어서 각기 다른 측면들을 강조하고 있다. 실재에 관한 대부분의 관념론적 이론들은 이 여섯 가지 형태의 요소들을 모두 포함하고 있다. 그 한 예가 요시아 로이스(Josiah Royce)의 관념론이다.

차트 ●117●

일원론: 아리스토텔레스주의
(실재는 사물들의 궁극적인 목적이다.)

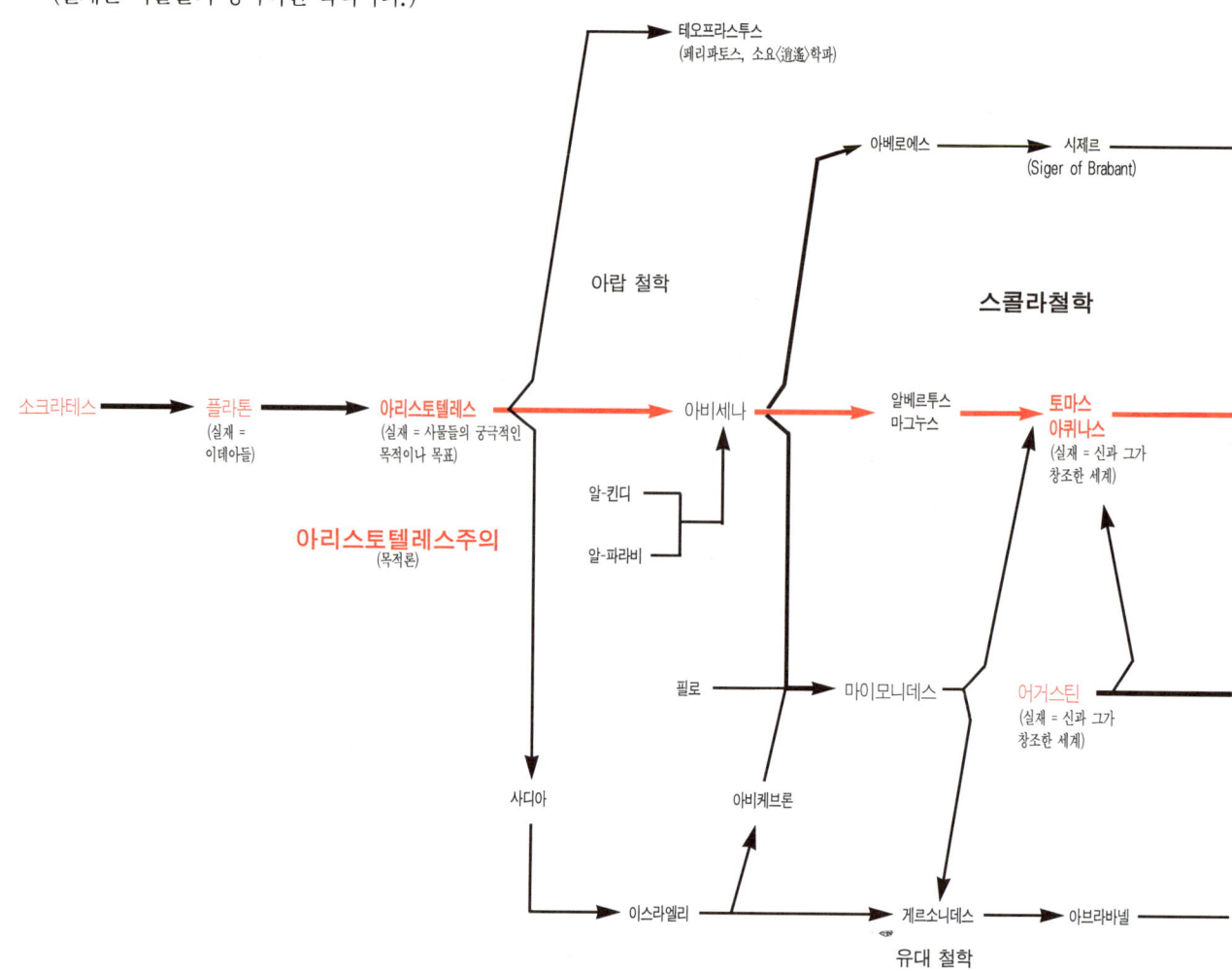

아리스토텔레스주의는 오랜 시간을 걸쳐 상당히 발전한 이론으로서 오늘날에까지 계속되고 있다. 명백하게 일원론적이지는 않지만 일원론을 함축하고 있다. 실재는 개별사물들 안에 있다고 본 아리스토텔레스의 가르침은 다원론적 실재론을 구성하지만 개별자들 안에 있는 근본적인 실재는 개별자들의 목적이며 이 목적은 다시 궁극적이고 초월적인 목적을 위해 존재한다고 본 점에 있어서는 일원론적이다(74~75페이지를 볼 것).

아리스토텔레스주의는 토마스 아퀴나스에 의해 수정됨으로써 명백하게 유신론적이고 이원론적인 성격을 가지게 되었다. 이것은 어거스틴의 기독교 철학과 신학 속에 내재된 이원론 때문인데 토마스 아퀴나스는 어거스틴의 사상을 아리스토텔레스적인 용어로 재해석하였던 것이다. 아리스토텔레스주의는 13세기 그것의 절정기를 지나는 동안에 스콜라철학의 기초가 되었다. 그 후 1879년 교황 레오 13세가 토마스 아퀴나스에 대한 연구를 독려하는 선언을 할 때까지 아리스토텔레스주의는 계속 쇠퇴하여왔다. 특별히 과학 혁명과 경험론, 유명론철학이 일어남에 의해 쇠퇴하였던 것이다.

신 아리스토텔레스주의(신 토마스주의 내지는 신 스콜라철학과 같은 의미임)는 현대에 영향력있는 철학인데 특별히 로마 카톨릭 세계 안에서 그러하다. 신 아리스토텔레스주의는 이성이 형이상학적인 지식을 획득하는 도구라고 보는 아리스토텔레스의 확신을 부활시키고 있다. 신 아리스토텔레스주의의 실재에 관한 이론은 실재론적이고 다원론적이다. 독립적으로 존재하는 실재 존재인 신에 의해 창조된 많은 독립적인 존재들이 실재 세계를 형성하고 있다고 본다(유신론). 스콜라철학(과 신 스콜

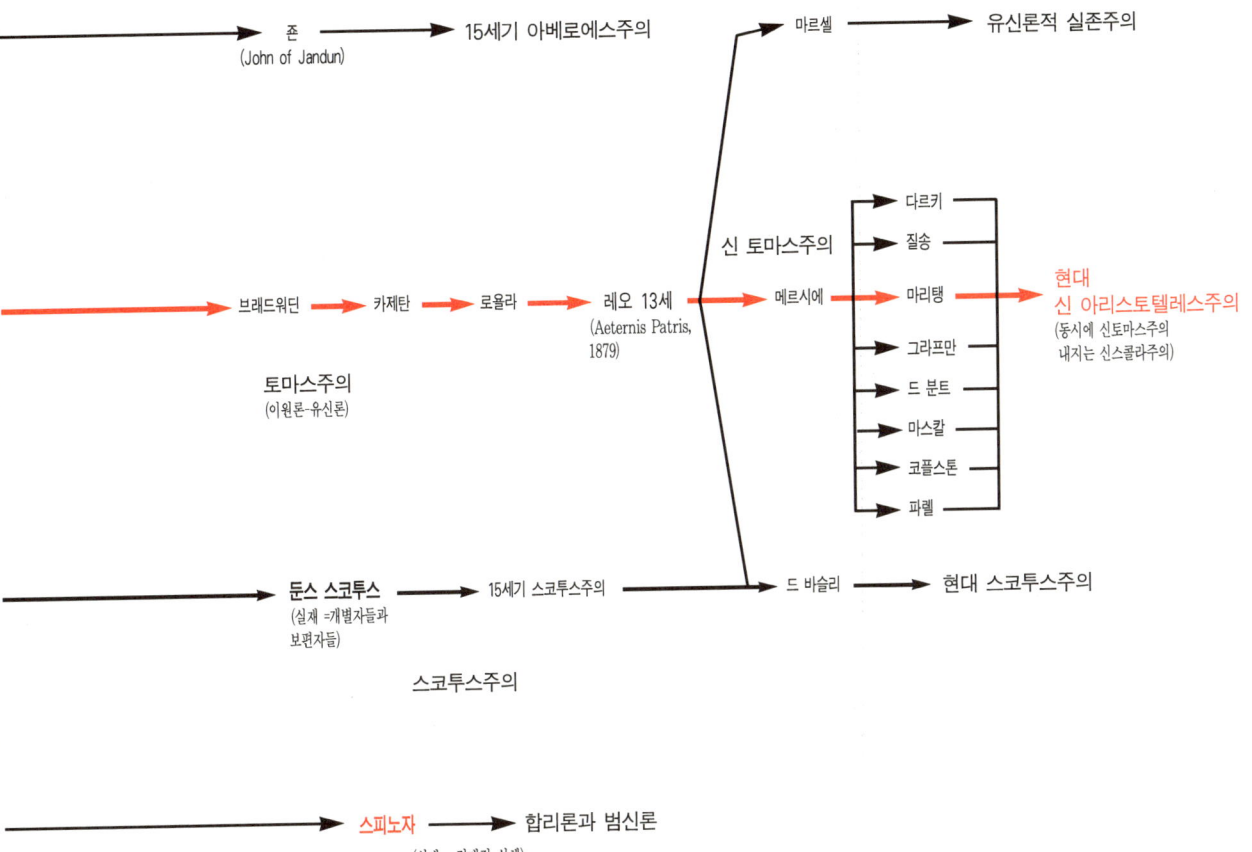

라철학)의 출발점은 실재에 관한 이론(형이상학 내지는 존재론)이다. 실재는 이성과 계시를 통하여 알려질 수 있다(90페이지를 볼 것). 여기서 인식의 문제는 중심적인 문제가 되지 않는다. 이후에 나타난 유명론, 경험론, 회의론 등에서 비로소 인식의 문제가 중심적인 문제가 되었던 것이다.

중세 스콜라 철학의 발전단계는 다음과 같이 세 시기로 구분된다.

(1) 형성기(9세기~12세기) : 플라톤주의, 신 플라톤주의, 어거스틴주의가 우세하였고, 이원론적 경향이 두드러졌다. 안셀름의 중세 실재론(22페이지를 볼 것)에서 나타난 것과 같이 플라톤의 이데아들(보편자들)은 사물들의 본질이며 사물들보다 앞선다.

(2) 절정기(13세기) : 아리스토텔레스주의가 지배적이었으며 일원론적 경향과 다원론적 경향이 두드러졌다. 이데아들(보편자들)은 실재이지만 구체적인 사물들 안에 존재하며 사물들보다 앞서지 않는다고 보았다. 이러한 사상은 알베르투스 마그누스와 토마스 아퀴나스에게서 나타난다(22페이지를 볼 것). 이 시기에 현대 신 스콜라 철학의 기초가 형성되었다.

(3) 쇠퇴기(14세기) : 유명론과 다원론이 신비주의와 함께 영향력을 가지게 되었다. 이데아들(보편자들)은 실재가 아니며 구체적 사물들의 이름들일 뿐이다. 구체적 사물들만이 실재이며, 보편자들은 이 사물들 이후에 있는 것이다. 이러한 사상은 윌리엄 오캄에게서 나타난다(22페이지를 볼 것).

다원론: 유물론적 원자론

(실재는 물질적 원자들로 구성된다.)

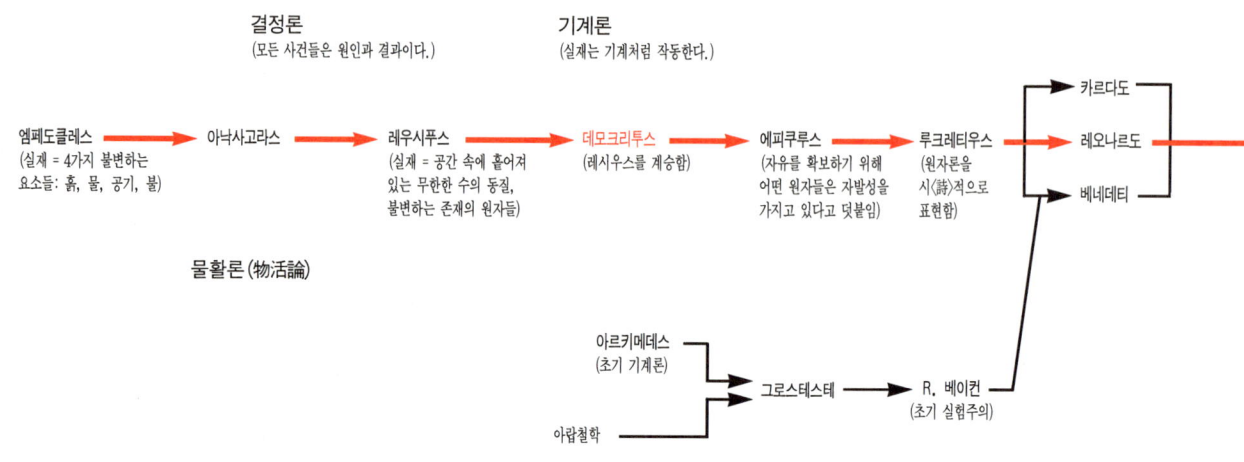

다원론이란 실재가 다수의 실재하는 것들로 이루어져 있다고 보는 형이상학적 입장이다. 다원론의 가장 뚜렷한 형태는 원자론적 유물론이다. 원자론적 유물론에 속하는 고대 희랍 철학자인 레우시푸스(Leucippus)와 데모크리투스(Democritus)의 기본적인 견해는 다음과 같다: 실재는 파괴되지 않는 불멸하는 개개의 원자들로 이루어져 있다. 이 원자들은 공간 속에서 자신들을 배열함으로써 다양한 사물들이 되어 감각되어진다(78페이지를 볼 것).

그러나 실재에 관한 일원론적 해설과 이원론적, 다원론적 해석들 간에는 명확한 구분을 짓기가 어렵다. 라이프니쯔(Leibniz)와 같은 다원론자도 영적인 원자(단자)들이 모여서 일원론적 관념론(84페이지를 볼 것)을 암시하는 통일된 영적 전체를 구성한다고 본다는 점에서는 일원론자로 이해될 수 있다. 또한 대부분의 유물론자들은 물질을 유일한 실재라고 보는 경향이 있으므로 이런 의미에서 일원론적이다. 예를 들어 헥켈은 특별히 자신의 유물론은 일원론이라고 칭하였다. 그러나 모든 경우에 이 유물론 철학자들은 실재란 독립적인 개별 사물들이라고 강조한다는 점에서 역시 다원론적 입장이라고 할 수 있다.

다원론은 다수의 실재하는 것들을 영적인 것이나, 정신적인 것이나, 물질적인 것, 혹은 지각되는 것 즉 단순히 중성적인 것 등으로 이해한다. 아마도 실재에 관한 다원론적 입장 가운데 가장 대표적인 것은 윌리엄 제임스의 실용주의일 것이다. 그는 실재란 '하나로 꿰어져 있는' 다수의 실재하는 것들이라고 표현하였다(차트 14와 82페이지를 볼 것).

유물론적 원자론에서 볼 때 실재는 공간에 흩어져 있으면서 공간을 점유하고 있는 개별적인 실체들, 즉 원자

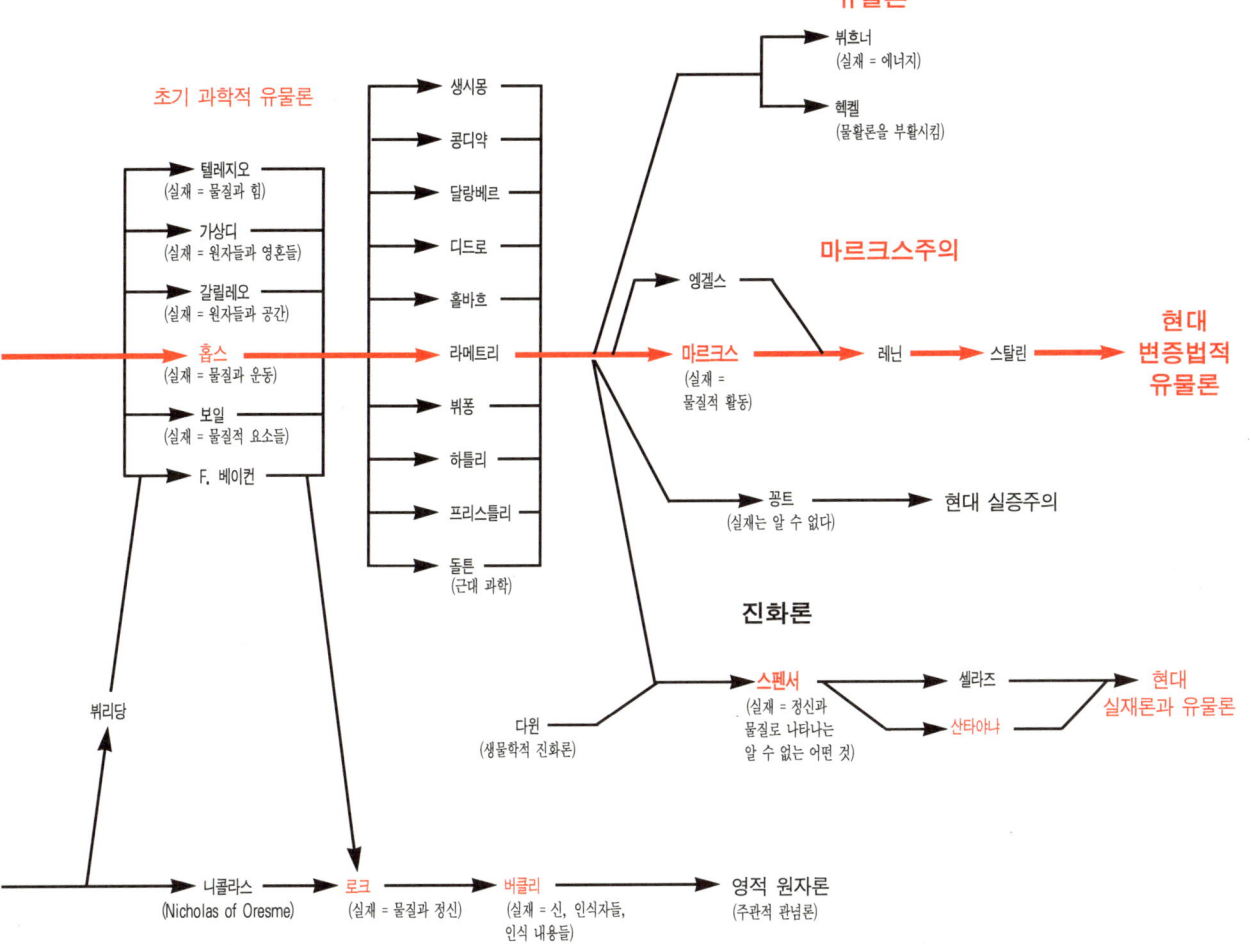

들이다. 엠페도클레스는 그 자체는 불변하면서 운동과 조합에 있어서 변화를 취하는 실체적인 요소들이 존재한다고 최초로 주장하였다. 아낙사고라스(Anaxagoras)는 사물들을 이루는 요소들이 '사유하는 물질' 즉 누스(nous)에 의해 운동하게 된다고 보았다. 근대의 과학적 발전에도 불구하고 계속 유지되고 있는 초기 근대 과학의 고전적 유물론은 레우시푸스에 의해 처음으로 제창되고 데모크리투스에 의해 발전되었던 것이다. 레우시푸스는 실재란 빈 공간 속에 흩어져서 무수히 다양한 형태로 나타나고 있는 동질의 무수한 원자들이라고 보았다. 유물론적 원자론은 일반적으로 중세 동안 무시되어 왔으나 갈릴레오(Galileo)와 16, 17세기 초기 근대의 과학적 사상가들에 의해 부활하게 되었다. 이 사상가들의 대부분은 여전히 영혼 내지는 정신에 독립적인 지위를 부여하였다. 그러나 홉스와 라메트리(Lamettrie)는 인간을 기계적인 존재로 이해함으로써 현대 행동주의 과학이론의 경향을 이미 나타내 보였다(80페이지를 볼 것). 돌튼은 원자론적 유물론에 기초한 초기 근대과학의 핵심적인 개념들을 발전시켰다.

헤겔의 변증법에 깊이 영향을 받은 마르크스는 변증법을 유물론적 원자론에 적용시켜 유물론적 원자론을 실재의 근원에 있는 투쟁의 역할을 강조하여 사회학적으로 해석하였다. 이리하여 변증법적 유물론이 나오게 되었다. 변증법적 유물론은 현대 마르크스 철학의 기초를 이루고 있다(82페이지를 볼 것).

현대적 형태의 유물론은 매우 복잡해지는 경향이 있다. 실체와 같은 것보다는 에너지나 운동이 더 강조되고 있다. 즉 사물이란 그것이 작용하고 있는 바인 것이다. 유물론은 또한 실재론, 실증주의, 진화론 등과 관계가 있다.

차트 ●121●

다원론: 현상론과 회의론
(경험 밖의 실재는 알 수 없다.)

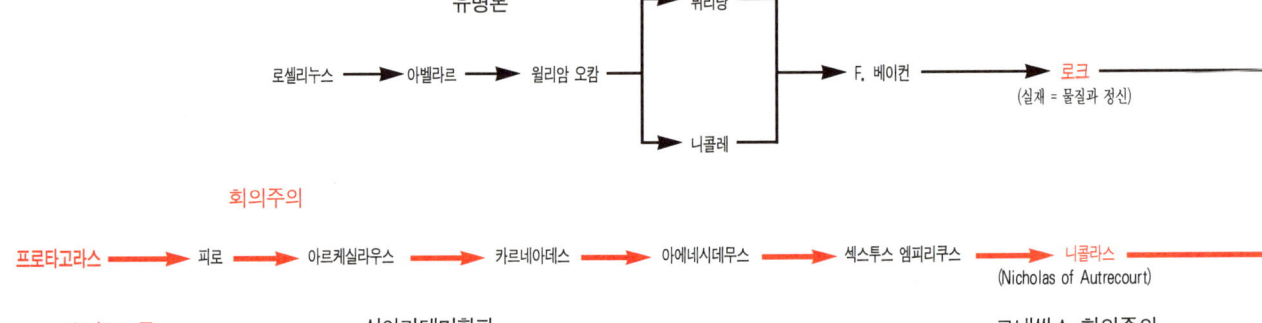

현상론은 우리는 단지 나타나는 대로의 사물들을 알 뿐이라고 주장한다. 회의론은 우리는 아무것도 알 수 없다고 주장한다. 회의론의 다소 완화된 형태인 불가지론(不可知論)은 우리는 무엇을 알 수 있는지를 모른다고 주장한다. 현상론과 회의론과 불가지론은 실재를 지각내용이라고 본다. 사물들은 지각 내용들이거나 그것들의 구성물들이다(26페이지를 볼 것).

비록 이 이론들이 경향에 있어서는 반형이상학적이지만, 실재에 관한 입장으로는 다원론적이다. 세계가 하나의 실체 혹은 그 이상의 실체들로 되어있다거나 세계가 어떤 것으로부터 유래하는지에 관해서는 아무런 주장을 하지 않는다. 세계는 단지 나타나는 바 다양한 현상들일 뿐이다.

현대 철학이 회의론적인 경향을 강조하는 것은 과학적 방법의 발전과 언어와 논리의 본질에 관한 연구에 의해 고무된 것이다. 경험을 벗어난 실재에 관한 지식을 얻는 것이 불가능하다는 입장 혹은 확실하고 보편적인 지식을

얻는 것이 불가능하다는 입장은 이미 위대한 소피스트인 프로타고라스에게서 나타났다(88페이지를 볼 것). 일반적으로 중세에는 회의론이 쇠퇴하였였지만 그럼에도 불구하고 윌리엄 오캄(William of Ockham)의 유명론(31페이지를 볼 것)에서 그 표현이 나타나고 있다.

흄(Hume)은 근대 회의론과 현상론에서 핵심적인 인물이다(81, 82페이지를 볼 것). 흄의 회의론은 로크와 버클리의 경험론을 논리적으로 발전시킴으로써 도달한 결론이다. 이로써 흄은 대부분의 현대 경험철학에로의 길과, 실증주의, 실용주의, 현상론(22, 84페이지와 차트 14, 23을 볼 것) 등에서 나타나는 반형이상학적 경향에로의 길을 닦은 것이다. 이러한 철학들이 19세기에 등장하고 근래에는 분석철학이 대두함으로써 회의론은 지배적인 위치를 확고히 하게 되었으며 실재의 본질에 대한 문제와 같은 형이상학적인 문제에 관한 관심은 최소한으로 줄어들게 되었다(차트 1을 볼 것).

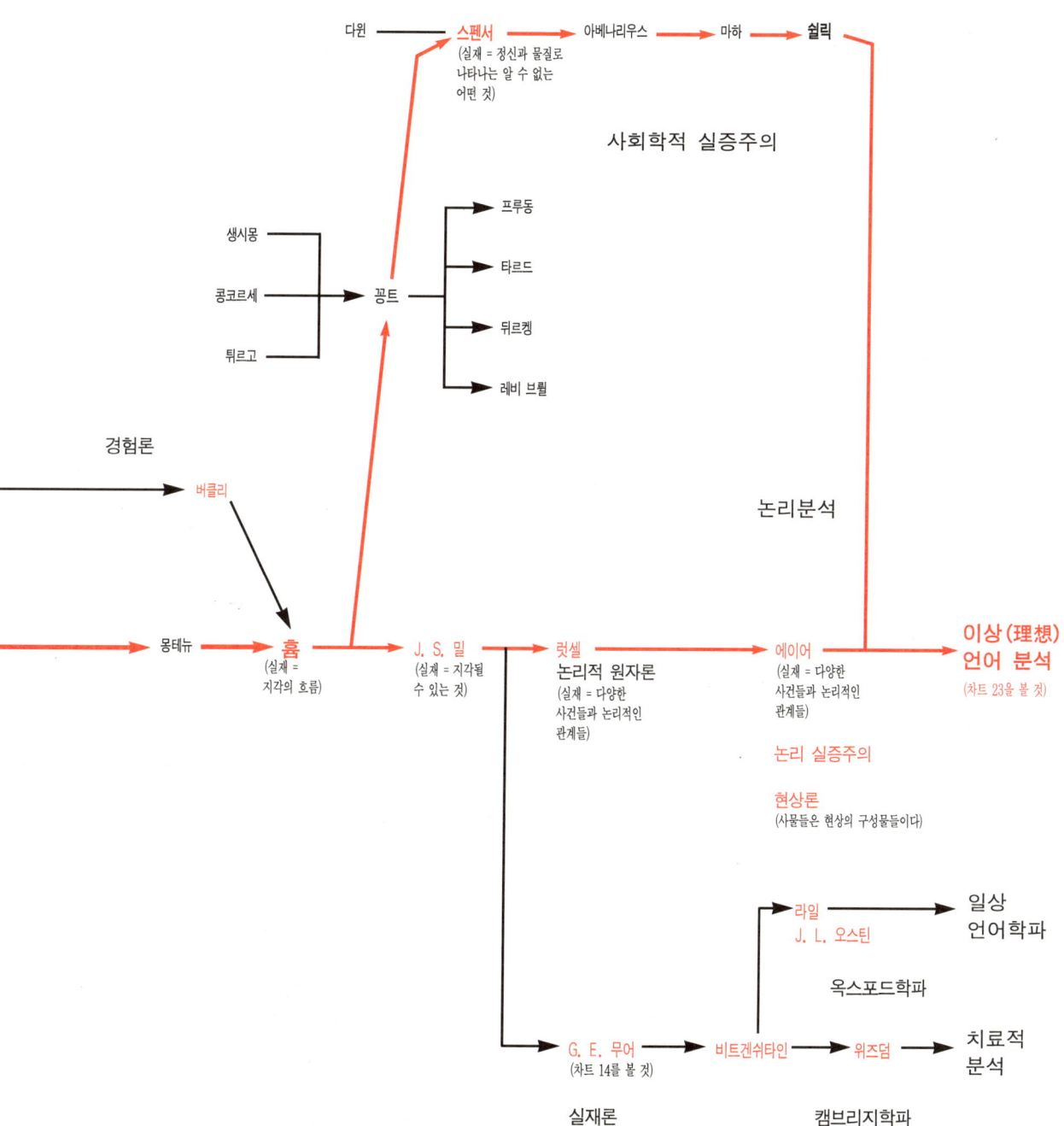

다원론: 현대 실재론

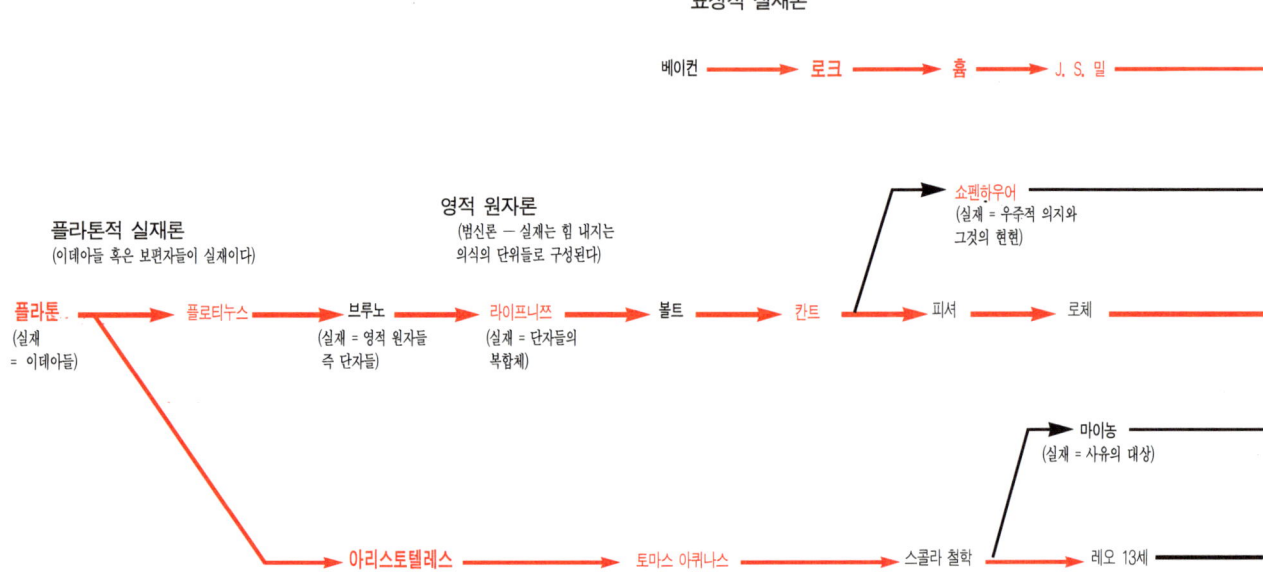

현대 철학의 상황은 — 특별히 실재에 관한 이론에 있어서 — 복잡하다(9, 39, 42페이지를 볼 것). 그러나 다음과 같은 몇 가지 일반적인 특징들을 발견할 수 있다.

(1) <u>반형이상학적인 경향</u>: 이러한 경향은 노골적인 회의주의로 나타나거나 '실재'와 같은 문제에 대한 관심의 일반적인 결핍으로 나타난다(22페이지, 지식에 관한 이론으로서의 회의주의, 차트 23, 24를 볼 것).

(2) <u>다원론</u>: '실재'가 경험의 흐름이라고 보든지 경험의 대상들이라고 보든지, 혹은 지향되는 관념적인 대상들이거나 관념이라고 보든지간에 본질적으로 그것이 다원론적이라고 본다. 실재의 '단일성'을 추구하려는 사색적인 일원론 경향이나 현세와 내세, 실재와 이상을 구분하려는 종교적인 이원론적 경향은 찾아보기 어렵다. 기술되는 대로 세계는 다양성과 다원성을 보여준다. 현대 철학은 다원론적이다.

(3) <u>역동성</u>: 현대 철학은 헤라클리투스(Heraclitus)로부터 단서를 얻고 있다. 과정, 운동, 창발적 진화 등을 주요 개념으로 하고 있다. 실재가 무엇이든간에 그것은 상대적이고 변화하는 것이다. 실체, 존재라는 개념은

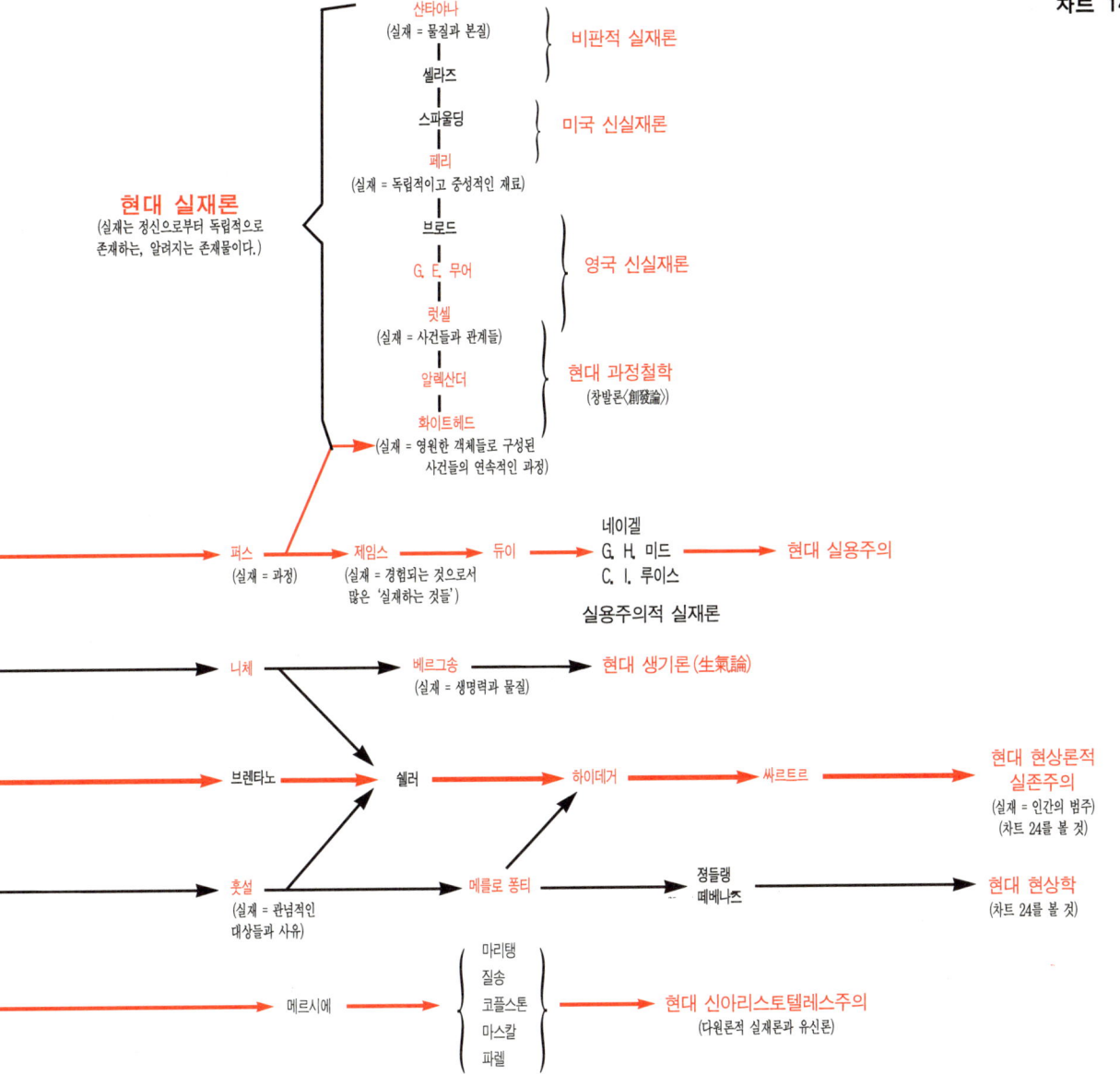

분석에 의해 폐기된다. 존재하는 것은 무엇이든지 관찰 가능한 결과를 낳을 수 있는 그 힘에 의해 그렇게 존재하는 것이다.

(4) **실재론**: 인격주의라는 있을 수 있는 예외를 제외하고, 순수한 회의론이나 현상론이 아닌 대부분의 현대 철학은 실재론적인 기원 내지는 경향성을 나타낸다. 어떤 방식으로 지각되든지간에 비록 그 의미는 지향적인 것일 수 있지만 실재란 어떤 정신에 의해 알려지게 된다는 사실에 전혀 영향받지 않는 것이다(83, 88페이지를 볼 것). 그것은 객관적인 과정, 관계들의 체계 내지는 객체들의 세계이다. 현대 실존주의조차도 현상학, 생기론 및 다른 원천들로부터 파생한 것이다(차트 24를 볼 것). 요약하자면, 실재란 어떤 의도를 가진 정신이 구성해낸 관념의 체계가 아니라 인식작용에 대해 독립적이고 중립적인 사건들과 객체들의 복합체로서 인간은 그것에 가치와 질서를 부여할 뿐이다. 이것은 실존주의와 실용주의에 있어서 특별히 강하게 나타난다(차트 23, 24에는 현대 분석철학과 실존주의 철학에 대하여 상세하게 설명이 되어 있다).

정신에 관한 기능주의 이론
(정신적인 것은 물질의 작용이다.)

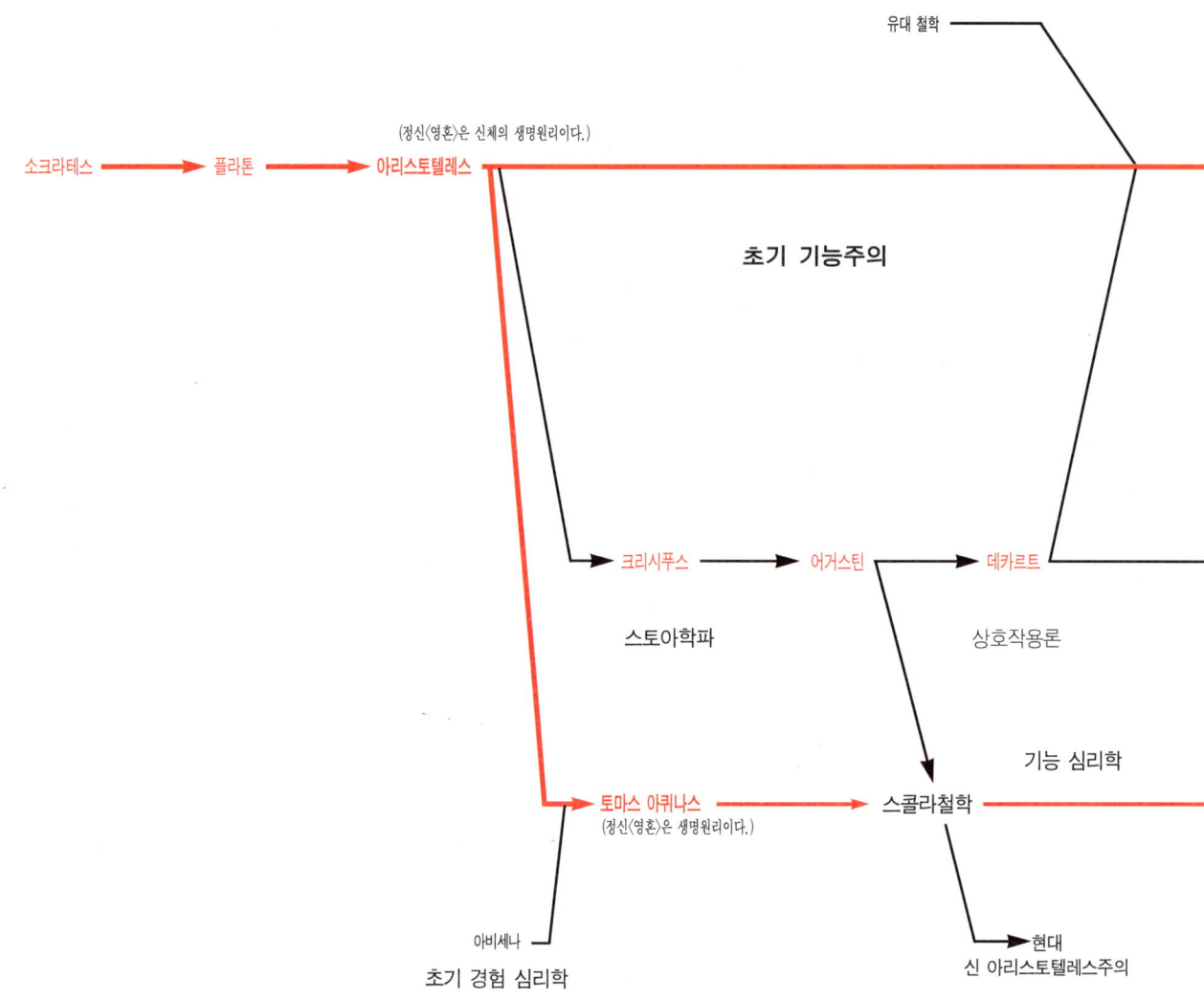

정신에 관한 기능주의적 이론들은 정신적인 것과 물질적인 것은 분리될 수 없는 것이라고 믿었던 아리스토텔레스(75페이지를 볼 것)에 그 기원을 두고 있다. 아리스토텔레스는 정신이란 물질의 구성하고 통제하는 경향이라고 보았다. 기능주의 이론에서는 정신이란 독립적인 영혼 내지는 실체라고 보지 않고 신체적인 활동의 형태나 구조라고 본다. 사실상 대부분의 현대 심리학자들은 '정신'이라는 말이 더 이상 필요없다고 생각한다. 왜냐하면 정신이라는 말은 단지 행동이나 행동의 구조를 가리키는 말이지 독립적인 실체를 가리키는 말은 아니라고 믿기 때문이다. 현대 실험심리학은 행동에 관한 연구를 촉진시켰다. 현대 심리학의 한 분파로서, 기능주의(functionalism)는 제임스와 행동주의의 영향 아래서 듀이와 엥겔(Angell)에 의해 재구성되었다(78페이지를 볼 것). 분트(Wundt)의 실험심리학으로부터 구조주의(Structualism) 심리학이 나오게 되었는데 그 가운데 가장 중요한 것은 분트의 원자론적 구조주의에 대한 반작용으로 나온 전체론적 구조주의 즉 게쉬탈트(형태) 심리학이다(82페이지를 볼 것). 게쉬탈트 심리학에서는 아리스토텔레스의 기능주의가 다시 주장된다. 게쉬탈트 심리학에 밀접하게 관련된 것으로 정신은 창발(創發)적인 것이라고 보는 이론이 있다. 이 이론에서는 정신을 실재

차트 15

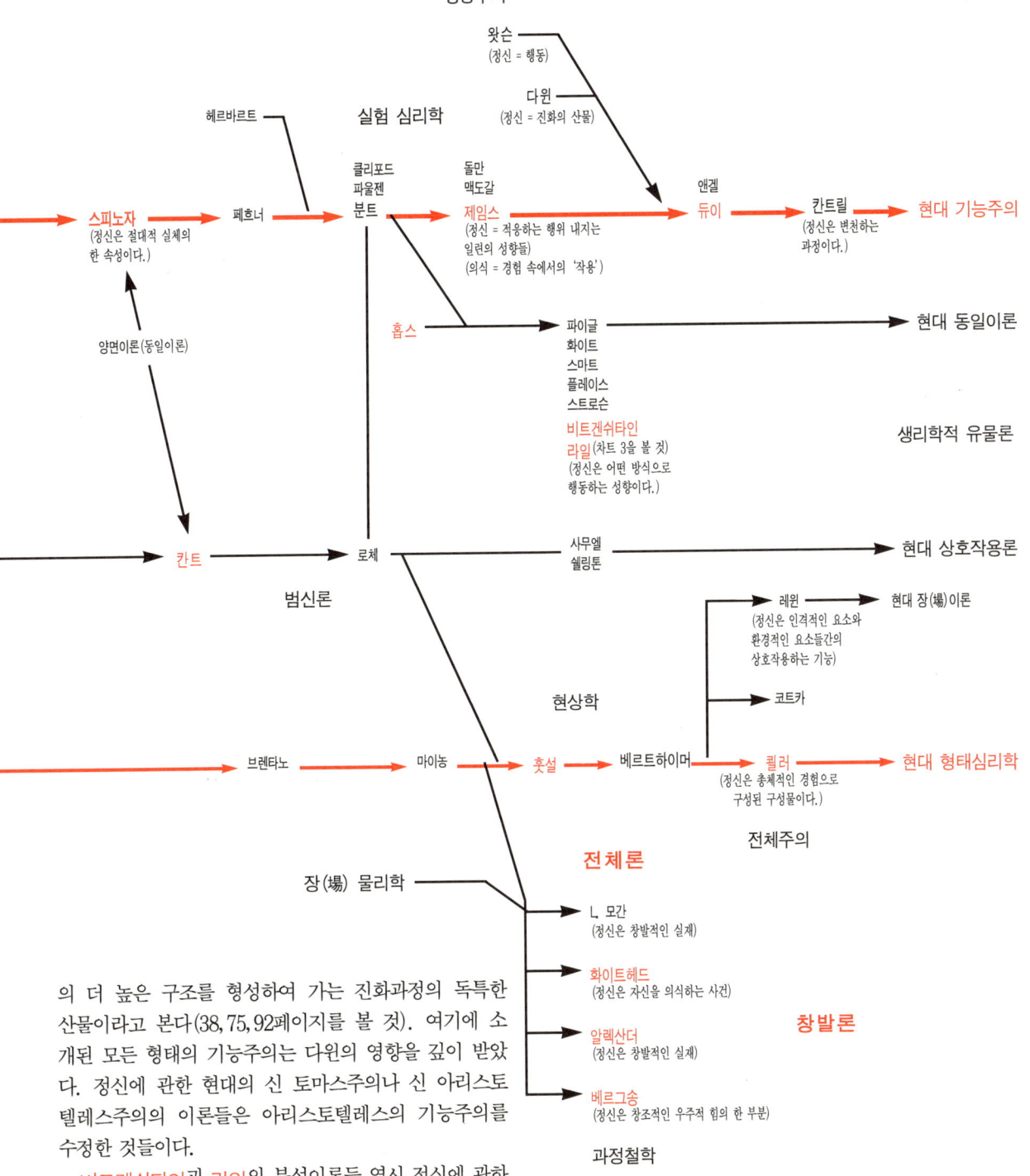

의 더 높은 구조를 형성하여 가는 진화과정의 독특한 산물이라고 본다(38, 75, 92페이지를 볼 것). 여기에 소개된 모든 형태의 기능주의는 다윈의 영향을 깊이 받았다. 정신에 관한 현대의 신 토마스주의나 신 아리스토텔레스주의의 이론들은 아리스토텔레스의 기능주의를 수정한 것들이다.

비트겐쉬타인과 라일의 분석이론들 역시 정신에 관하여서는 기능주의 이론이라고 이해할 수 있다. 왜냐하면 그들은 정신이나 정신적인 것을 지칭하는 말은 행동이나 어떤 방식으로 행동하는 경향을 지칭하는 것이라고 주장하고 정신적인 실체와 같은 것을 지칭하는 것이라고 보지 않기 때문이다. 이 기능주의와 듀이의 이론과 게쉬탈트 심리학은 일반적으로 행동주의의 형태이거나 그것과 관련된 것들이다(차트 3을 볼 것).

차트 •127•

정신에 관한 영적 이론

(정신 내지는 영혼은 독특하고, 환원할 수 없는 그 자신만의 존재성을 가지고 있다.)

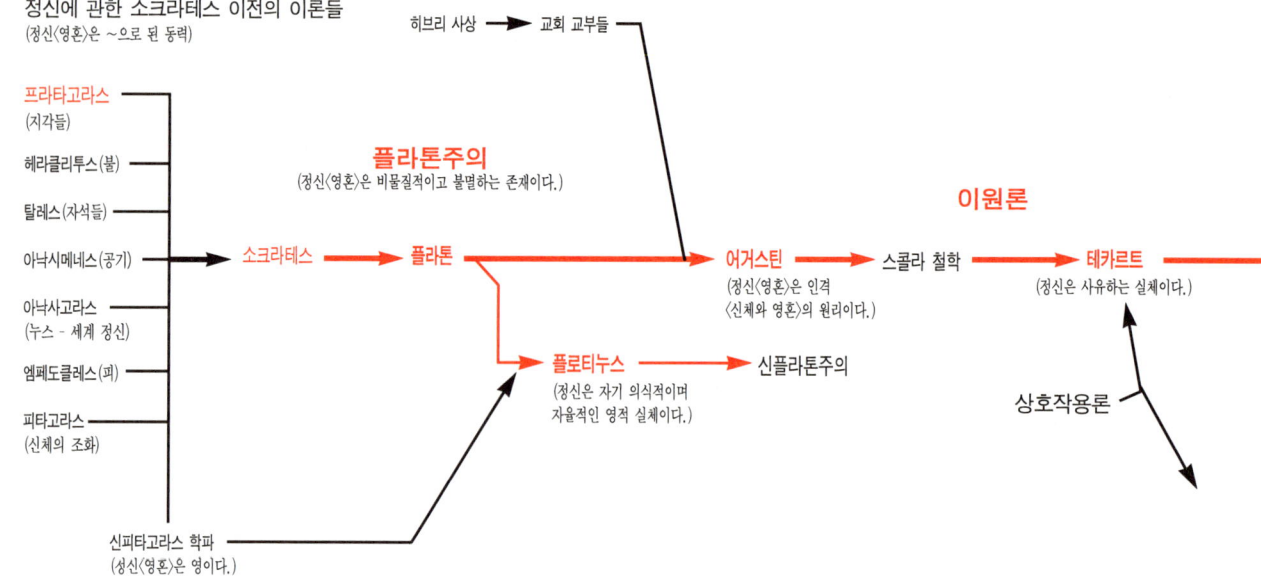

정신에 관한 유심론적(Spiritualistic)인 이론들은 플라톤의 관념론에 그 기원을 두고 있다. 정신에 관한 유심론적 내지는 관념론적인 이론들은 정신에 어떤 이름을 붙이는가에 상관없이 정신은 어느 정도의 독립성을 지닌 실체이며 정신의 이 실체성은 이에 관한 다른 유의 이론으로는 설명할 수 없는 것이라고 주장한다. 플라톤주의에서 이원론은 물질과 정신을 구분하고 후자가 영적이고 불멸하는 것이라고 본다(40페이지를 볼 것). 이원론은 칸트를 통하여 정신을 영적인 것으로 보는 입장의 지배적인 이론으로 나타난다(3장 실재에 관한 이론들을 볼 것). 칸트 이후로 유심론(Spiritualism)은 객관적, 절대적 관념론의 모습 속에서 일원론(monism)으로 나타나게 되었다. 객관적, 절대적 관념론은 정신이 모든 물질 활동의 상위에 위치하며 물질 활동은 절대 정신의 표현이라고 본다(23, 79, 80페이지를 볼 것). 한편 어거스틴과 데카르트의 상당히 인격주의적인 전통은 로체(Lotze)에 의해 부활되었다. 로체는 다양한 형태의 인격적 관념론 즉 인격주의와 인격주의 심리학에 영감을 주게 되었다. 모든 형태의 인격주의는 자아 내지는 인격의 중심적인 실재성을 강조한다. 칸트로부터 또한 주의(主意)주의(Voluntarism) 철학이 발생하였는데 그것은 세계와 정신을 의지나 불합리한 힘의 표현이라고 보는 입장이다. 이러한 입장은 쇼펜하우어에게서 잘 나타난다. 이러한 발전과 더불어 무의식이라는 개념이 등장하였다. 프로이드의 정신분석 이론은 생물학적, 유물론적 기초 위에서 이 개념을 활용하였다(79페이지를 볼 것). 집단 정신의 기능 역시 초자아(Superego)의 역할을 통하여 도입되었다(프로이드의 정신이론을 볼 것). 그러나 아들러(Adler)와 융(Jung)의 이론은 좀더 인격주의적이다. 융은 프로이드의 유물론을 거부하고 대신 영혼(Psyche)의 실재성을 인격주의적이고 사회적인 용어로써 강조하였다(차트 3을 볼 것).

차트 16

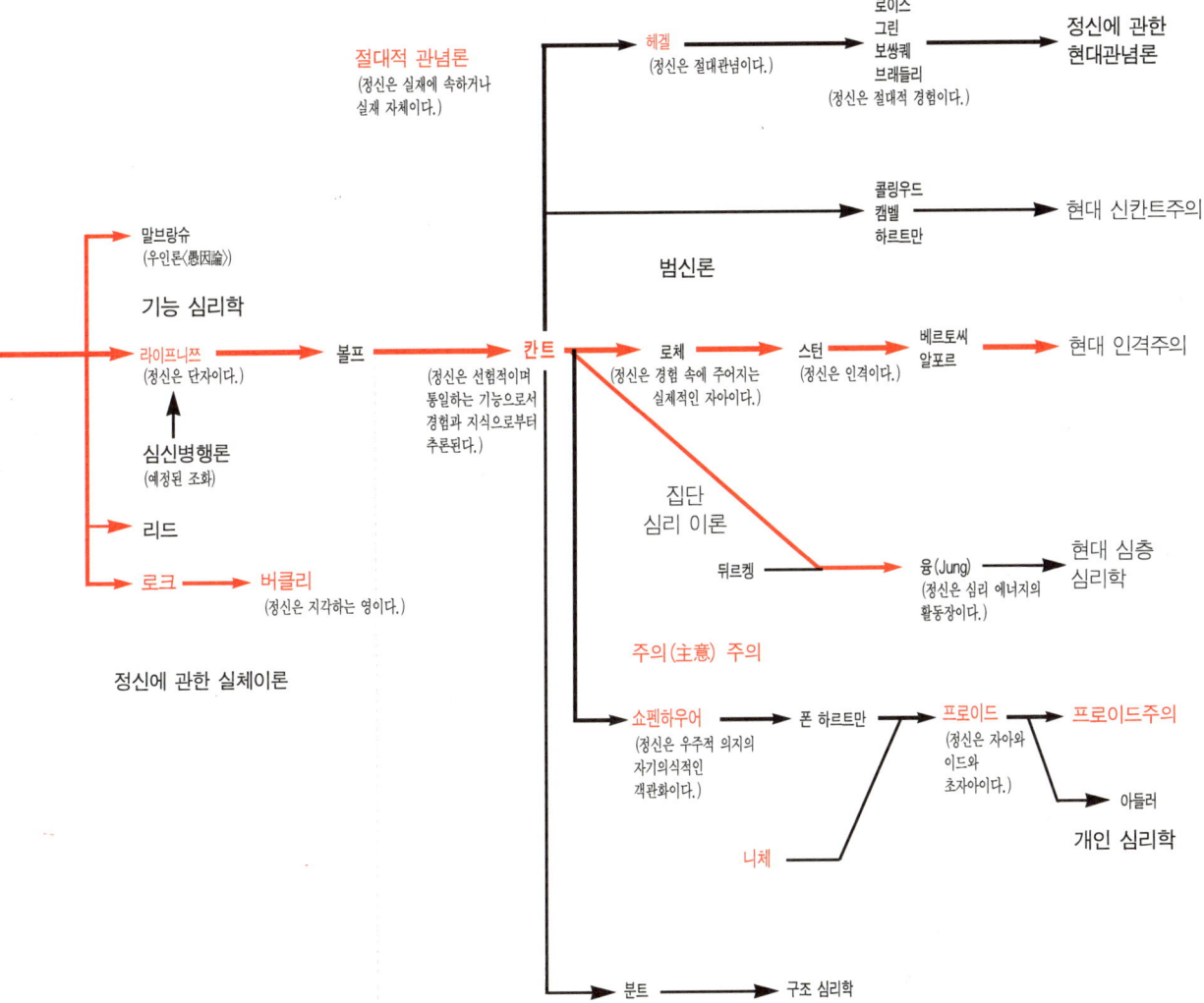

쾌락주의
(선 = 어떤 형태의 쾌락, 혹은 쾌락을 추구하고 고통을 피하는 것)

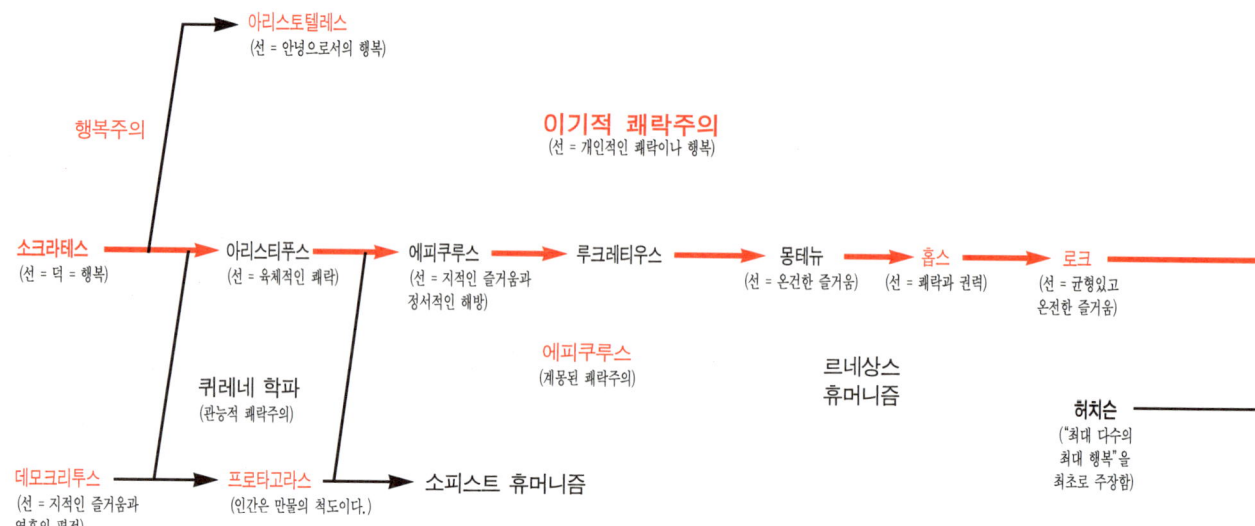

선에 대한 쾌락주의 이론은 서양철학의 윤리 이론으로서 중요한 한 부분을 이루고 있다. 자연주의적 쾌락주의(Hedonism) 이론은 다음과 같은 일반적인 두 가지 형태 중 어느 하나의 모습을 취하고 있다. (1) 단순히 쾌락을 추구하는 것, 데모크리투스와 아리스티푸스(Aristippus)의 경우에서 나타나는 것과 같다. (2) 행복 즉 개인적인 안녕을 추구하는 것, 소크라테스의 경우에서와 같다(74, 75, 91페이지를 볼 것). 행복주의(Eudaemonism)는 대부분의 희랍 윤리학에서 나타나는 특징이다. 그것은 단순히 쾌락을 구하고 고통을 피한다는 정도를 훨씬 넘어선 것이다. 그러나 대체로 희랍 윤리학은 근본적으로 목적론적이다. 즉 인생의 목표로서의 선의 본질이나 훌륭한 삶이라는 인생의 목표를 다룬다.

행복주의는 플라톤에 의해 발전함에 따라 명백히 비자연주의적인 것이 되었다. 선은 만족스러운 감정이나 어떤 다른 자연적인 현상으로 환원될 수 있는 것이 아니라 궁극적인 실재 자체의 본질로서 형이상학적인 지위를 가지는 것이라고 보았기 때문이다. 플라톤에게 있어서, 선의 이데아는 모든 구체적인 경우들 속에서 선한 것이

계몽주의

나타나게 한다(87페이지를 볼 것). 소크라테스, 플라톤, 아리스토텔레스의 윤리학은 비록 쾌락주의적 요소를 가지고 있기는 하지만, 자연주의적인 것이 아니라 바자연주의적인 것으로 특징지워진다.

초기의 쾌락주의는 이기주의적인 (개인적인) 것이었다. 근대 초기에 쿰버란드(Cumberand)와 벤담(Bentham)은 그것을 현대적인 형태—공리주의적 쾌락주의(Utilitarian hedonism, 48페이지를 볼 것)로 전환시켰다. 벤담은 유용성의 원리에 기초한 양적 형태의 공리주의적 쾌락주의를 발전시켰다. 그것에 의하면 '최대다수의 최대행복' 이 도덕판단의 보편적인 기준이다.

밀은 벤담의 공리주의 안에 내재되어 있는 문제점을 인식하고 그것을 좀더 질적인 방향으로 수정하였다(48페이지를 볼 것). 사회지향적인 밀의 윤리이론으로부터

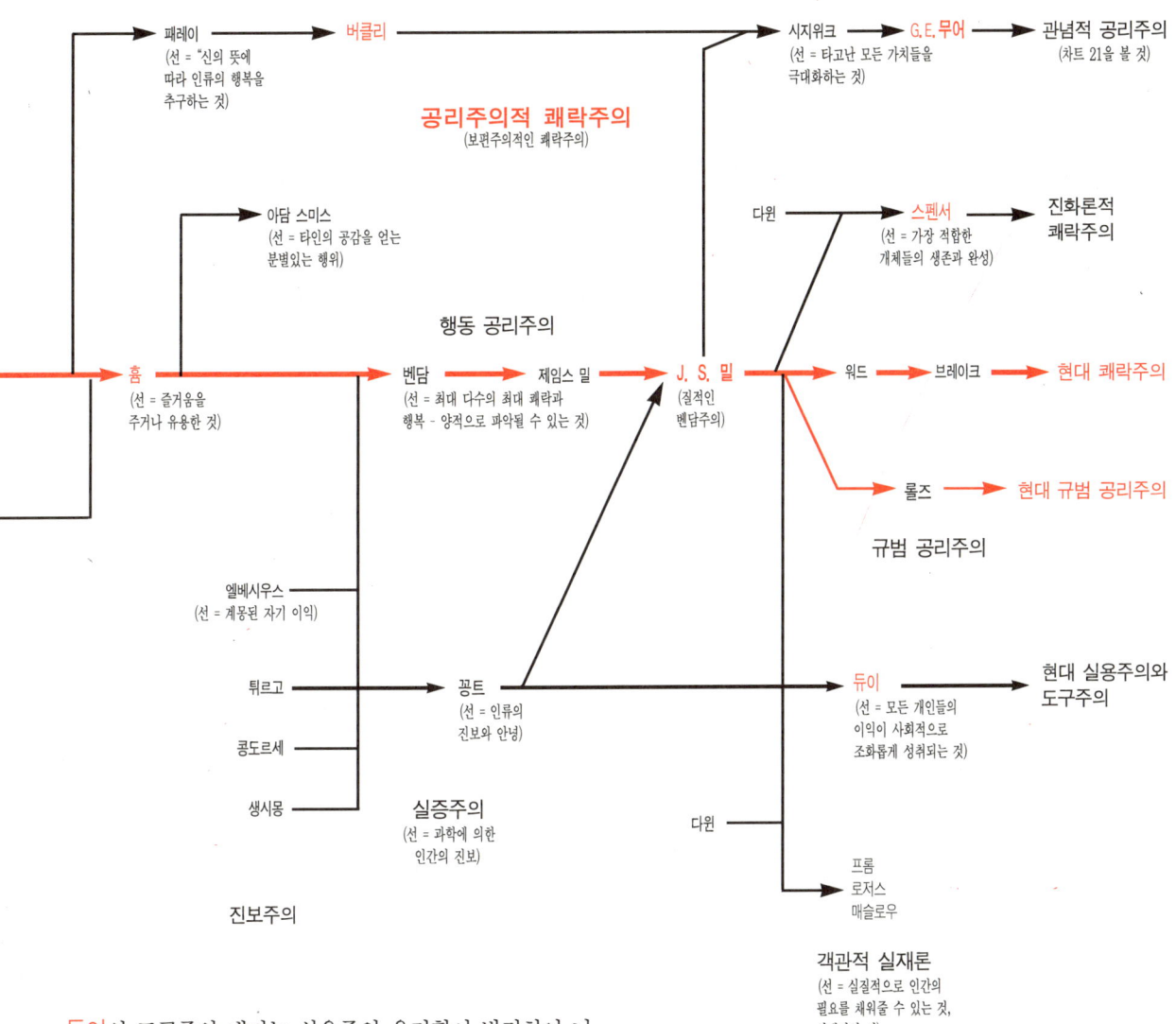

듀이의 도구주의 내지는 실용주의 윤리학이 발전하여 나왔다(48페이지를 볼 것). 선은 쾌락을 추구하고 고통을 피하는 일반적인 쾌락주의적 목표가 아니다. 타고난 가치(intrinsic values)라고 보는 윤리이론도 밀로부터 파생하여 나왔다. 무어에서 관념적 공리주의로 나타난 것처럼 공리주의는 윤리적 직관주의(48페이지를 볼 것)와 관련을 가지게 된다. 가장 일반적인 의미에서, 공리주의는, 행위는 그것이 낳는 결과적 선에 의해서 판단되어야 한다고 보는 윤리적 견해이다.

행동 공리주의(Act utilitarianism)는 "내가 이러한 상황에서 이러한 행동을 할 때 어떤 결과가 나오게 되겠는가?"를 물음으로 삼는다. 규범 공리주의(Rule utilitarianism)는 "모든 사람들이 이러한 상황에서 이러한 행동을 하게 된다면 어떤 결과가 나오게 되겠는가?"를 묻는다. 따라서 행동공리주의는 가장 큰 본래적인 선을 낳을 수 있는 구체적인 행동을 해야 한다고 주장하고 규범공리주의는 가장 큰 본래적인 선을 낳을 수 있는 규범에 따라 행동해야 한다고 가르친다. 규범 공리주의는 행동공리주의와도 다르고 한편 의무론적 윤리론과도 다르다(차트 21과 48페이지를 볼 것).

차트 ●131●

자연주의: 힘의 윤리학
(선 = 힘)

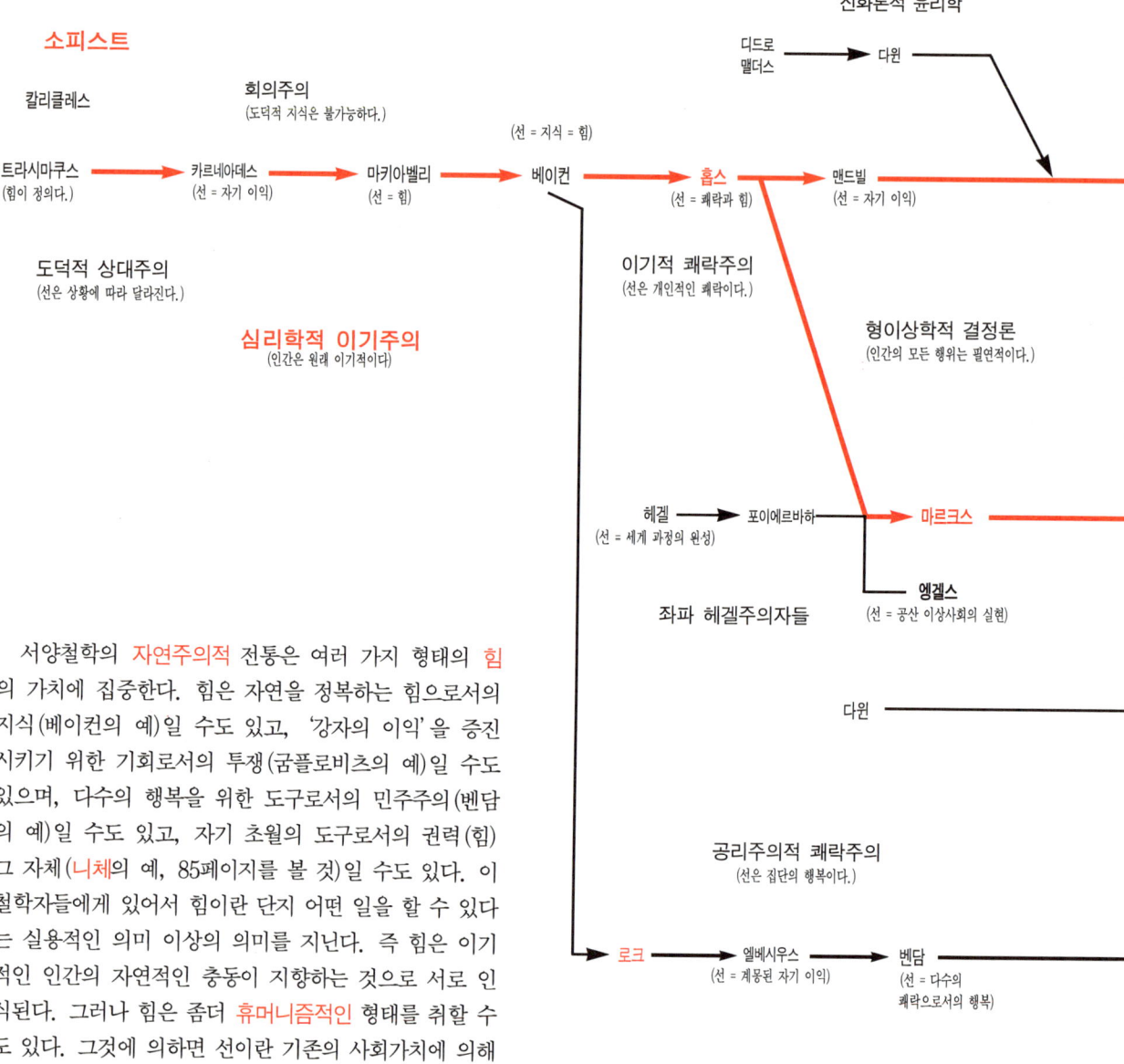

서양철학의 자연주의적 전통은 여러 가지 형태의 힘의 가치에 집중한다. 힘은 자연을 정복하는 힘으로서의 지식(베이컨의 예)일 수도 있고, '강자의 이익'을 증진시키기 위한 기회로서의 투쟁(굼플로비츠의 예)일 수도 있으며, 다수의 행복을 위한 도구로서의 민주주의(벤담의 예)일 수도 있고, 자기 초월의 도구로서의 권력(힘) 그 자체(니체의 예, 85페이지를 볼 것)일 수도 있다. 이 철학자들에게 있어서 힘이란 단지 어떤 일을 할 수 있다는 실용적인 의미 이상의 의미를 지닌다. 즉 힘은 이기적인 인간의 자연적인 충동이 지향하는 것으로 서로 인식된다. 그러나 힘은 좀더 휴머니즘적인 형태를 취할 수도 있다. 그것에 의하면 선이란 기존의 사회가치에 의해 왜곡되거나 위협당하지 않고 자기 완성을 실현할 수 있는 개인의 능력(힘)이다(마르크스의 경우, 41페이지를 볼 것).

힘의 윤리학(Power ethics)은 전체주의 정치이론의 모퉁이돌 역할을 한 외에도 다른 정치, 사회 이데올로기의 기초를 제공하였다. 한 윤리학자는 다음과 같이 이야기한다. "윤리학은 사람들이 무엇을 원하며, 어떻게 그것을 얻을 수 있는가를 연구하는 학문이다." 개인들과 국가 혹은 사회가 원하는 것을 얻을 수 있도록 하는 것이 힘(권력)의 목적이다. 따라서 여러 종류의 힘은 기본적으로 어떤 목적을 위한 수단으로서 도구적인 가치를 지닌다. 개인의 이익이나 사회의 이익이 아닌 어떤 목표를 분명하게 확립하지 않은 힘은 그 자체가 본래적인 가

차트 18

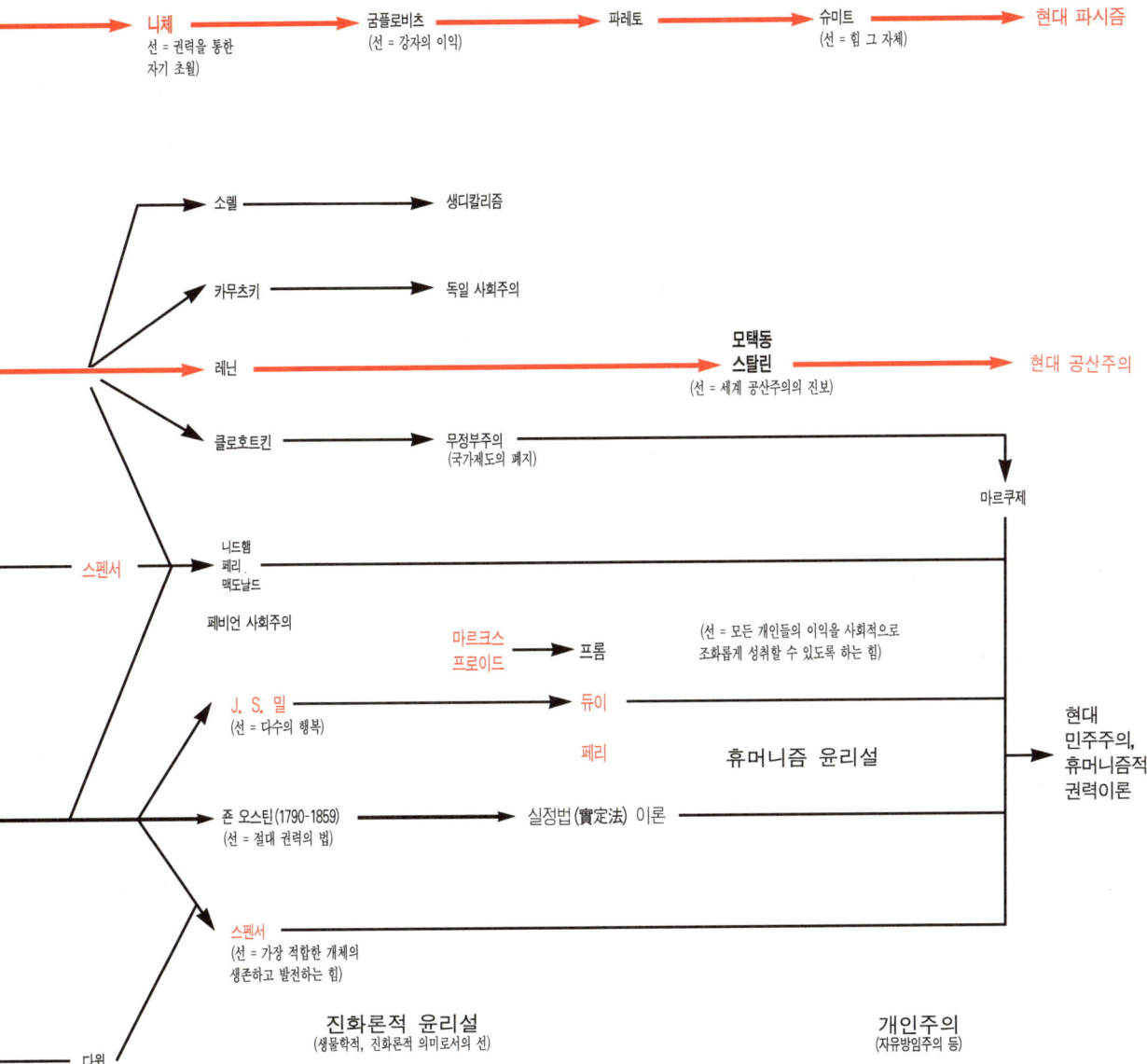

치를 지닌 목표나 선이 되는 경향이 있다.
　로크나 밀과 같은 철학자들은 비록 그들의 윤리설이 힘의 윤리설은 아니지만 이론들간의 연결고리로서 결정적인 역할을 하기 때문에 이곳에 포함시켰다. 또한 힘(권력)을 추구하는 민주주의적 표현이나 개인의 자기 표현으로서의 이론들은 전체주의적 권력이론과 분명히 구분하여야 한다.

자연주의: 윤리적 회의주의, 주관주의, 상대주의
(객관적인 도덕적 진리로서의 도덕지식을 부인함)

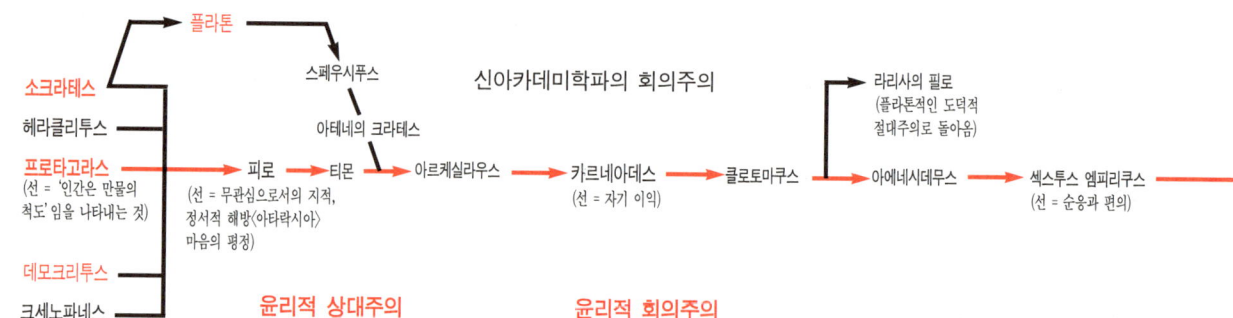

　　윤리적 회의주의는 도덕지식의 성립 가능성을 부정하는 입장이다. 윤리적 회의주의에 의하면 도덕적인 진술은 심리학적, 사회학적 내지는 신학적인 사실에 대하여 말하고 있는 것이다. 예를 들어 "나는 X를 찬성한다", "사회는 X를 찬성한다" 혹은 "신은 X를 찬성한다"와 같이 어떤 이의 태도에 관하여 알려주는 것이다 (주관주의). 윤리적 객관주의에서와 같이(차트 21과 53페이지를 볼 것) 도덕적 진술이 객관적인 도덕적 사실을 말하고 있다고 보지않는 것이 윤리적 회의주의의 입장이다. 또한 옳고 그름, 선과 악, 즉 가치에 관한 각자의 태도들은 일반적으로 다양하게 나타날 수 있으므로 윤리적 회의주의는 **윤리적 상대주의**가 되기 쉽다. 그리고 윤리적 상대주의에 함축된 의미는 도덕과 가치는 상대적일 뿐만 아니라 상대적이어야 한다는 것이다. 그러므로 만약 한 문화권 안에서 'X가 옳다'라고 믿는다면 그것은 틀린 것일 수가 없다. 왜냐하면 보편적이고 절대적인 도덕기준이란 존재하지 않기 때문이고 혹은 우리는 객관적인 도덕 지식을 얻을 수 없기 때문이다. 객관적인 도덕 지식이라고 하는 것도 알고 보면 태도나 풍습, 개인적인 확신 등 객관적인 경험적 사실에 관한 지식에 불과한 것이다(55페이지를 볼 것). 따라서 대부분의 윤리적 회의주의는 다음과 같은 의미에서 자연주의적이다. (1) 윤리학은 자연적, 경험적 세계와 관계있는 것이지 도덕적, 영적 영역에 관한 것이 아니다. (2) 윤리적 진술은 사실 즉 경험에 관한 진술로 대치될 수 있다(54페이지 자연주의적 오류에 관한 논의를 볼 것).
　　자연주의의 첫번째 형태는 형이상학적인 것이다. 왜냐하면 그것은 실재의 본질에 관한 이론으로서 예를 들면, 도덕적 규범이 존재한다고 보기 때문이다(자연법 이론). 자연주의의 두번째 형태는 메타 윤리학적인 것이다. 왜냐하면 그것은 도덕적 진술의 본질에 관한 이론으로서 예를 들면 그 진술들은 바로 사람들이 찬성하는 것에 관한 진술이라고 보기 때문이다 (흄, 45페이지를 볼 것).
　　정서주의(Emotivism)는 회의주의의 좀더 강한 형태이다 (45페이지를 볼 것). 정서주의에 의하면 도덕적 진술은 아예 진술이 아니라 찬성과 반대 등의 태도를 드러낸 표현일 뿐이다 (에이어). 정서주의는 어떤 비경험적 지식도 존재할 수 없다는 이유를 들어 도덕지식을 부정한다. 주관주의는 특별히 도덕 지식이라고 하는 것이 실재로는 경험지식 즉 찬성 따위를 나타내는 것이라고 보기 때문에 도덕 지식을 부정한다. 근래의 **분석철학**(차트 23을 볼 것)은 도덕 진술이 단지 감정이나 태도의 표현이거나 단순한 명령, 임의적인 결정이나 언명이라고 보는 정서주의의 견해를 거부한다. 분석철학은 도덕 진술을 평가, 권고, 명령 등의 의미로 해석하면서, 우리가 어떤 것에 대하여 그것이 좋다고 말할 때 우리는 단지 우리가 어떤 감정을 가지고 있는지를 표출하거나 알리는 것 뿐만 아니라 (53페이지를 볼 것) 우리가 그렇게 판단하는 충분한 이유가 있음을 함축하고 있다는 사실을 강조한다(툴민, Toulmin). 근래의 분석이론들은 비록 경험판단과 같은 의미에서는 아니지만, 어떤 도덕판단에 대하여는 그것이 참인지 거짓인지를 판단할 수 있다라고 주장하기도 한다. 이와 같이 정서주의는 도덕언어에 의해 수행되는 것들의 다양성을 인식함에 의해서, 그리고 추론과 사실적인 정보가 도덕판단에 관련되어 있다는 점을 인정함에 의해서 점점 개선되고 있다. 윤리학은 근본적으로 도덕언어의 분석(메타 윤리학)과 행동에 관한 것이고 형이상학적 지식과는 무관하다는 정서주의의

차트 19

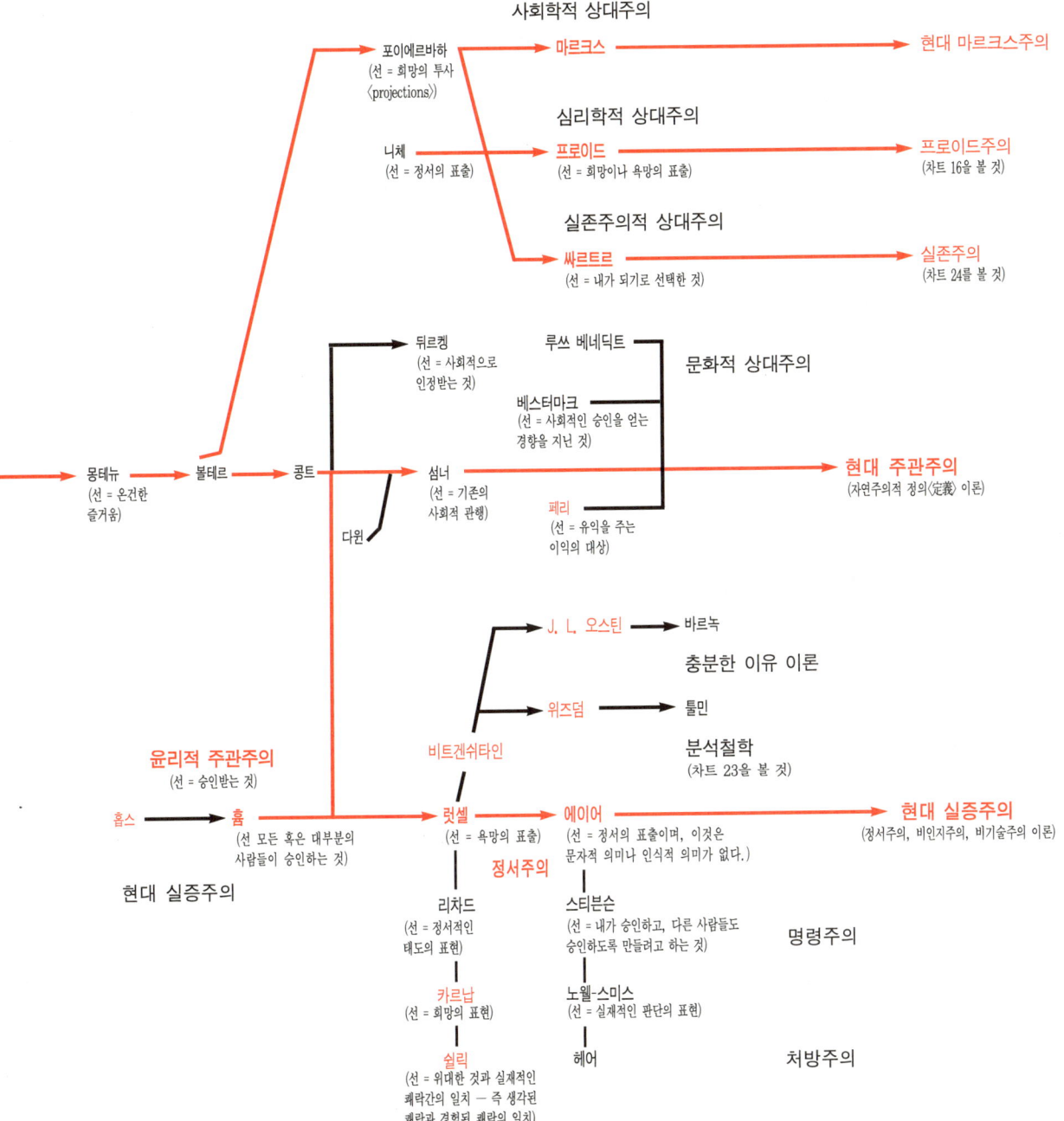

입장은 그대로 유지되고 있지만 일상적으로 사용되는 도덕 언어가 단지 정서를 표출하는 것 이상의 의미를 지니고 있음을 수용하는 쪽으로 수정되었다.

싸르트르에서 나타나는 것과 같이 객관적인 도덕지식을 부정하는 실존주의도 현대 윤리적 회의주의의 중요한 한 부류이다. 그러나 실존주의는 논리적이거나 메타 윤리학적인 이유에서 도덕 지식을 부정하는 것이 아니라 인간 상황과 실재의 본질과 같은 것과 관련된 형이상학적 근거에서 그것을 부정한다. 아리스토텔레스와 마찬가지로 싸르트르는 개인적인 도덕의 절대성을 위한 플라톤의 보편적인 도덕의 절대성을 거부한다. 그러나 한편 아리스토텔레스와는 다르게 그는 도덕적 절대성이란 그의 본질의 부분으로서 개인에게 상대적이라는 것을 부인한다. 오히려 개인적인 도덕의 절대성은 자유롭게 선택되어야 하며 인간의 본질은 이러한 선택에 의하여 확립된다고 본다(차트 24와 89페이지 싸르트르의 "실존은 본질에 앞선다"를 볼 것).

차트 ●135●

윤리적 합리주의

(선은 사물이나 실재 자체의 독특하고 독립적인 속성이며 '도덕감'에 의해 인식된다.)

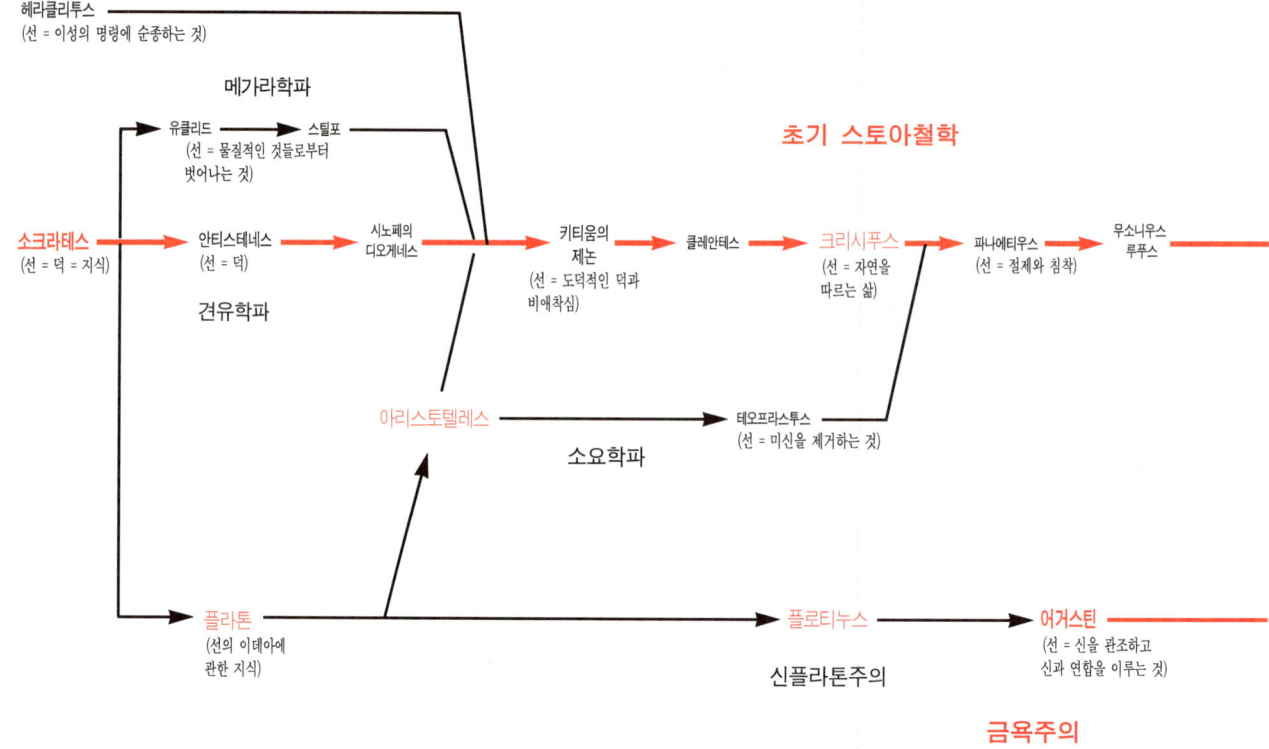

소크라테스, 플라톤, 아리스토텔레스는 인간이 이성적인 존재라고 믿었다. 그들은 이성을 사용하는 것이 인간의 독특한 기능이며 인간의 궁극적인 목표는 이성에 의한 삶이라고 보았다(74, 75, 86, 87, 90페이지를 볼 것). 플라톤과 아리스토텔레스의 형이상학 체계는 이성적인 인간이 이해하려고 노력하는 대상인 실재가 이성적이고 합리적인 성격을 지니고 있음을 증명한다. 헤라클리투스 현상의 배후에 있는 우주적 원리에 대하여 언급하면서 그것을 로고스(이성)라고 칭하였다. 제논이 이끌었던 초기 스토아철학은 이 로고스의 개념을 취하여 이성적인 우주론과 목적론을 발전시켰다. 우주는 어떤 목표를 지향하는 광대한 질서 체계이며 모든 인간은 그 속에서 공통된 이성을 분유(分有)하고 있다. 파나에티우스로부터 시작해서 로마 스토아철학을 거치는 동안 스토아철학은 초기 기독교 윤리에 필적하는 인도주의와 절제의 윤리를 발전시켰다. 스토아 윤리설의 주된 내용은 (1) 소크라테스, 플라톤, 아리스토텔레스가 가르친 바 이성에 의한 삶 (2) 통제가 불가능한 사물들에 대하여 애착을 갖지 않는다는 원리 (3) 의무감에의 순종 등이다. 에피쿠로스주의(쾌락주의)에 대조되게, 스토아철학은 쾌락에 대한 무관심 내지는 노골적인 반감을 나타냈다(차트 8을 볼 것).

칸트적 형식주의(Kantian Formalism)는 윤리적 합리주의의 명백히 다른 한 모습을 보여주고 있다. 즉 우주론을 바탕으로 하지 않은 윤리적 합리주의이다. 칸트에게 있어서 인간이 가지고 있는 이성적인 특성이야말로 무조건적인 도덕적 의무의 기초이다. 이성적인 의지만이 본래적으로 선하다. 또한 선한 의지만이 무조건적으로 선하다. 칸트는 도덕적 의무를 정언명령(Categorical Imperative)이라고 일컬었다. 따라서 그의 강조점은 동기(의무론적 윤리설)와 이성적인 방법에 있었다. 이성적

차트 20

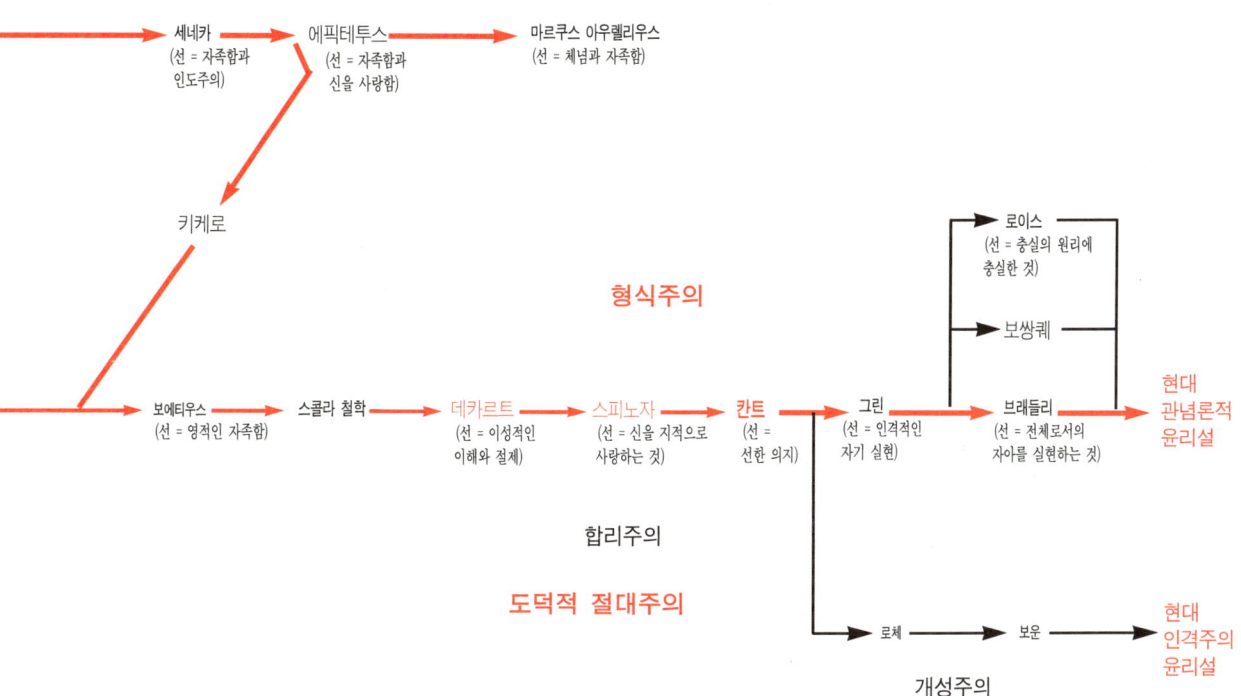

인 방법은 모든 이성적인 사람들에 대하여 구속력을 가진다(49페이지를 볼 것).

칸트의 철학은 이후에 나온 많은 철학들에 기초를 제공하였다. 특별히 그가 이성의 역할과 정신의 중요성을 강조함에 따라 다양한 형태의 관념론이 발전하게 되었다. 브래들리와 같은 윤리적 관념론자는 플라톤과 기독교의 관념론적 윤리에 비견하는 자아실현의 윤리설을 주장하였다.

한 변형인 인격주의적 관념론 내지는 인격주의는 현대 관념론적 윤리설을 자아실현의 윤리와 특별히 종교 윤리에 연결시키고 있다.

윤리적 직관주의: 객관론

(정상적인 사람은 도덕적인 선·악에 대한 즉각적인 인식을 가지고 있다.)

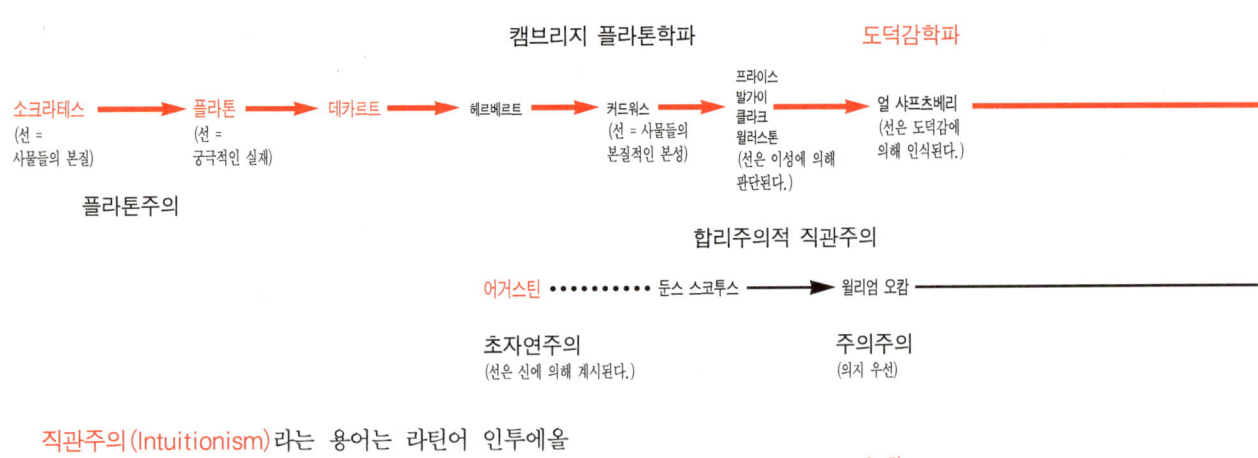

직관주의(Intuitionism)라는 용어는 라틴어 인투에올(intueor, ~을 보다, ~을 직접적으로 인식하다)에서 파생한 것이다. 윤리학에 있어서 직관주의라는 말은 마치 눈에 의해 사과의 붉음이 인식되듯이 선이나 옳음도 직접적으로 인식된다는 주장을 가리킨다. 그러나 '붉음', '선함' 혹은 '옳음'에 그 어떤 것이 수반되든지간에 붉음, 선함, 옳음은 사물들의 독립적이고 독특한 실재 속성으로 남든지, 아니면 실재 자체로 남아있게 된다. 도덕적으로 예민한 사람이나 이성적으로 신뢰할 수 있는 사람들은 선, 옳음 등의 가치를 어떤 사물들의 속성으로서(무어) 혹은 사물들 자체의 실재로서(플라톤, 24, 25, 50, 53페이지를 볼 것) 직접적으로 인식한다.

고대 사상에서, 플라톤은 선, 진리, 미에 대한 순수이성을 통한 인식을 주장하였는데 이것은 선에 관한 지식의 원천으로서 직관에 호소한 한 예이다. 기독교에서는, 일종의 도덕감이나 양심이 주어진 상황 속에서 의무를 인식한다(51페이지를 볼 것). 버틀러(J. Butler: 1692~1752)는 이 의무감과 플라톤주의의 이성적 통찰을 결합하여 도덕적 통찰을 가능케 하는 이성적 능력으로서의 양심을 주장하였다. 도덕적인 인식의 원천을 이성이라고 가장 잘 진술한 사람은 아마도 리차드 프라이스(Richard Price: 1723~1791)일 것이다. 이와는 대조적으로 샤프츠베리(Shaftesbury)와 허치슨(Hutcheson)은 도덕적 인식은 경험적인 도덕감을 행사하는 가운데 존재한다고 보았다. 영국의 도덕감학파(Moral Sense School)와 스코틀랜드의 상식학파(Common Sense Scool)는 18세기에 계속된 윤리적 직관주의 전통의 예들이다.

윤리적 직관주의는 자연주의 윤리설의 영향력에 압도되어 19세기 후반기에는 그 영향력을 상실하였지만, 현대 윤리설의 중요한 한 형태로서 재등장하였다. 다음과 같은 네 가지 중요한 사상의 발전에 의하여 윤리적 직관주의가 부활하였다.

(1) 무어는 선은 정의될 수 없다고 주장하고 공리주의적인 입장을 취하였다. 그 결과 관념론적 공리주의와 가치론적 직관주의가 나타났다(54페이지를 볼 것).

(2) 프리차드(H. A. Prichard)는 의무를 강조하는 칸트의 의무론적 윤리설을 부활시키고 이것을 관념론적 공리주의의 요소들과 결합하여 의무론적 직관주의를 발전시켰다(50페이지를 볼 것).

(3) 하르트만(Hartmann)과 쉘러(Scheler)가 이끄는 영향력있는 독일 현상학의 한 학파는 또다른 형태의 가치론적 직관주의이다.

(4) 베르그송의 뛰어난 마지막 저작인 『도덕과 종교의 두 원천』이라는 책은 신비주의의 역할과 창조적 행위에 대해 새롭게 관심을 모으게 하였다.

모든 형태의 직관주의는 가치가 직관된다고 본다. 즉 가치란 사물들 안에 존재하는 실재 성질로서 발견되어지는 것이라고 보기 때문에 가치론적 객관론을 지지한다(45페이지를 볼 것). 오늘날 '직관주의'라는 용어는 '비자연주의'나 '객관주의'와 상호교환적으로 사용되고 있다. 이 세 입장은 도덕판단을 도덕적 사실에 관한 진술이라고 보는 점에서 일치하기 때문이다.

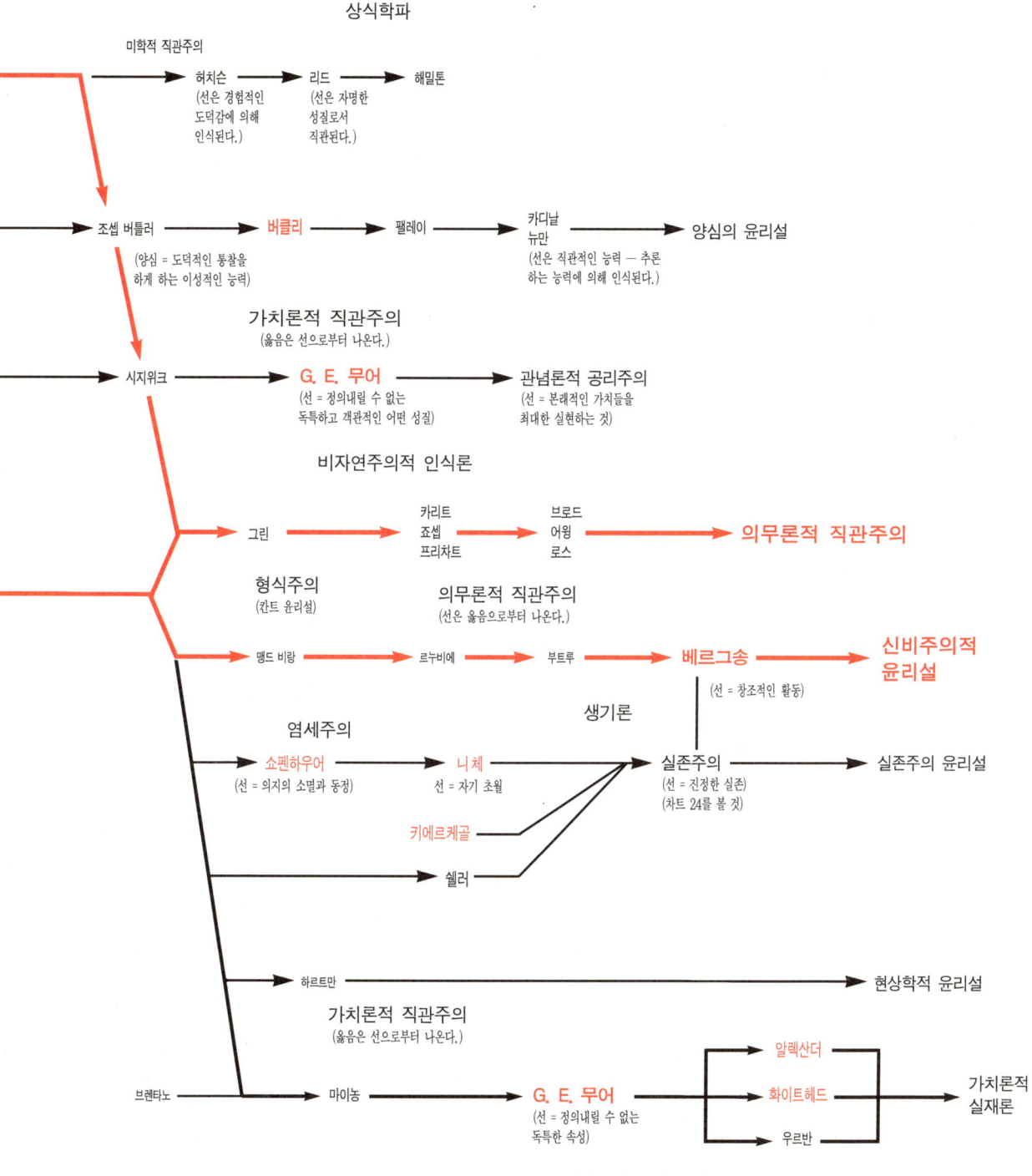

종교적 윤리설

(선이란 신의 뜻에 순종하여 신과 이웃을 사랑하는 것이다. 선은 가치의 근원이다.)

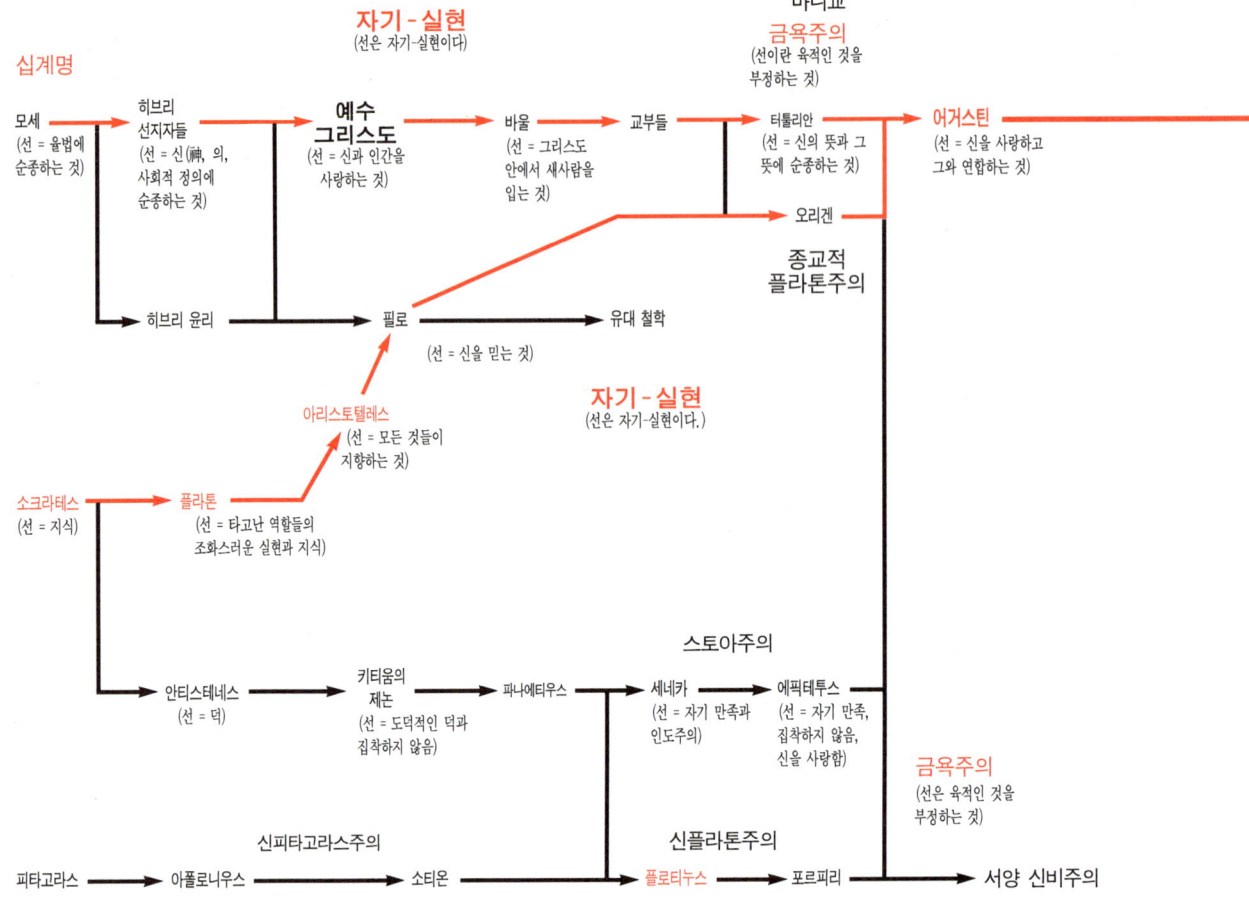

전통적인 종교적 윤리설들은 신과 도덕적 우주에 대한 믿음을 기초로 하고 있다. 어떤 형태의 현대 종교적 실존주의는 전통적인 유신론을 거부한다. 대부분 초자연주의나 권위주의는 어떠한 형태로든 거부하고 있다. 대신, 윤리학을 위한 비유신론적 근거들이 주어지고 있다(틸리히, 92페이지를 볼 것). 혹은 급진신학을 보면 '신의 죽음'을 이유로 들어 종교적인 것과 세속적인 것을 동일시한다. 그래서 윤리학은 근본적으로 인본주의적이며 실존주의적일 뿐 아니라 보편주의적이 된다. 때때로 신도덕이라고도 불리우는 실존주의 윤리학의 발전은 차트 24에 설명하였다. 왜냐하면 그것은 종교적인 철학이나 전통적인 종교사상보다는 현대 실존주의에 더 밀접하게 관련되어 있기 때문이다.

전통적인 종교적 윤리설에 있어서, 신은 선(the Good)과 동일시되거나 (어거스틴), 선에 의해 제한된다 (플라톤). 그리고 모든 가치들의 원천이자 담지자이다. 세계는 도덕적인 우주로서, 사물들의 물리적 질서를 유지하고 있는 도덕법에 의해 통제되고 있다 (토마스 아퀴나스). 혹은 세계는 정신적인 자아들에게 알 수 없는 실재로서 자신을 드러낸다 (칸트). 대체로 전통적인 종교적 윤리설은 신을 모든 것들의 통치자로 표현하고 있다. 인격적인 신(유신론)으로서 그가 원하는 것은 단순히 그가 그것을 원한다는 이유에 의해 선한 것이 된다(윌리엄 오캄). 이와는 달리 보는 입장에서는 선이란 신이 원하는 가능한 어떤 것이라도 다 되는 것이 아니라 특별히 '인류의 행복'(팰레이)이라고 본다. 그러나 어떤 경우든 전통적인 종교적 윤리설에서 중심이 되는 것은 신께 대한 순종이다.

대부분의 전통적인 종교적 윤리설은 일신론적이지만, 신비주의적인 경향(주로 플로티누스에 의해 발생)을 가진 견해들은 범신론적 세계관에 모든 가치들의 근거를 두고 있다. 그곳에서는 삶의 목표를 신과의 합일에 두고 있다. 예를 들어 플로티누스는 세계를 신으로부터 유출된 것이라고 보았다. 따라서 세계는 궁극적인 선 자체보다 낮고 열등한 것이다(88페이지를 볼 것). 이와는 대조적으로 강한 이원론적 철학들에서는 세계란 '타락한' 악한 상태에 처해있고(마니교) 따라서 선한 것이란 어떤 수단을 통해서든지 이 '육적이고 악마적인' 세상으로부터 벗어나는 것이다(금욕주의). 이러한 철학들에 있어서 선의 개념은 구원의 개념과 밀접한 관련을 가지게 된다. 다른 한편 신을 과거에 세계를 창조한 자로 보든지 현재 창조적인 행위를 계속하고 있는 존재로 보든지 혹은 신이 이 두 가지 모두에 해당한다고 보는 입장에서는 신의 창조적인 활동에 동참하고 협력하여 완성에 이르게 하는 것을 선이라고 본다. 이것은 특별히 자기실현의 윤리설에 해당한다. 이 윤리설에 의하면 잠재적인 자아를 실현하는 것이 삶의 목표이다(예수 그리스도). 모든 전통적인 종교적 윤리설에서는 신의 권위가 모든 선에 대하여 궁극적인 인가를 하게 된다(권위주의). 그러나 이것은 초자연적으로 그리스도로

차트 22

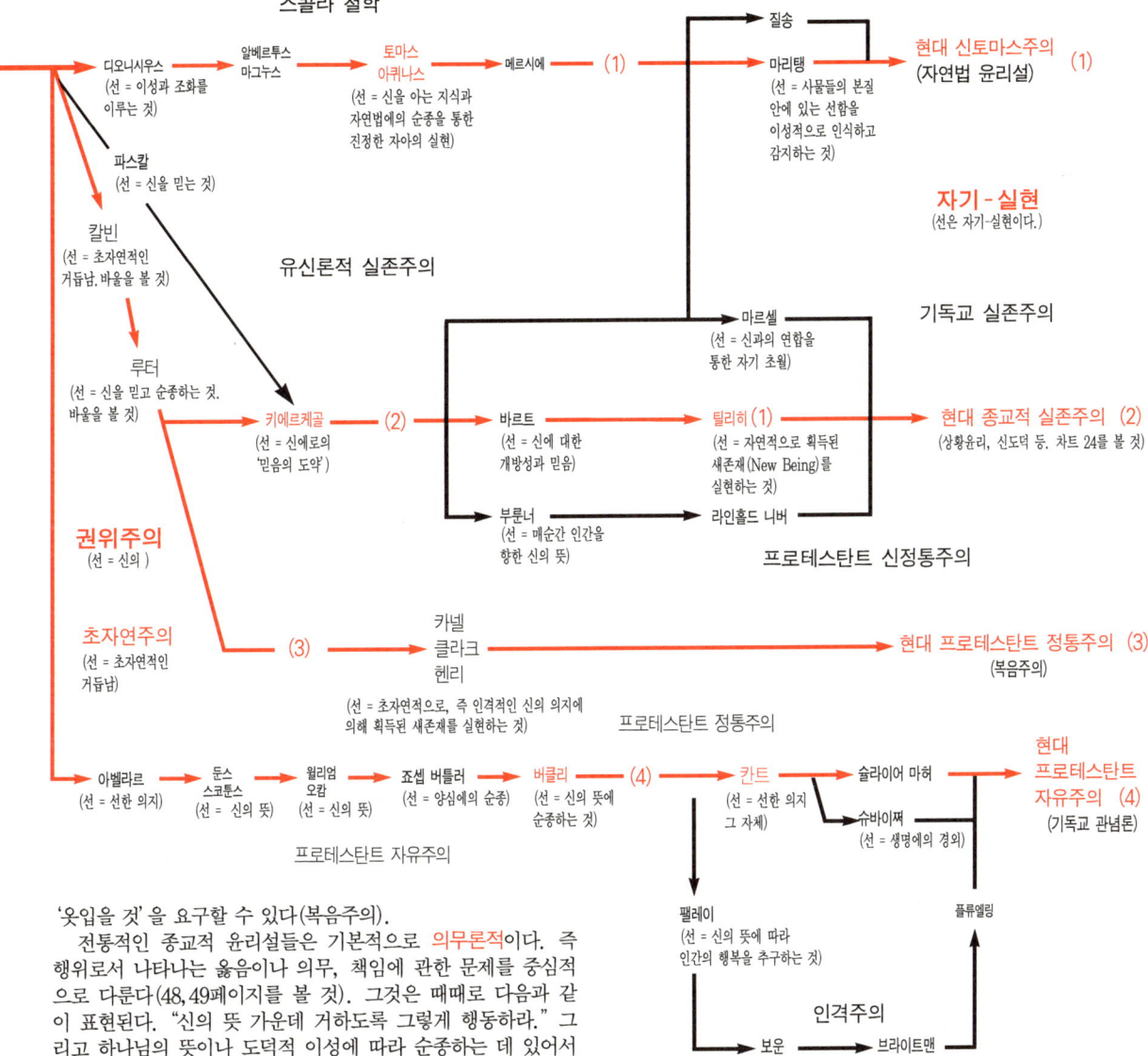

'옷입을 것'을 요구할 수 있다(복음주의).

전통적인 종교적 윤리설들은 기본적으로 의무론적이다. 즉 행위로서 나타나는 옳음이나 의무, 책임에 관한 문제를 중심적으로 다룬다(48, 49페이지를 볼 것). 그것은 때때로 다음과 같이 표현된다. "신의 뜻 가운데 거하도록 그렇게 행동하라." 그리고 하나님의 뜻이나 도덕적 이성에 따라 순종하는 데 있어서 "나는 무엇을 해야만 하는가?", "무엇이 옳은가?"라는 것이 기본적인 질문이다. "나 자신에 대하여 타인에 대하여 그리고 신께 대하여 나의 의무는 무엇인가?" 이에 대하여 광범위하게 주장되는 한 답변이 황금률이다. 예수께서 윤리이론을 상세하게 제시한 것은 아니지만 그의 사상은 기독교 윤리의 핵심을 이루고 있다. 그의 가르침이 가장 체계적으로 진술된 곳은 마태복음서의 산상설교에서이다. 그의 윤리는 권위주의의 요소와 초자연주의의 요소 뿐 아니라 의무론적이고 덕성적인(50페이지를 볼 것) 요소도 포함하고 있기는 하지만 근본적으로 신과 인간에 대한 사랑에 기초하고 있는 아가페적 윤리이다.

어거스틴 이후, 종교적 윤리학설은 다섯 가지의 주된 흐름으로 나타났다. 그 중 하나는 플로티누스로부터 나온 신비주의의 전통이다(이 차트에는 나타나지 않음). 나머지 네 가지는 다음과 같다.

(1) 토마스주의: 아리스토텔레스의 윤리설과 스콜라 철학의 윤리설을 계승한 것이다(62페이지를 볼 것).

(2) 종교적 실존주의: 다른 영향들도 뚜렷이 나타나긴 하지만 주로 키에르케골로부터 나온 것이다(62, 83페이지를 볼 것).

(3) 프로테스탄트 정통과 복음주의: 주로 바울과 칼빈의 노선을 따라 성경의 권위와 초자연성을 강조한다(61페이지를 볼 것).

(4) 프로테스탄트 자유주의: 이것은 그 기원을 종교사상에만 두고 있는 것이 아니라 칸트의 도덕철학, 다양한 형태의 근대 관념론, 서양사상 속에서 자라나고 있는 휴머니즘의 전통 등에도 그 뿌리를 두고 있다(63페이지를 볼 것).

오늘날 풍미하고 있는(주로 영어권 지역에서) 분석철학의 기원은 럿셀과 무어의 사상이다. 그들 모두는 형이상학이 "세계를 … 전체로서 … 파악할 수 있다"고 주장한 브래들리(Bradley)의 신념에 반발하였다. 그러나 근래의 분석철학의 흐름에서 주된 영향력을 행사하고 있는 인물은 비트겐쉬타인이다. 그는 럿셀과 무어에게 영향을 주기도 하였고 반대로 그들로부터 영향을 받기도 하였다(27, 28페이지를 볼 것).

비트겐쉬타인 개인의 분석철학에서의 진전은 전체 분석철학의 일반적인 발전과정을 반영하고 있다. 그의 최초의 주저인 『논리철학 수고』(Tractatus Logico-Philosophicus, 1921)는 럿셀의 사상과 비슷한 내용을 보이고 있으며, 오해를 일으키는 경향이 있는 일상언어의 문제점을 해결하는 논리적으로 완전한 언어를 만드는 것을 철학의 목표와 관심거리로 삼고자 하는 생각을 촉진시켰다(27페이지를 볼 것). 그는 "럿셀의 공적은 한 명제의 외견상의 논리적 형태가 반드시 그것의 진정한 논리적 형태가 아닐 수 있음을 보여준 데 있다"고 썼다.

『논리철학 수고』는 럿셀의 『논리적 원자론』과 함께 일상적으로 사용하고 있는 일상언어를 분석하려는 다양한 시도들을 위해 길을 닦아 주었다. 이러한 분석은 일상언어를 문자적으로 의미있는 언어와 그렇지 않은 것으로 엄밀하게 구분하여 분류하는 것이었다. 논리실증주의자들은 의미에 대한 검증가능성 반증가능성의 기준에 의해 이러한 구분을 해내는 것을 그들의 과제로 삼았다(17, 18, 32페이지를 볼 것). 그들이 문자적으로 유의미하다고 규정한 것은 필연적으로 참인 논리와 수학(즉 동어반복)의 진술들과 원칙적으로 검증이나 반증이 가능한 경험적 진술들이었다(17, 19페이지를 볼 것).

논리실증주의와 그것에 밀접하게 관련되어 있는 논리경험주의는 결국, 더 완전한 언어를 위한 기초로서 기호논리를 강조하는 분석철학의 형태로 발전하게 되었다. 더 완전한 언어란 경험적 진리에 대하여 설명하고 추론할 수 있는 언어를 의미한다. 그 지지자들은 주로 미국 토박이거나 미국으로 귀화한 철학자들로서 콰인(Quine)이나 카르납(Carnap) 같은 이들이다. 이 책의 목적상 이러한 철학적 입장을 이상언어분석(ideal language analysis) 학파라고 부르기도 한다. 이들의 주된 사상은 다음과 같다.

(1) "철학은 제과학의 문장들과 개념들에 대한 논리적 분석이다"(카르납, 77페이지를 볼 것).

(2) 사유를 이해하기 위해서는 언어를 검토해야만 한다. 왜냐하면 사유란 언어를 통해 표현되기 때문이며 보편적이고 논리적으로 완전한 언어만이 제과학의 언어 즉 지식의 언어가 되기 때문이다.

(3) 자연언어, 즉 보통 사용되는 일상언어는 "그 낱말과 구문 모두에 의해 우리를 오도한다(럿셀). 따라서 자연언어는 순전히 형식적인 인공언어, 즉 이상언어로 환원되거나 번역되어야 한다.

(4) 철학의 주된 임무는 언어의 문법적, 구문적인 형태를 그것의 진정한 논리적 기능에 일치하도록 변형시키는 것이다(17, 18페이지를 볼 것).

(5) 비경험적인 실체의 존재나 내적 관계들(예를 들면 관념론에서와 같이, 24페이지를 볼 것)에 대한 신념에 기초한 형이상학은 어떤 형태이든지간에 모두 거부한다. 관계들은 외적인 것이다. 세계는 외적으로 관계를 맺고 있는 감각가능한 실체들이나 논리적 실체들로 구성되어 있다.

(6) 정의는 조작적이어야 한다. "우리의 기본적인 신념은, '측정될 수 없는 것은 의미가 없다' 라는 것이다"(브리지만, 31페이지를 볼 것).

비트겐쉬타인의 두번째 주저인 『철학적 탐구』(Philosophical Investigations, 1953)는 럿셀보다는 무어를 연상시키는 분석적 접근법을 전개하였다. 왜냐하면 이 책 속에서 비트겐쉬타인은 보통 사용되고 있는 일상언어 속에는 숨겨진 의미구조가 있고 그것은 진정한 논리적 형태나 기능으로서 바르게 밝혀질 수 있다고 보는 견해를 명백하게 거부하였기 때문이다.

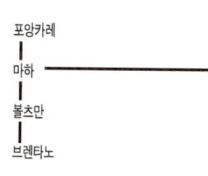

비엔나 학파

개념 실재론

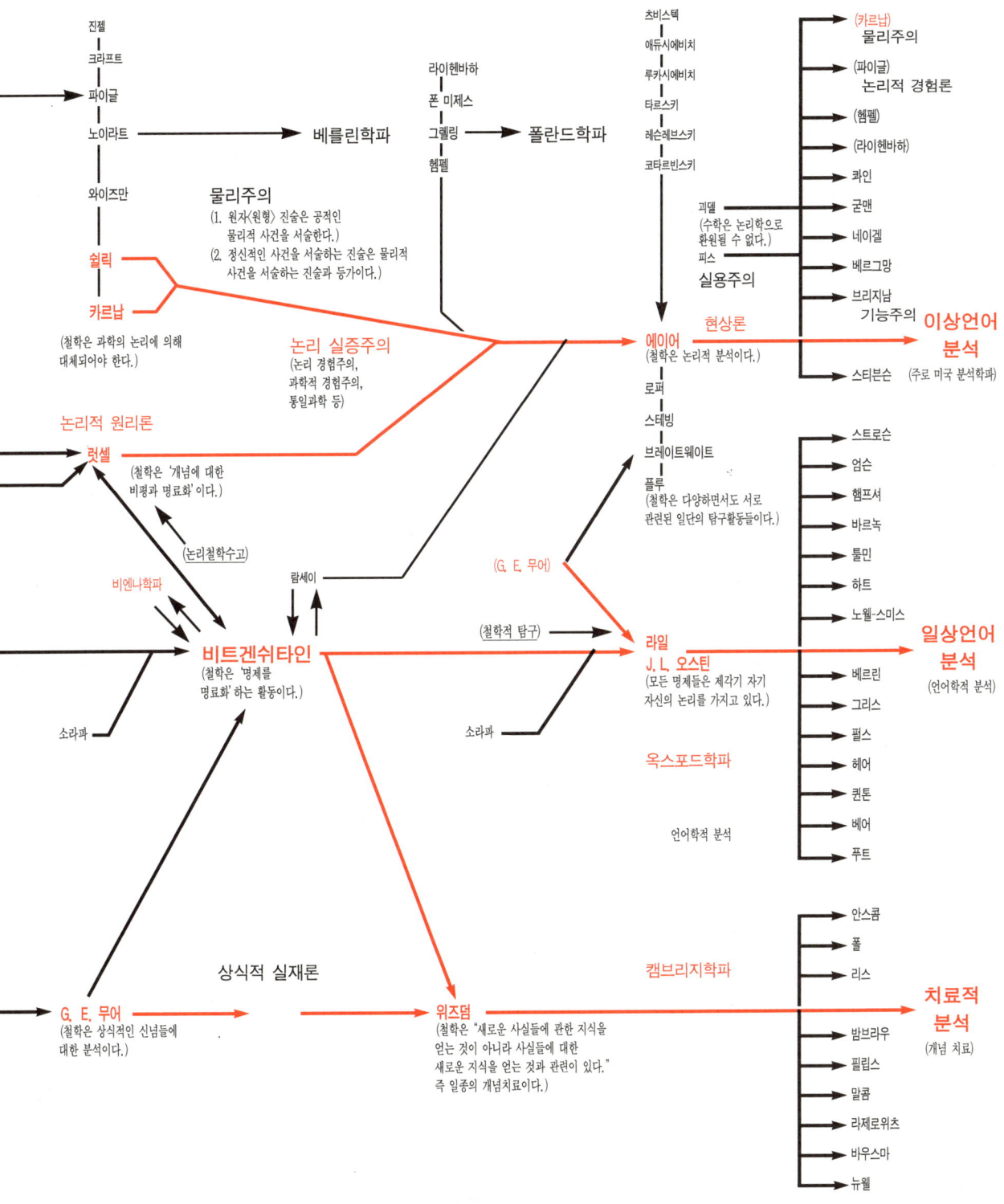

『철학적 탐구』에서 비트겐쉬타인은 독자들에게 언어가 하고 있는 일을 살펴보라고 권한다. 즉 각각의 '언어게임'을 관찰하고 각각의 언어게임이 어떻게 유사한 많은 것들을 하는지, 다시 말해서 소위 '가족 유사성'을 지니고 있는지를 주목하고 또한 어떤 이상적인 형태 즉 '본질'을 숨겨두고 있지 않음을 보라는 것이다. 그는 '가족 유사성' 모델로 '공통의 속성' 모델을 대체시켰다. 그는 주장하기를, 철학자는 그가 보고 있는 것을 있는 그대로 여러 가지 관점에 따라 분석해 보아야 하지만 그것들을 어떤 보편적이고 논리적으로 완전한 언어로 환원하거나 해석해서는 안되고 있는 그대로 그냥 두어야 한다고 하였다. 비트겐쉬타인은 그의 처음 견해를 버렸으며 논리적 원자론(럿셀)이나 논리실증주의(에이어)도 거부하였다. 그는 언어를 개혁하려는 시도는 불가능하고 주제넘은 짓이라고 보고 배격하였다. 그래서 그는 언어를 있는 그대로 보고 자신 앞에 놓여있는 것을 명료화하고 조명하는 일에만 노력을 기울이는 가운데 — 무어와 같이 — 언어를 철학적이고 문세의 여지가 있는 사용으로부터 자연적이고 일상적인 사용 안으로 되찾아왔다. 그의 주장은 우리가 언어를 활동의 한 부분으로서 검토하지 않기 때문에 혼돈을 일으키게 된다는 것이다. 우리는 "시간이란 무엇인가?"라는 식의 질문을 하게 될 때 혼돈을 일으키게 된다. 이 질문은 '시간'을 어떤 실체의 이름으로 잘못 전제하고 있는 것이다. 그는 우리가 그것이 무엇인지를 이해하기 위해서는 이런 식의 질문 대신 그 용어가 어떻게 사용되고 있는지 그 사용 실례를 보아야 한다고 주장한다. 예를 들면 우리는 '시간'이란 이름이 무엇을 의미하는지 물을 때는 철학자들처럼 혼돈을 일으키게 되지만 시간에 관한 일상적인 표현에 대하여는 전혀 혼돈을 느끼지 않는다는 것이다.

철학이란 형이상학적인 속박으로부터 우리를 구출해내는 일종의 개념적 치료라는 생각을 처음으로 제시한 비트겐쉬타인은 분석철학의 두 가지 주요한 형태들을 창시하였다. 이 두 가지 분석철학은 여러 가지 면에서 서로 유사하지만 각각 다른 인물들과 다른 분석 방법들을 중심으로 형성되어있다. 대부분의 영국 분석철학은 캠브리지학파나 옥스퍼드학파로 알려져있는 그룹들로부터 나왔다.

캠브리지 학파나 옥스퍼드 학파는 모두 무어와 비트겐쉬타인의 사상에 크게 의존하고 있지만 그들이 분석에 접근하는 방법에서와 그들의 목표에 있어서는 서로 분명하게 구별된다. 그리고 두 학파는 모두 무어나 비트겐쉬타인의 사상과도 구별된다. 여러 가지 측면에서 각 학파에 관련되어 있는 영향력있는 철학자들은 제각기 분석가로서 독특성을 지니고 있으며 쉽사리 어느 학파로 분류되는 것을 거부하려는 경향이 있다. 분석철학을 반대하는 이들은 모든 분석철학을 '실증주의'라고 부르는 경향이 있는데 이것은 캠브리지 분석학파와 옥스퍼드 분석학파간의 중요한 차이 뿐만 아니라 이상언어 분석학파와 일상언어 분석학파간의 큰 차이점을 무시하는 일이다.

캠브리지 학파는 비트겐쉬타인 사후까지 비트겐쉬타인류의 분석학자들의 초기 중심지였다. 비트겐쉬타인 자신이 캠브리지 대학에서 가르쳤으며 캠브리지 분석학파는 2차 세계대전 직후까지 활발히 활동하였다. 1951년 그가 죽음에 따라 철학 활동의 중심지는 옥스퍼드 대학으로 옮겨졌다. 오늘날 영국 분석철학의 대부분은 옥스퍼드에서 생겨나고 있다.

캠브리지 학파(Cambridge School)의 주요 철학자는 존 위즈덤(John Wisdom)이다. 그가 분석에 접근하는 방법은 독특한 것이어서 비트겐쉬타인이나 옥스퍼드학파의 철학자들과 구별된다(92페이지를 볼 것). 위즈덤에게 있어서, 철학이란 개념적 치료(Conceptual therapy) 내지는 치료적 분석(therapeutic analysis)이다. 그는 비트겐쉬타인이 초기에 주장한 것처럼, 철학적 문제들은 해결되어야 할 지적 혼돈을 산출한다고 본다. 그러나 비트겐쉬타인이나 실증주의자들과는 달리 위즈덤은 형이상학적인 관점들 — 심지어 역설적인 것들 — 속에서 특별한 가치를 발견하였다." 철학적인 진술은 위장된 제안이다"라고 그는 서술하였다. 비록 철학자들이 터무니없는 제안을 할 수도 있지만 그럼에도 불구하고 그 제안들은 우리가 사물들을 어떤 식으로 이해할 수 있는지에 대하여 빛을 던져주는 제안들이다. 철학자들은 자신들이 주장하고 있는 바에 대하여 상당한 이유를 가지고 있는 것이다. 따라서 철학적인 '넌센스'나 형이상학적인 '넌센스'는 에이어와 같은 실증주의자들이 주장하는 것처럼 단순히 문자적인 넌센스가 아니라 중요하고 의미있는 넌센스이다. 비록 그것이 세계를 이해하려고 하는 시도에 있어서 꼭 필요한 기능을 하지는 않는다고 하더라도 그것은 유용한 넌센스이다. 철학적인(치료적인) 분석의 목표는 계속되어온 철학적, 형이상학적인 혼돈들을 논리적 분석에 의해 제거하여 버리는 것이 아니라 사물들을 새로운 방식으로 보는 것, 즉 사물들을 이미 명백하지만 이제까지는 무시되었던 방식으로 이해하는 것을 가능하게 하는 것이다. 철학적인 문제들은 전통적인 형이상학자들이 하려고 했던 것처럼 해결되는 것(solved)도 아니고 실증주의자들이나 이상언어분석가들이 하려고 하는 것처럼 해소되는 것(dissolved)도 아니다. 그것들은 새로운 통찰의 재료로 바뀌는 것이다. 위즈덤은 철학적 분석은 "새롭게 시작할 수 있도록 우리를 자유롭게 놓아둔다"라고 서술하였다. 이와 유사하게 옥스퍼드 학파의 존 오스틴(John Austin)도 분석은 철학의 '모든 것을 끝내는 것'이 아니라 '모든 것을 시작하게 하는 것'이라는 점을 인식하였다(76페이지를 볼 것). 그러나 라일과 같은 옥스퍼드 분석학파의 철학자들은 철학적인 문제들은 반드시 해결될 수 있다고 본다(88페이지를 볼 것). 옥스퍼드 분석철학자들 가운데는 많은 수의 영향력있는 철학자들이 포함되어 있으며 그들의 특징은 언어의 일상적인 사용에 깊은 관심을 쏟고 있다는 점이다. 이 학파는 특별히 철학의 주요한 여러 분야에 대하여 지대한 공헌을 하였다. 예를 들면 윤리학 분야에 있어서 헤어와 툴민의 연구, 논리학적이고 형이상학적인 스트로슨(Strawson)의 연구, 언어철학과 심리철학에 있어서의 라일과 오스틴의 업적 등을 들 수 있다(17, 53페이지를 볼 것). 이 밖의 다른 많은 분야에서도 많은 업적들이 이루어졌다.

일반적으로 논리실증주의자나 이상언어분석가들과는 달리 일상언어 분석가들은 형이상학의 문제와 그 전망에 대하여 덜 부정적이다. 그들은 논리실증주의자들처럼 반형이상학적이지도 않으며 실증주의자들의 반형이상학적 태도 자체가 이미 형이상학적인 입장이라고 보는 위즈덤이나 캠브리지 학파의 주장에 동의하고 있다. 대신 그들은 비트겐쉬타인이 후기에 행했던 것처럼 분석에 있어서 일반적으로 비형이상학적인 방향으로 나아가려고 노력한다. 그러나 최근에는 다시 한번, 분석철학을 정신의 본질, 인식, 인과율, 도덕적 의무 등과 같은 형이상학적인 문제들을 해결하려는 철학의 계속되어온 노력의 한 일환으로 보는 견해가 유행하게 되었다.

스트로슨은 형이상학은 수정적(revisionary)이라기 보다는 기술적(descriptive)이어야 한다는 이론을 주장한다. 그의 주장에 의하면, 아리스토텔레스나 칸트와 같은 철학자들은 실재에 관해 사용한 그들의 범주들을 일상으로 사용하는 언어로부터 취하였고 따라서 기술적인 형태의 형이상학을 내놓았다는 것이다. 한편 버클리와 같은 관념론자들은 실재에 관한 통념을 바꾸거나 수정하기를 원하였기 때문에 소위 스트로슨이 수정적 형이상학이라고 부르는 것을 주장하였다는 것이다.

옥스퍼드 학파(Oxford School)에서 가장 중요한 인물은 길버트 라일(Gibert Ryle)과 존 오스틴이다(오스틴의 의미에 관한 언어학적 이론은 17페이지를 볼 것). 오스틴과 라일 모두 일상적인 사용에 대해 매우 큰 강조를 두었다. 대부분의 철학적 문제에 관한 답은—이들은 그 답들이 존재한다고 주장한다—일상적인 사용을 분석함으로써 얻을 수 있다고 보았다. 일상적인 사용이라는 말은 일상적인 어법 즉 일반적인 언어습관을 의미하는 것이 아니다. 라일은 그것을 구분하고 있다. 그는 어떤 언어적 표현이 그 자신의 독특한 임무를 완수하는 데 있어서 규칙들이 필요하다고 보았다. 즉 언어적 표현의 '직무분석'이 필요하다는 것이다. 이 언어적 표현의 직무분석을 통해 우리는 그 언어적 표현이 관습적으로 고유한 어떤 기능을 하는지 즉 그 표현의 일상적인 사용을 이해할 수 있다. 이러한 설명을 통해 라일은 일반적인 언어습관과 언어의 일상적인 사용이라는 말을 구분하였다.

일반적으로 일상언어 분석가들은 다음과 같은 내용을 주장한다.

(1) 자연언어는 '이상적인' 인공언어로 환원시키거나 번역하기보다는 있는 그대로 두어야 한다.

(2) 일상적인 언어에 특별히 그것이 '임무를 띠고' 사용될 때, 면밀한 주의를 기울여 관찰해야 한다.

(3) 분석은 규범적이거나 바로잡는 작업이 아니라 기술(記述)하는 작업이다. 철학자의 임무는 언어를 변형시키는 것이 아니라 사용을 분석하는 것이다.

(4) 언어는 '가족 유사성'을 띠고 사용되는 경우가 많다. 이름을 부르거나 서술하는 것처럼 단 하나의 의미로만 사용되는 것은 없다(17, 53, 54페이지를 볼 것).

(5) 하나의 범주, 예를 들면 물질적인 사물의 범주에 속하는 언어사용의 규칙들은 다른 범주 즉 정신적인 사건의 범주에 무분별하게 적용되어서는 안된다(범주 착오 즉 "어떤 범주에 속하는 사실들을 다른 범주에 속하는 용어들로 표현하는 것"—라일, 88페이지를 볼 것).

(6) 모든 진술들은 제각기 자신의 논리와 규칙과 용도를 가지고 있다(위즈덤의 '저자특유의 상투어').

(7) 사용이 언어적 표현의 의미를 구성한다. 의미는 사용이다(언어학적 의미에 관한 이론들을 볼 것, 17, 64, 65페이지를 볼 것).

실존주의와 현상학

(철학이란 자유롭고, 책임있고, 관련있는 존재, 즉 인간이 무엇인지를 점차적으로 알아가는 것이다.)

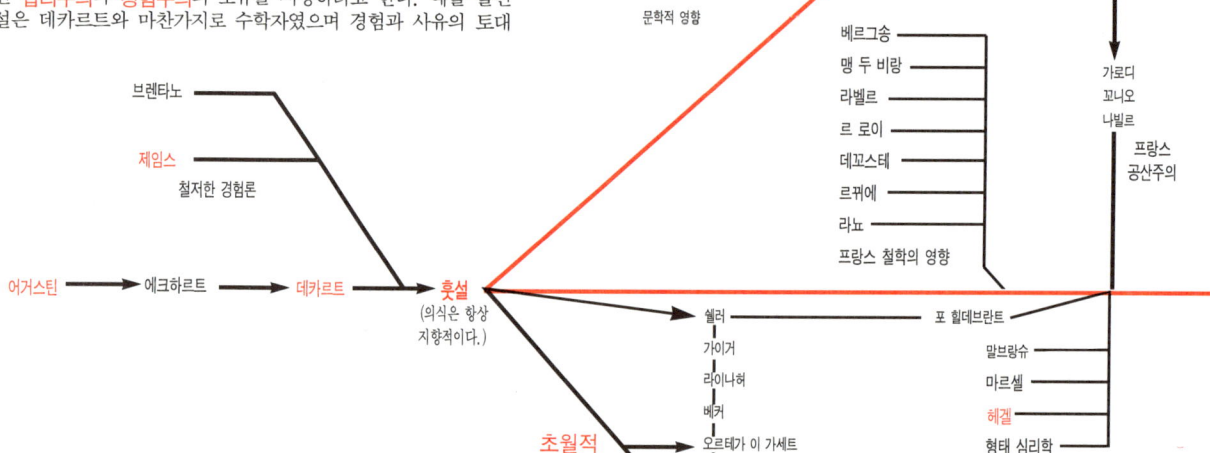

실존주의와 현상학은 밀접하게 관련되어 있다. 이들의 전문적인 기원은 훗설과 키에르케골이다. 그러나 이들이 문제삼고 있는 내용은 데카르트와 어거스틴을 거쳐 철학 자체의 기원에까지 거슬러 올라갈 수 있다. 예를 들면 훗설은 데카르트가 제기했던 문제들을 부활시켰다고 볼 수 있고, 키에르케골은 어거스틴이 제기했던 내용을 새롭게 부각시켰다고 볼 수 있다.

실존주의와 현상학은 모두 그 내용이 복합적이고 때때로 각기 내부에 모순되는 내용들을 포함하고 있다. 그러나 이들의 일반적이고 보다 중요한 특징들은 분명히 인식될 수 있다. 대중적인 철학으로서 실존주의(existentialism)는 개인을 자기 자신의 가치와 삶의 의미를 창조하는 창조자로서 찬양하는 낭만주의의 한 형태이다. 그러므로 실존주의는 인간됨의 의미를 발견하고 재차 긍정하려고 시도하는 휴머니즘의 일종이다. 한편 현상학(Phenomenology)은 경험에 대한 철저하고 전문적인 분석을 강조하며 이를 통하여 전통적인 합리주의와 경험주의의 오류를 시정하려고 한다. 예를 들면 훗설은 데카르트와 마찬가지로 수학자였으며 경험과 사유의 토대를 밝혀내고자 노력하였다.

실존주의와 현상학이 일반적으로 일치하는 것은 인간을 규정하는 문제에 있어서이다. 즉 인간이란 영혼을 소유하고 있다는 것이다. 어떤 선재하는 본질이나 자아를 가지고 있다는 것으로 규정될 수 없고 오히려 세계에 대하여 의미를 부여하는 의식의 자유로운 지향적 작용에 의해 규정된다는 것이다. "(의식의) 실존은 본질에 앞선다"고 한 싸르트르의 유명한 말이 의미하는 것은 인간이 무엇이 되느냐는 인간 자신이 결정해야 한다는 것이다. 오직 인간만이 인간에 관한 물음에 결정을 내릴 수 있고 그것도 그가 행동을 취함에 의해 순간적으로만 되어지는 것이다. 인간의 본성이나 도덕성과 같은 것들은 인간이 무엇이 되기로 선택했느냐, 그의 미래를 어떻게 형성하여 가느냐 하는 것의 부수적인 문제일 뿐이다. 정신이란 어떤 선재하는 실체라거나 혹은 '외부세계'로부터 오는 인상들과 관념들을 받아들이는 비어있고 수동적인 '담지자'라고 보는 견해들을 거부한다(89페이지를 볼 것).

실존주의가 주로 문학적, 사회적 혹은 종교적인 입장에서 강조되는 것이 아니고 철학의 전문적인 문제를 다루는 것으로 나타날 때 그것은 실존주의 현상학(existential phenomenology)이 된다. 예를 들면 하이데거(Heidegger), 싸르트르(Sartre), 메를로퐁티(Merleau Ponty) 등은 근본적으로 훗설의 현상학적 방법에 의존하고 있다. 훗설은 현상학을 경험이나 의식에 관한 연구라고 이해했다. 전통적인 철학에서 상정하는 주관과 객관적 대상에 대하여 현상학은 그것들을 '괄호'로 묶어 둔다(판단을 보류한다는 의미: 역주, 82페이지를 볼 것).

훗설에게 있어서, 의식이란 원래 지향적으로 구성된 세계를 향하여 있고 지향으로서 작용할 때만 발생한다는 의미에서 지향적이다. 인식자와 인식되는 사물들 모두가 경험의 구성요소들이다. 경험에 대하여 의미를 부여하는 행위없이는 주관도 객관적인 대상도 존재하지 않는다. 실존주의와 현상학은 전통적인 심신이원론과 궁극적인 실재에 관한 체계적인 설명들을 거부한다는 데 있어서 공통점을 가지고 있다. 이러한 문제에 있어서는 실존주의와 현상학이 분석철학(차트 23을 볼 것)과 일치한다. 분석철학과의 차이점은 실존주의와 현상학은 철학을 내용을 가지고 있는 학문이라고 보는 데 있다. 예를 들면 실존주의와 현상학은 논리실증주의처럼 형이상학을 제거하려고 하지 않는다. 오히려 그것을 근본적으로 재구성하려고 시도한다. 그들의 관심은 칸트와 마찬가지로 "모든 인식적 경험의 가능조건을 형성하고 있는 인식 경험의 기본적인 구조"에 쏠려있다(에디〈Edie〉). 그리고 의식의 분석을 위해서 자아나 독립적으로 존재하는 실재적인 대상들과 같은 형이상학적인 실체들을 '괄호'로 묶어둔다.

그러나 훗설의 현상학적 방법은 데카르트나, 심지어 칸트의 방법

차트 24

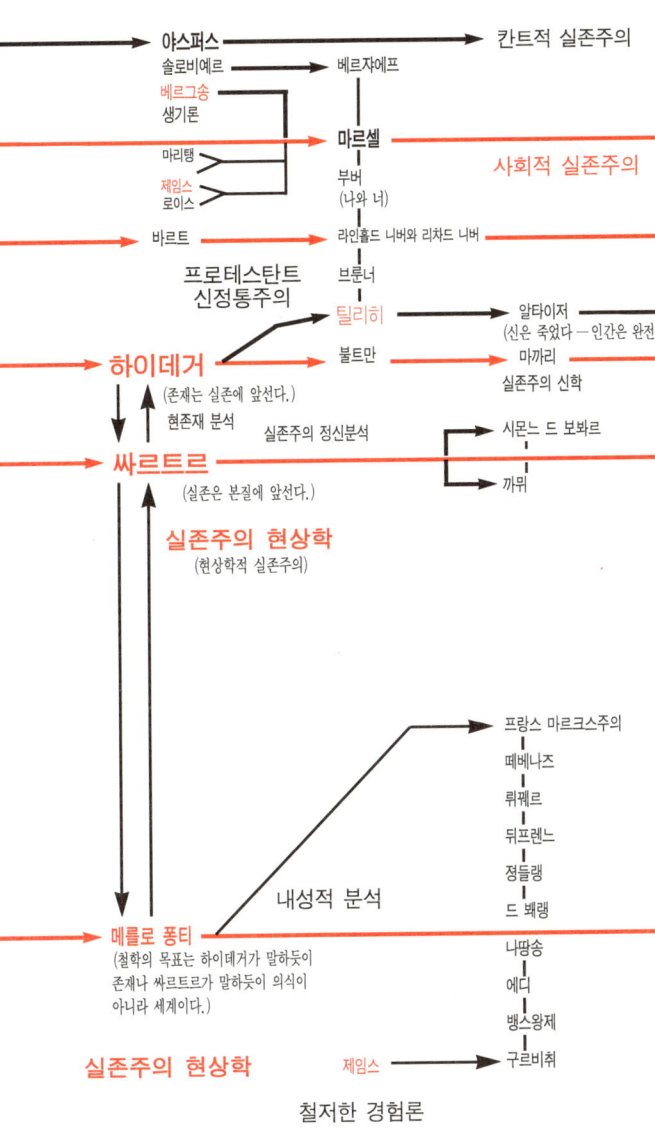

인간 실존의 구조 내지는 존재에 관한 것이다. 따라서 심리학적이고 구체적인 개별자들은 '괄호' 안에 묶어둔다.
　1950년 이후로 하이데거는 그의 연구의 방향을 현존재에 대한 분석으로부터 일반적 원리로서의 존재 그 자체에로 전환하였다. 표면적으로 볼 때 이것은 전통적 형이상학으로의 복귀라고 할 수 있다. 그러나 그것은 그처럼 간단하지 않다. 하이데거는 '존재'라는 말을 여러 가지 뜻으로 사용하였는데 특별히 추상적 개념이나 본질로서 어떤 것의 존재함(명사적 의미)을 말하는 것이 아니라 존재하는 사물들의 존재하는 것(동사적 의미)을 의도하였다. 즉 존재하는 행위를 가리키는 말로 사용하였다. 하이데거가 탐구한 것은 단순히 인간의 '존재하는 것'(to be) 즉 인간의 '표면'에 그 자신을 드러내는 인간의 '깊음'에 관한 것이 아니라 존재 그 자체의 '존재하는 것'에 관해서였다. 이렇게 해서 하이데거는 구체적으로 실존하는 개인을 우선시하는 키에르케골의 입장을 뒤엎고 현존재 내에서 '인간에 대한 존재의 개방성(opening)'을 우선시하였다. "하이데거는 우리를 신비적인 무의 충만 속으로 되몰아 간다"(테베나즈).
　이와는 대조적으로 싸르트르는 순수의식을 탐구하였다. 그에게 있어서 순수의식이란 무이다. '있는 그대로의 존재'(세계: 역주)―존재하는 모든 것―를 떠나서는 '단독적인 존재' 즉 의미 지향적인 인간 의식은 무이다. "모든 의식있는 존재자(인간: 역주)는 존재하는 것들에 대한 의식으로서만 존재한다"(싸르트르). 의식은 '순수하게 자발적인 것'이기 때문에 그것은 자유이다. 그러나 싸르트르가 말하는 자유란 전통적인 의미에서의 자아의 자유와는 다른 것이다. 싸르트르가 말하는 자유란, 의식이 선택과 행위를 통해서 자발적으로 자기 자신을 창조하고 자신의 미래를 형성하여 갈 때 의식과 세계와의 관계 속에서 생겨나는 것이다. 존재한다는 것은 행위하는 것이다.
　메를로퐁티는 싸르트르의 '의식은 무'라는 사상에 이의를 제기한다. 대신 메를로 퐁티는 "우리는 언제나 존재의 충만 속에 있다"고 말했다. 그는 우리가 개별적인―비록 그것이 아무리 애매모호한 것이라 할지라도―상황 속에서 세계에 대하여 맺고 있는 끊을 수 없는 관계를 그처럼 표현한 것이다. 그러므로 싸르트르의 생각처럼, 우리가 무로부터 의미를 창조하는 것도 아니요, 하이데거의 주장처럼 존재가 우리에게 의미를 드러내는 것도 아니다. 오히려 우리는 우리의 개별적이고 구체적인 역사적 상황들을 특징짓는 '세계에 대한 혼돈된 해설'을 해명한다(84페이지를 볼 것).
　요약하자면 실존주의와 현상학은 세계의 객관적인 실재성에 대해서는 부인하지 않지만 정신에 대하여 독립적으로 존재하는 세계를 인정하는 전통적인 실재론을 거부한다. 또한 실존주의와 현상학은 모든 형태의 관념론을 거부한다. 그들에게 있어서 의식이란 언제나 그 무엇에 대한 의식이며 그것은 주관이나 객체보다 우선하는 것이다. 요컨대 실존주의와 현상학은 주관성의 근원을 탐구하는 것이다. 그런데 주관성의 근원은 또한 객관적인 세계의 근원이기도 하다.

과도 다른 것이다. 왜냐하면 일반적으로 훗설과 실존주의자들에게 있어서는 연극에서의 주인공과 같은 경험에 선재(先在)하는 자아라는 것이 인정되지 않는다. '인식자'와 그의 '세계'는 경험 속에서 생겨나고 경험 속에서 존재한다. 경험의 범주들은 칸트에서와 같이 나타나보여지는 대로의 사물들에만 적용되는 것이 아니라 사물들 자체에 대해 적용된다고 본다. 바꾸어 말하면, 칸트나 데카르트와는 달리 정신의 '외부'에 존재하는 실재 사물들을 인식하는 데 있어서는 아무 문제를 가지지 않는다. 왜냐하면 인식이란 이미 '세계'의 한 부분으로서 세계와 분리될 수 없다고 보기 때문이다. 하이데거는 이것을 현존재(Dasein)라고 불렀다(80페이지를 볼 것).
　한편 실존주의 내에는 키에르케골을 계승한 다양한 사조들(차트 위쪽)과 또 다른 한편 훗설을 계승한 다양한 사조들(차트 아래쪽) 속에 중요한 구분이 있다. 이 구분은 하이데거가 존재자(das Seiende)와 존재(das Sein)를 구분한 바로 그 구분이다. 전자는 키에르케골, 야스퍼스(Jaspers), 마르셀(Marcel) 등과 종교적 실존주의에서 일반적으로 관심을 기울이는 죽음, 불안, 선택 등과 같은 개인의 깊은 실존적 문제와 관련되어 있다. 이와는 대조적으로, 하이데거, 싸르트르, 메를로퐁티 등의 실존주의 현상학에서는 전문적이고 일반적인 경험의 형이상학적인 문제들에 주목한다 ― 하이데거는 이것을 기초적 존재론(Fundamentalontologie)이라고 불렀다 ― 이것은 현존재 즉

147

인명 색인

연대표에 나와 있는 이름은 이 색인에 포함되어 있지 않으며 차트 번호들은 굵은 글씨로 표시했음.

가로디(Garaudy) 24
가상디(Gassendi) 12
가이거(Geiger) 24
게르소니데스(Gersonides) 11
게르손(Gerson) 9
게젤(Gesell) 3
겔링크스(Guelincx) 6
고돈(Gordon) 5
고르기아스(Gorgias) 1
골러(Gohler) 10
괴델(Gödel) 23
괴쉘(Göschel) 10
괴테(Goethe) 5, 24
구르비취(Gurwitsch) 24
구스탑슨(Gustafson)
굳맨(Goodman) 23
굼플로비츠(Gumplowicz) 18
그라프만(Grabmann) 11
그래함(Graham) 61
그렐링(Grelling) 23
그로세테스테(Grosseteste) 12
그루스(Groos) 59
그린(Greene) 69
그리스(Grice) 23
까뮈(Camus) 24
꼬니오(Cogniot) 24
끌로베르(Claubert) 6

나망송(Natanson) 24
나빌르(Naville) 24
나토르프(Natorp) 7
네이겔(Nagel) 1, 14, 23
네프(Neff) 70
노리스(Norris) 4
노웰스미스(Nowell-Smith) 19, 23
노이라트(Neurath) 23
노자(Lao-tze) 25
누메니우스(Numenius) 4
뉴만(Newman) 69
뉴웰(Newell) 23
니드햄(Needham) 18
니콜라스 쿠자누스(Nicholas of Cusa) 2, 4
니콜라스(Nicholas of Autrecourt) 13
니콜레(Nicholas of Oresme) 12, 13

다로우(Darrow) 57
다르키(Arcy, d') 11
단테(Dante) 9
달랑베르(Alembert, d') 12
댈리(Ailly, d') 9
데꼬스테(Decoster) 24
도스 파소스(Dos Passos) 24
도스토예프스키(Dostoevski) 24
돌튼(Dalton) 12
되르너(Dörner) 7
두카스(Ducasse) 46, 60
뒤프렌느(Dufrenne) 24
드 바슬리(Basley, de) 11
드 보봐르(Beauvoir, de) 24
드 불프(Wulf, de) 11
드 브로글리(Broglie, de) 35
드 브리(De Vries) 37
드리쉬(Driesch) 37
드벨렝(Waelhens, de.) 24
드와르(Dewart) 5
디드로(Diderot) 18
딜타이(Dilthey) 24
떼브나즈(Thévenaz) 14, 24

라 포르즈(Forge, de la) 6
라뇨(Lagneau) 24
라다크리쉬난(Radhakrishnan) 10
라리사의 필로(Philo of Larissa) 19
라마르크(Lamarck) 37
라벨르(Lavelle) 24
라슐리에(Lachelier) 6, 7
라우쉔부쉬(Rauchenbusch) 5, 7
라우프(Raup) 70
라이나허(Reinach) 24
라이헨바하(Reichenbach) 23
라인홀드 니버(Niebuhr, Reinhold) 22, 24
라제로위츠(Lazerowitz) 23
람세이(Ramsay) 23
랑게(Lange) 3, 7, 10
랭보(Rimbaud) 24
러브조이(Lovejoy) 24
러그(Rugg) 70
레닌(Lenin) 12, 18
레만(Lehmann) 49
레비브륄(Lévy-Bruhl) 13
레슨레브스키(Lesnlevsky) 23
레오 13세(Leo XIII) 11, 14
레오나드(Leonard) 17
레윈(Lewin) 15
레플리(Lepley) 46
렌즈(Lenz) 71

●149●

로드 켈빈(Kelvin, Lord) 37
로빈슨(Robinson) 49, 62
로스미니-세르바티(Rosmini-Serbati) 7
로엡(Loeb) 3
로욜라(Loyola) 11
로저스(Rogers) 17
롤즈(Rawls) 17
루이스브뢰크(Ruysbroeck) 9
루카시에비치(Lucasiewicz) 23
룻소(Rousseau) 24
뤼꿰르(Ricoeur) 24
르꽁트 뒤 노위(Lecomte du Noüy) 17
르퀴에(Lepuier) 24
르로이(Le Roy) 6, 7, 24
리스(Rhees) 23
리차드 니버(Niebuhr, Richard) 24
리차드(Richards) 19
리츨(Ritschl) 7
리케르트(Rickert) 45
리프만(Liebmann) 7
립스(Lipps) 59

마까리(Macquarrie) 24
마니(Mani) 5
마르쿠제(Marcuse) 18
마스칼(Mascall) 2, 11, 14
마카렌코(Makarenko) 71, 72
마태(Mathews) 63
마헨(Machen) 5
만트가머리(Montgomery) 62
말리노브스키(Malinowski) 61, 65
말콤(Malcolm) 23
망드빌르(Mandeville) 18
매슬로우(Maslow) 17
매킨토시(Macintosh) 5, 7
맥도갈(McDougall) 15
맥도날드(MacDonald) 18
맥마흔(McMahon) 60
맥인타이어(MacIntyre) 58
맥코쉬(McCosh) 7
맥타거트(McTaggart) 10
맬더스(Malthus) 18
메르시에(Mercier) 14, 22

멜덴(Melden) 56, 58
모간(Morgan, L.) 15
모간(Morgan, T. H.) 37
모리스(Morris) 17, 71
모세(Moses) 22
모어(More) 4
모택동(Mao Tse-tung) 18
몬타규(Montague) 23
무소니우스 루푸스(Musonius Rufus) 20
무어(Moore, P. E.) 4
뭉거(Munger) 5
미드(Mead) 1, 14

바르녹(Warnock, G.) 19, 23
바르녹(Warnock, M.) 23
바르트(Barth) 5, 22, 24
바비트(Babbitt) 4
바우스마(Bouwsma) 23
바울(Paul, St.) 5, 22
바이만(Weiman) 7
바이스(Weiss) 7
반 부렌(Van Buren) 5
반틸(Til, van) 5
발가이(Balguy) 21
발렌티누스(Valentinus) 5
발터(Walter of St. Victor) 9
밤브라우(Bambrough) 23
배글레이(Bagley) 69
뱅스왕제(Binswanger) 24
버나드(Bernard, St.) 4, 5, 9
버츨러(Buchler) 1
버틀러(Butler, J. D.) 69, 72
베네데티(Benedetti) 12
베네딕트(Benedict) 19
베르그만(Bergmann) 23
베를린(Berlin) 23
베르쟈에프(Berdyaev) 24
베르토씨(Bertocci) 16
베르트하이머(Wertheimer) 15
베브케스(Bewkes) 32
베스트(Best) 71
베스트마크(Westermarck) 19
베어(Baier) 23
베일스(Bayles) 70
베커(Becker) 24

벤느(Benne) 70
보그(Vogt) 34, 37
보드(Bode) 37
보어(Bohr) 34
보일(Boyle) 12
본훼퍼(Bonhoeffer) 5
볼츠만(Boltzmann) 23
뵈메(Boehme) 9
부딘(Boodin)
부버(Buber) 5, 9, 24
부쉬넬(Bushnell) 5
부트루(Boutroux) 7, 21
불트만(Bultmann) 5, 24
뷔퐁(Buffon) 12
뷔히너(Büchner) 12
브라멜드(Brameld) 70
브라운(Brown) 71
브라이트맨(Brightman) 5, 7, 10, 22
브래드워딘(Bradwardine) 11
브레이드웨이트(Braithwaite) 23
브렌타노(Brentano) 6, 14, 15, 21, 23, 24
브론델(Blondel) 6, 7
브루베이커(Brubaker) 70
브룬너(Brunner) 22, 24
브룸필드(Bloomfield) 17
브리지만(Bridgman) 23
블랑샤르(Blanshard) 2, 10
블레이크(Blake) 9, 17, 24
비쳐(Beecher) 5
빅톨 리차드(Richard of St. Victor) 9
빅톨 위고(Hugo of St. Victor) 9
빈델반트(Windelband) 7

사디아(Saadia) 11
사무엘(Samuel) 15
사카스(Saccas) 4, 5
상크티스(Sanctis, de) 7
생시몽(Saint-Simon) 3, 12, 13, 17
샤르댕(Chardin) 5
설리반(Sullivan) 3
섬너(Sumner) 19
셀라스(Sellars) 12, 14
소렐(Sorel) 18
솔로브예프(Solovyev) 24

수사(Susa) 9
쉐드워쓰(Shadworth)
쉐퍼(Schaeffer) 5
쉐플러(Scheffler) 71
쉘링톤(Sherrington) 15
쉴러(Schiller) 1
쉴뢰딩거(Schrüdinger)
쉴링(Schilling) 6
슈미트(Schmitt) 18
슈바이쩌(Schweitzer) 22
슈타인버그(Steinberg)
스라파(Sraffa) 23
스마트(Smart) 3, 15
스미스(Smith) 17
스즈끼(Suzuki) 9
스킨너(Skinner) 3
스타케(Stace) 22, 47, 66
스탈린(Stalin) 12, 18
스탕달(Stendahl) 24
스탠리(Stanley)
스턴(Stern) 16
스테빙(Stebbing) 23
스트로슨(Strawson) 3, 15, 23
스티븐슨(Stevenson) 19, 23
스틸포(Stilpo) 8, 20
스파울딩(Spaulding) 14
스페우시푸스(Speucippus) 4, 19
시거(Siger of Branant) 11
시노페의 디오게네스(Diogenes of Sinope) 20
시어즈(Sears) 3
십자가의 존(John of the Cross. St.) 9

아들러(Adler) 16
아레오파기테의 디오니시우스(Dionysius the Areopagite) 22
아론(Aron) 24
아르노(Arnauld) 4, 5
아르키메데스(Archimedes) 12
아르헤니우스(Arrhenius) 17
아리스티푸스(Aristippus) 17
아베나리우스(Avenarius) 13
아브라바넬(Abravanel) 11
아브라함(Abraham) 3
아비케브론(Avicebron) 11

아인슈타인(Einstein) 32, 34
아트킨슨(Atkinson) 71
아폴로니우스(Appolonius of Tyanna) 22
안스콤(Anscombe) 23
안츠(Antz) 69
알-킨디(Kindi. al-) 11
알가잘리(Ghazali, al-) 9
알스톤(Alston) 17, 18
알타이저(Altizer) 24
알파라비(Farabi, al-) 11
알포르(Allport) 16
애듀시에비치(Ajduciewicz) 23
액스텔(Axtelle) 70
엥겔(Angell) 15
야스퍼스(Jaspers) 24
어윙(Ewing) 10, 21
얼 샤프츠베리(Shaftesbury, Earl of) 21
엄슨(Urmson) 23
에디(Edie) 24
에라스무스(Erasmus) 37
에렌펠스(Ehrenfels, von) 22
에릭슨(Erikson) 3
예수 그리스도(Jesus Christ) 22
오그덴(Ogden) 17
오로빈도(Aurobindo) 37
오르테가 이 가세트(Ortega y Gasset) 24
오만(Oman) 61
오스트발트(Ostwald) 3
오콘놀(O'Connor) 71
오토(Otto) 63
와렌(Warren) 84
와이즈만(Waismann) 23
와이즈만(Weismann) 37
와일드(Wild) 69
왓슨(Watson) 3, 15
요아드(Joad) 44
요아힘(Hoachim of Floris) 9
우나무노(Unamuno) 24
우드브리지(Woodbridge)
우르반(Urban) 21
울리히(Ulich) 69
워필드(Warfield) 5
윌(Will) 21

월러스톤(Wollaston) 4, 21
윌리엄 상포(William of Champeaux) 4, 5
윌리엄(William of Auvergne) 4, 5
유클리드(Euclid) 8, 20
융(Jung) 2, 16
이스라엘리(Israell) 11
잉거(Inge) 9

젠들랭(Gendlin) 14, 24
젠타일(Gentile) 68
젤러(Zeller) 7
조로아스터(Zoroaster) 5
존 오스틴(Austin John) 18
존(John of Jandun) 11
존스(Jones) 9
죠셉(Joseph) 21
질송(Gilson) 11, 14, 22, 24
질젤(Zilsel) 23
차일즈(Childs) 70
처치(Church) 17
츠비스텍(Chwistek) 23

카넬(Carnell) 5, 22
카르다노(Cardano) 12
카리트(Carritt) 21
카바니스(Cabanis) 3
카시안(Cassian) 9
카우츠키(Kautsky) 18
카운츠(Counts) 70
카제탄(Cajetan) 11
칸트릴(Cantril) 15
칼리클레스(Callicles) 18
칼빈(Calvin) 5, 22
칼킨스(Calkins) 10
캐스텔(Castell) 55, 69
캠벨(Campbell) 16
커드워스(Cudworth) 4, 21
케드(Cairds) 10
케이스(Case)
케플러(Kepler) 24
코랄레브(Koralev) 71
코린투스(Corinthus) 8
코메니우스(Comenius) 69
코울리지(Coleridge) 5, 9, 24

코타르빈스키(Kotarbinski) 23
코프카(Koffka) 15
코플스톤(Copleston) 2, 11, 14
코헨(Cohen) 7, 10
콜링우드(Collingwood) 16
콩도르세(Condorcet) 13, 17
콰인(Quine) 23
퀸톤(Quinton) 23
크넬러(Kneller) 71
크라이톤(Creighton) 10
크라테스(Crates of Athens) 8, 19
크라프트(Kraft) 23
크로포트킨(Kropotkin) 18
크세노파네스(Xenophanes) 19
클라크(Clark) 22
클라크(Clarke) 21
클레안테스(Cleanthes) 8, 20
클리토마쿠스(Clitomachus) 19
클리포드(Clifford) 15
킬패트릭(Kilpatrick) 70

타골(Tagore) 9
타르드(Tarde) 13
타르스키(Tarski) 23
타울러(Tauler) 9
타일러(Tylor) 61
테레사(Teresa, St.) 9
테오프라스투스(Theophrastus) 11, 20
테일러(Taylor, A. E.) 4, 10
테일러(Taylor, P.) 58
텔레지오(Telesio) 12
토마스(Thomas) 70
토마스아켐피스(Thomas a Kempis) 9
토인비(Toynbee) 73
톨만(Tolman) 15
톨스토이(Tolstoy) 24
툴민(Toulmin) 19, 23
튀르고(Turgot) 13, 17
트라시마쿠스(Thrasymachus) 18
트뢸취(Troeltsch) 7
트루블러드(Trueblood) 66

티몬(Timon) 19
티흐너(Tichener) 3

파레토(Pareto) 18
파렐(Farrer) 11, 14
파버(Farber) 24
파블로브(프)(Pavlov) 3
파울젠(Paulsen) 15
파이글(Feigl) 3, 15, 23
파이크(Pike) 62
파커(Parker) 22, 23
펄스(Pears) 23
페리(Ferri) 18
페스탈로찌(Pestalozzi) 69, 72
페터스(Peters) 71
페퍼(Pepper) 46
펜느롱(Fenelon) 9
포르피리(Porphyry) 22
포퍼(Popper) 23
폭스(Fox) 9
폰 미제스(Mises, von) 23
폰 하르트만(Hartmann, von) 16
폰 훼겔(Hügel von) 9
폰 힐데브란트(Hildebrand, von) 24
폴(Paul) 23
푸트(Foote) 23
프라이스(Price) 21
프란체스코(Francis of Assisi, St.) 9
프랄(Prall) 22
프랑케나(Frankena) 54, 71
프랑크(Planck) 34
프롬(Fromm) 17, 18
프루동(Proudhon) 13
프루스트(Proust) 24
프리벨(Froebel) 68
프리스(Fries) 7
프리스틀리(Priestley) 3, 12
플레이스(Place) 3, 15
플레처(Fletcher) 49, 51
플레톤(Pletho) 4
플루(Flew) 23

플루타크(Plutarch) 4
플류엘링(Flewelling) 22
피셔(Fischer) 7, 10, 14
피아제(Piaget) 3
피코델라 미란돌라(Pico della Mirandola) 4
피키노(Ficino) 4
페터스(Peters) 71
필립스(Phillips) 23

하디(Hardie) 3
하르트만(Hartmann, N.) 16, 21
하만(Hamann) 24
하비걸스트(Havighurst) 3
하이젠베르그(Heisenberg) 34
하지슨(Hodgson) 3
하트(Hart) 23
하트숀(Hartshorne) 7
하틀리(Hartley) 3, 12
할데인(Haldane) 37
핫지(Hodge) 5
해리스(Harris) 10
햄프셔(Hampshire) 23
허치슨(Hutcheson) 17, 21
허친스(Hutchins) 69
헉슬리(Huxley J.) 33
헉슬리(Huxley T. H.) 17
힐스트(Hirst) 71
헤로클레스(Herocles) 8
헤르베르트(Herbert of Cherbury) 21
헤릭(Herrick) 37
헤어(Hare) 19, 23
헨리(Henry) 5, 22
헬름호르쯔(Helmholtz) 37
헴펠(Hempel) 3, 23
호스퍼스(Hospers) 68
홉킨스(Hopkins) 5
화이트(White) 15
회니히스발트(Hönigswald) 7
후크(Hook) 57, 70
히른(Hirn) 60
힌리히스(Hinrichs) 10

주제별 색인

차트 번호들은 굵은 글씨로 표시했음.

가족 유사성 **23**
가치 **44**
가치객관론(실재론) **21**, **44**
가치관계론 **45**, **46**
가치론 **44**, **46**
가치유명론 **46**
가치주관론 **45**
가치직관론 **21**
감각론 **78**
감각재료 **1**
감각주의 **2**
개념 실재론 **23**
개념 프래그머티즘 **31**
개념주의 **11**
개념치료 **23**
개연론(蓋然論) **1**
개연성 **13**~**15**, **31**
개조주의 **70**
객관적 관념론 **2**, **10**, **16**
객관적 상대주의 **17**
객관주의 **1**, **21**
검증가능성 **23**
견유(犬儒)학파 **8**, **20**
결정론 **12**, **18**, **56**~**58**
경험론 **1**, **13**
경험적 실증주의 **1**
경험적 유신론 **5**
경험적 지식 **19**, **23**
계시 **50**, **60**, **62**, **66**, **73**
고전 물리학 **34**, **35**
공간 **13**, **25**, **28**, **31**, **32**, **76**, **77**
공리주의 **17**, **18**
공산주의 **12**, **18**, **24**
과정철학과 과정신학 **7**, **14**, **15**

과학적 경험론 **19**, **23**
과학적 방법 **1**
과학적 법칙 **14**, **16**
과학적 설명 **16**
관념론 **1**, **2**, **4**, **5**, **6**, **7**, **10**, **12**, **16**, **18**, **20**, **22**, **24**
관념론적 공리주의 **17**, **21**
관념연합론(연상심리학) **1**, **3**
교육철학 **68**~**72**
교육철학에서의 진보주의 **70**
구문(構文)론 **23**
구조주의(심리학 이론) **15**, **16**
궁극적인 관심 **61**, **65**
궁극적인 실재 **8**, **10**, **11**, **17**, **24**, **42**, **68**~**71**
권력에의 의지 **85**, **86**
권위주의 **22**
귀납법 **14**, **15**, **20**, **21**, **75**
규범 **23**
규범 공리주의 **48**
규범 아가페윤리 **51**
규범 의무주의 **49**, **50**
균일성의 원리 **21**, **34**
금욕주의 **20**, **22**
급진신학 **5**, **22**, **24**
기계론 **6**, **12**
기계속의 유령 **3**
기능주의(기능적 심리학) **3**, **15**
기독교 관념론 **22**
기독교 윤리 **49**, **50**
기술(記述)의 학문 **48**
기술적 진술, 일반화 등 **14**
기술적 형이상학 **23**
기호논리 **29**, **32**

기호론 **32**

나는 생각한다. 고로 나는 존재한다 (데카르트). **13**, **81**
나타나는 현상 **1**, **7**
낭만주의 **9**
내성적 분석 **3**, **24**
내재주의 **73**
내적 평정 **20**
내적, 외적 관계 **23**
넌센스 **23**
논리 **1**, **23**
논리실증주의 **1**, **7**, **13**, **19**, **23**
논리적 경험론;과학적 경험론도 볼 것 **19**, **23**
논리적 구성;현상론도 볼 것 **1**, **13**
논리적 설명 **16**
논리적 원자론 **1**, **13**, **23**
누메나 **26**, **83**
누스 **12**, **16**
눈으로 볼 수 없는 실체들 **14**

다신론 **73**
다원론(多元論) **11**, **12**, **13**, **14**
단독적인 존재 **24**
단일신교 **72**
단자(單子) **12**, **16**
대립원리 **40**, **79**
데카르트적 명상 **82**
데카르트주의 **4**, **6**, **7**, **10**
도구적 가치 **17**, **18**
도구주의 **1**, **15**, **17**
도덕감학파 **21**
도덕기준;절대자를 보라 **19**

●153●

도덕적 관점 20, 21
도덕적 상대주의 18, 19
도덕적 양심 21
도덕적 절대주의 20
도덕적 책임 55, 56, 76
돌연변이 이론 37
동물적 신앙 24, 89
동어반복 23
동역학 33, 34
동일률 13

라마르크의 가설 37
로고스 8, 20
루터주의 5, 22

마니교 5, 22
마르크스주의 3, 18, 24
마음의 우상 20
만유재신설(萬有在神設) 63, 69
메타언어 29
메타윤리학 19
면제상황 58
명령주의 윤리설 19
명제 19, 23
모순율 14
목적론 20
목적론적 윤리설 17
무(無) 24
무신론 24
무의식 3, 16
무정부주의 18
물(物) 자체 7
물리적 실재 33~35
물리적 실재에 관한 역학 이론 14
물리적 실재에 대한 동역학 이전의 이론들 33
물리주의 23
물활론(物活論) 12
미학 59, 74
민주주의 18
믿음 62, 63, 72, 83
밀의 연역적 방법 20

바울의 기독교 5, 22
반오류론 13
반형이상학 13, 14, 23

발언행위 17
방법 1, 6, 24
방법론적 상대주의 55
방법론적 회의론 6
배중율 14
백지(白紙) 상태 83
버클리적 관념론 1, 10
범신론 5, 9, 22
범심론(汎心論)
범주(아리스토텔레스) 23
범주(칸트) 23
범주(퍼스) 75
범주착오 23
법률주의 81
법칙포괄모델 16
베르그송주의 2, 6, 7, 9
베를린학파 23
변증법, 헤겔주의 12
변증법적 방법 12, 24
변증법적 유물론 12, 24
보편자 2, 11, 19, 23, 24
본래적 가치 18, 20, 21
본질 11, 17, 19, 23, 24
본질주의 70
부동(不動)의 원동자(原動子) 42, 67, 75
부수현상론 3
분석적 진술 23
분석철학 1, 3, 13, 15, 19, 23
분할된 선(線) 87
불가지론 13
불멸성 16
비결정론 57
비양립성 이론(비양립성 윤리학) 57
비엔나학파 13, 23
비유적 진술론 64
비자연주의 윤리설 17, 21
비존재 40, 60, 76, 88
비판적 실재론(문화적 상대주의) 19
비형이상학적 분석 23

사랑의 법 50, 51
사실 19
사유의 법칙 14
사회적 다원주의 18
사회주의 18

사회학적 상대주의 19
산상설교 22
삼단논법 74
상대주의 19
상식적 실재론 2, 23
상식학파 21
상징, 기호 17, 25, 60~62, 63~65, 71
상호작용론 15, 16
상황윤리(Situation ethics) 22
상황주의 46, 51
생기론(生氣論) 6, 7, 14, 21, 24
생득관념 2
생디칼리즘 18
생명 33, 36, 37, 40, 74~79, 87
생성(生成) 33, 40, 41, 81
생명의 약동 76
생활세계 82
선의 이데아 4, 7, 17, 21
선택, 결정의 자유 7, 24
선한 의지 20, 21
선험적 2, 23
설명 14~16
섭리 6, 20
성육신 73
세계 정신 23
소외 92
소크라테스 이전의 철학 37
소피스트 18
수정적 형이상학 23
수학적 논리 23
스코투스주의 5, 11
스콜라철학 2, 11, 15, 22
스토아철학 5, 8, 15, 20, 22
시간 35, 36, 39, 66, 67, 76~78, 80, 81, 83, 88
시공(時空) 22, 32
시도 46, 47
식별 불가능한 것들의 동일성 법칙 84
신 5, 10, 11, 22
신비주의 2, 4, 9, 10, 11, 21, 22, 24
신비주의 윤리설 21
신실재론 2
신영국신학 5
신은 죽었다. 5, 22, 24

신의 존재논증과 반론 65~67
신의 존재에 대한 목적론적 논증 67
신의 존재에 대한 우주론적 논증 66
신인동형론 72
신정통주의 6, 7, 16
신토마스주의(신스콜라주의) 2, 5, 11, 14, 15, 22, 24
신의 존재에 대한 도덕적 논증 7, 66
신플라톤주의 4, 5, 9, 11, 16, 20, 22
신학 24
신학적 공리주의 17
실용주의 1, 5, 7, 11, 13, 14, 15, 17, 23, 25, 26, 78, 82
실용주의 이론 19
실재론 1, 2, 7, 11, 12, 13, 14, 24
실정법(實定法) 이론(윤리학) 18
실존 24
실존주의 3, 7, 14, 19, 21, 22, 24
실존주의 신학 24
실증주의(꽁트주의) 1, 12, 13, 17
실체 3, 10, 11, 24
실험적 방법 1
심리학 이론으로서의 전체주의 15
심미적 쾌락주의 45, 51
심신병행론 16
심층심리학 16
십계명 22

아가페윤리 22
아랍철학 9, 11, 12
아리스토텔레스주의 2, 4, 8, 11, 15, 20
아베로에스주의 11
악 48, 60, 65, 67, 68, 73, 76, 81
앎, 지식, 인식(인식상황) 1, 2, 13, 19, 21, 24
양립성 이론 57
양자 이론 35
어거스틴주의 4, 5, 8, 11, 22
어용론(語用論) 31
언어게임 23
언어의 설득기능 19
언어의 지시이론 16, 17
언어의 처방적 기능(처방주의) 19
언어의 표현적 기능 19

언어의미에 관한 행동이론 17
언어의미의 관념화 이론 17
언어적 의미의 사용이론 23
언어표현 17
언어학적 의미 23
언어학적 의미이론 23
엄격한 결정론 57
에너지 34~36
에피쿠루스주의 17
엔텔레키 75
엔트로피 34
엘레아학파 8
역설 23
연역적 접근 20, 78
영국경험론 1
영원주의 70
영혼 38, 74, 75, 77, 78, 80, 86~88
예술 이론 59, 60
예정 56, 57, 70
예정조화 16
오류론 13, 85
오픈 퀘스천 테스트 54
옥스포드학파 13, 23
외래적 가치 17, 18
우인론(禹因論) 6, 16
우주론 20
운명론 56
원자론 3, 12, 14
유대철학 9, 11, 15, 16, 22
유명론(唯名論) 1, 2, 11, 12, 13
유물론 3, 12, 15, 16
유신론 5, 9, 11, 22
유심론 16
유아론(唯我論) 22
유연한 결정론 57
유용성의 원리 17
유용한 의제 5, 14, 48
유출설 22
유효한 원인 15
윤리인식 긍정론 47, 52
윤리적 상대주의 18, 19
윤리적 이기주의 52, 81
윤리적 자연주의 17, 19
윤리적 쾌락주의 54
윤리적 형식주의 20, 21
의무 20, 21, 22

의무론 20, 21, 22
의무론적 아가티즘 22
의무론적 직관주의 20, 21
의미론 32
의식(意識) 3, 10, 24
의제(擬制)주의 1, 7
의지 3, 16, 20, 38, 41
이기적 쾌락주의 48
이기주의 18
이데아 11, 25, 40, 42
이상(理想)언어 철학 13, 23
이신론(理神論) 6
이원론 4, 5, 6, 7, 10, 11, 16, 24
이율배반 22, 31
이타적 쾌락주의 72
이타주의 72
인격주의 7, 10, 16, 20, 22
인과관계 15
인식론적 관념론 21~23
인식론적 실재론 2, 19, 23, 26, 31
인식론적 이원론 23, 24
인식론적 일원론 22
인식적 의미 23
일반화 14, 15, 20
일상언어철학 3, 13, 19, 23
일상적인 사용 23
일원론 6, 8, 9, 10, 11, 12, 16, 20
있는 그대로의 존재 57

자기 결정 57
자기 실현 18, 20, 22
자기 초월 18
자아 9
자아 9, 16, 24
자아의식 79
자아중심적 곤경 22
자연법 19, 22
자연선택 37
자연신학 60, 62, 63, 66, 72, 73
자연의 상태 81
자연주의 3, 17, 19
자연주의 오류논증 19
자연주의 윤리학 17, 19
자유(헤겔주의 이론에서의) 79
자유의지 57, 58
자유의지론 57~59

자존(自存) 72
장(場)이론 15
쟝세니즘 4, 5
저자 특유의 상투어 23
적자생존 37
전제 14, 16
전체주의 18
절대자 6, 10, 16, 19
절대적 관념론 6, 10, 16
절대적 유신론 5, 22
절차의 법칙 15
절충학파 8
정(正)-반(反)-합(合) 12
정서주의 19, 23
정신 3, 10, 15, 16
정신기능심리학 15, 16
정신에 관한 양면 이론 15
정신의 동일 이론 3, 15
정언명령 20
정의 87
제1성질 1, 2
제2성질 1, 2
제논의 역설 22, 32
제한적 유신론 22
조로아스터교 5
조작주의 23
조화론 57
존재 7, 9, 10, 11, 24
존재론 11
존재론적 논증 66
종교 60~65
종교신화 65
종교언어 60, 64, 65, 92
종교철학 60~65
종교적 경험주의 64
종교적 실용주의 5, 63
종교적 실존주의 22, 24, 51, 62
종교적 윤리설 22
주관론 1, 19, 24
주관적 관념론 10, 12
주의주의(主意主義) 3, 7, 10, 16, 21
증거 13

지각 1, 13
지식의 발생이론 31
지향성 3, 14, 24
직관(주의) 1, 2, 6, 9, 17, 21
진리 1
진리 대응설 18, 19, 77, 89
진리정합설 2, 23
진보 17
진화(론) 12, 15, 17, 18
질량-에너지 34, 35
집단 심리이론 3, 16

창발론 14, 15
책임 55~58
철저한 경험론 24
철학 7~9, 74
철학의 비판적 기능 8
철학의 종합적 기능 8
철학적 분석 1, 13, 23
첫째 계명 51
초(招)심리학 73
초월적 현상학 24
초인(超人) 86
초자연주의 21, 22
최고선(最高善) 75
추상적 관념 82, 84, 92
충분한 이유 19
칭찬과 비난 55

카톨릭 신비주의 9
카톨릭 현대주의 6, 7
칸트주의 1, 6, 7, 10, 16, 20, 22
칼빈주의 5, 22
캠브리지 플라톤주의 4, 21
캠브리지학파 13, 23
케리그마적 신학 73
쾌락주의적 공리주의 17
퀴레네학파 17

파시즘 18
페비언 사회주의 18
폴란드학파 23

표상적 실재론 2, 14
프로이드주의 3, 16
프로테스탄트 복음주의 5, 22
프로테스탄트 신비주의 9
프로테스탄트 신정통주의 5, 22, 24
프로테스탄트 자유주의 5, 7, 22
플라톤주의 2, 4, 5, 9, 10, 11, 16, 21, 22
피타고라스주의 2, 5, 16, 22
필연적 종합명제, 경험적 종합명제 23
필연적 진술 2, 23
필연적인 존재 8
필요조건 15, 19, 49, 58

하나님의 말씀 62
한정기술 29, 30
합리주의 1, 2, 6, 20
행동 공리주의 17
행동이론 58
행동주의 3, 12, 15
행복주의 17
행위 의무주의 49, 50
허무주의 85
헤겔주의 2, 6, 10, 16, 18
혁명철학 24
현상 11, 15, 25, 74, 76
현상론 1, 13, 23
현상학 3, 6, 14, 15, 21, 24
현상학적 방법 24
현존재 24
협약주의 1
형상 2, 11
형이상학 11, 19, 23, 24
형태심리학 15, 24
확실성의 문제 13
황금률 22
회의론 1, 5, 7, 13, 14, 18, 19
휴머니즘 17, 18, 22, 23
힘의 윤리학 18
힘의 윤리학 18

CLC 차트 시리즈

1. 차트 구약
존 H. 월튼 지음
김명호 옮김
46배판 | 136면

6. 차트 조직신학
이인우, 채천석 지음
46배판 | 152면

2. 차트 신약
H. 웨인 하우스 지음
박용성 옮김
46배판 | 154면

7. 차트 이단 종파
H. 웨인 하우스 지음
장광수 옮김
46배판 | 406면

3. 차트 교회사
로버트 C. 월튼 지음
고덕상 옮김
46배판 | 160면

8. 차트 고대와 중세 교회사
존 한나 지음
장광수 옮김
46배판 | 216면

4. 차트 철학
밀턴 D. 허넥스 지음
전용호 옮김
46배판 | 160면

9. 차트 서구 교회사
수잔린 피터슨 지음
장광수 옮김
46배판 | 264면

5. 차트 선교학
박용민 지음
46배판 | 216면

10. 차트 예수 그리스도의 생애
로버트 L. 토마스 지음
홍성국 옮김
46배판 | 168면

CHRISTIAN LITERATURE CRUSADE

기독교문서선교회는 청교도적 복음주의신학과 신앙을 선포하는 국제적, 초교파적, 비영리 문서선교기관입니다.

기독교문서선교회는 한국교회를 위한 교육, 전도, 교화에 힘쓰고 있습니다.

만일 당신이 예수 그리스도와 그리스도인의 생활에 대하여 알기를 원하시면 지체말고 서신연락을 주십시오. 주 안에서 기쁜 마음으로 도움을 드리겠습니다.

서울 서초구 방배동 983~2
Tel. 586-8761~3

기독교문서선교회

● 역자 소개

· 서울대학교 철학과 졸업
· 총신대학교 신학대학원 졸업
· 내수동교회 대학부 지도

차트 철학

Chronological and Thematic Charts of
Philosophies and Philosophers

1993년 01월 10일 초판 발행
2017년 03월 01일 초판 5쇄 발행

지 은 이 | 밀턴 D. 허넥스
옮 긴 이 | 전용호

펴 낸 곳 | 사)기독교문서선교회
등   록 | 제16-25호(1980. 1. 18)
주   소 | 서울시 서초구 방배로 68
전   화 | 02) 586-8761-3(본사) 031) 942-8761(영업부)
팩   스 | 02) 523-0131(본사) 031) 942-8763(영업부)
홈페이지 | www.clcbook.com
이 메 일 | clckor@gmail.com
온 라 인 | 기업은행 073-000308-04-020, 국민은행 043-01-0379-646
          예금주: 사)기독교문서선교회

ISBN 978-89-341-0420-0 (03230)

* 낙장·파본은 교환해 드립니다.